KB072623

재개발·재건축 투자

무작정 따라하기

재개발·재건축 투자 무작정 따라하기
The Cakewalk Series – Redevelopment and Reconstruction Investment

초판 1쇄 발행 · 2023년 11월 5일
초판 2쇄 발행 · 2023년 12월 15일

지은이 · 최진성(아이언키)
발행인 · 이종원
발행처 · (주)도서출판 길벗
출판사 등록일 · 1990년 12월 24일
주소 · 서울시 마포구 월드컵로 10길 56(서교동)
대표 전화 · 02)332-0931 | **팩스** · 02)323-0586
홈페이지 · www.gilbut.co.kr | **이메일** · gilbut@gilbut.co.kr

기획 및 책임 편집 · 박윤경(yoon@gilbut.co.kr) | **마케팅** · 정경원, 김진영, 최명주, 류효정
제작 · 이준호, 손일순, 이진혁, 김우식 | **영업관리** · 김명자, 심선숙, 정경화 | **독자지원** · 윤정아

구성 · 최원정 | **교정교열** · 최원정 | **디자인** · 신세진 | **전산편집** · 김정미 | **일러스트** · 정민영
CTP 출력 및 인쇄 · 예림인쇄 | **제본** · 예림바인딩

ISBN 979-11-407-0669-3 13320
(길벗도서번호 070497)

정가 27,500원

독자의 1초를 아껴주는 정성 길벗출판사

• **(주)도서출판 길벗** IT교육서, IT단행본, 경제경영서, 어학&실용서, 인문교양서, 자녀교육서 www.gilbut.co.kr
• **길벗스쿨** 국어학습, 수학학습, 어린이교양, 주니어 어학학습, 학습단행본 www.gilbutschool.co.kr

재개발·재건축 투자
무작정 따라하기

최진성(아이언키) 지음

길벗

경제적 자유를 넘어 소중한 삶의 가치를 누리며 살 수 있기를!

평범한 직장인의 삶을 벗어나게 해준 경매 투자의 경험과 노하우를 담은 첫 번째 책《부동산 모르면 부자 될 수 없다》와 경제적 자유를 이룬 뒤 하고 싶은 일을 하며 살 수 있게 해준 재개발·재건축 투자의 경험과 노하우를 담은 두 번째 책《재개발 모르면 부자 될 수 없다》를 출간한 이후로 현실적인 부동산 투자 조언에 목말라하는 수많은 분을 만나게 되었습니다. 특히《재개발 모르면 부자 될 수 없다》가 많은 분들의 사랑을 받으며 수천 명에게 재개발·재건축 강의를 하게 되었지요. 많은 수강생들이 강의를 듣고 컨설팅을 받으며 내 집 마련과 자산 증식이라는 결실을 이뤄냈고 그 과정은 저에게도 매우 의미 있는 시간이었습니다.

그 5년이라는 시간 동안 부동산 시장에도 많은 일이 있었습니다. 코로나 시대가 종결되었고, 2017년부터 5년간 이어진 유례없는 부동산 상승장도 마감되었습니다. 단기간에 가장 큰 폭으로 금리가 인상되어 여러 부동산 투자 환경도 바뀌었습니다. 저 역시 많은 경험을 했고 그 경험을 통해 다시 성장했습니다.

재개발·재건축 강의와 컨설팅을 하며 수강생들의 고민을 더 가까이서 들을수록, 그리고 새로운 시장 환경에 적응하며 노하우가 쌓일수록 또 한 권의 책으로 정리해야겠다는 생각에 이르렀습니다. 재개발·재건축 강의가 끝나면 늘 아쉬움이 남았기 때문입니다. 강의를 듣고 컨설팅을 받고 나면 재개발·재건축 투자를 통해 내 집 마련은 물론 자산을 크게 늘려 새로운 투자의 길로 들어서는 분들도 물론 있지만 더 좋은 조건(투자금, 주택수 등)을 갖추고도 오랜 기간 투자를 망설이며 제자리걸음을 하는 분들이 훨씬 더 많았습니다. 이런 분들에게 쉽고, 따라하기 쉬운 투자 방법을 알려드리는 것이 이번 책을 출간하게 된 첫 번째 이유입니다.

이 책은 평소 제가 재개발·재건축 강의를 하면서 강조했던 핵심 내용들을 담고 있습니다. 책의 제목처럼 알려주는 대로 무작정 따라하기만 하면 누구나 성공적이고 안정적인 재개발·재건축 투자를 할 수 있도록 최대한 쉽고 친절하게 풀어냈습니다.

앞부분에서는 재개발·재건축 투자 시 꼭 알아야 할 내용과 기본 개념, 그리고 스스로 구역이나 물건을 찾을 수 있는 방법을 담았습니다. 다음으로 재개발·재건축 사업이 어떻게 진행되며 어떤 시기에 사고팔아야 하는지, 얼마를 투자해서 얼마를 벌 수 있는지를 계산하는 방법 등을 다루었습니다. 끝으로 상황이나 투자금에 따라 알맞은 유형의 물건을 선택하는 법부터 수익률을 높여주는 대출 활용법과 절세 관련 꿀팁까지 실제 적용할 수 있는 전략을 생생한 사례를 들어 정리하였습니다.

이 책을 쓰면서 제가 가장 신경 쓴 부분은 다음 3가지입니다.

첫 번째, 아주 쉽게 쓰려고 했습니다. 부동산이나 재개발·재건축과 관련한 어떤 사전 지식 없이도 쉽게 이해할 수 있도록 마치 개인 과외를 하듯이 썼습니다.

두 번째, 중요한 내용은 반복하여 강조했습니다. 재개발·재건축이라는 단어만 들어도 어렵다고 느끼는 분들도 핵심 내용을 반복해서 익히다 보면 자연스럽게 따라 할 수 있도록 구성하였습니다.

세 번째, 저의 다양한 투자 경험을 있는 그대로 수록하였습니다. 저는 수도권부터 서울 핵심 입지까지, 빌라부터 다가구주택이나 상가건물까지, 1억 원 미만의 투자부터 10억 원 가까운 투자까지, 조합설립인가 단계의 투자부터 관리처분인가 이후의 투자까지 다양한 재개발·재건축 투자 경험을 가지고 있습니다. 마치 독자 본인이 투자를 직접 해본 것처럼 간접 경험을 하기를 바라며 이런 다양한 노하우를 실전 사례를 들어 하나하나 풀어냈습니다.

"태어날 때 가난한 것은 당신의 잘못이 아니지만, 죽을 때 가난한 것은 당신의 잘못이다."라는 빌 게이츠의 명언이 있습니다. 돈이 세상에서 가장 소중한 가치는 아니지만, 돈이야말로 행복, 가족, 건강, 관계 등 소중한 가치를 지킬 수 있게 해준다는 것은 분명한 사실입니다. 출발선상은 모두 다를지라도 누구나 본인의 노력으로 가난이라는 불행을 막고 소중한 가치가 무너지지 않도록 부를 이루며 살 수 있습니다.

저 역시 부유하지 않은 가정에서 자랐고 평범한 직장인이었지만 재개발·재건축 투자를 통해 비교적 젊은 나이에 '돈'이라는 문제에서 자유로워졌고 가족, 건강, 관계 등 제가 소중하게 생각하는 가치들을 누리며 살고 있습니다.

이 책이 내 집 마련의 꿈을 이루고, 더 나아가 경제적 자유로 가는 가장 강력한 무기가 되기를 바랍니다. 초보 투자자든, 경험이 풍부한 투자자든, 소액투자자든, 투자금이 많은 투자자든 재개발·재건축이라는 무기를 빨리 장착할수록 자산이 크게 늘어나는 시기가 앞당겨질 것입니다. 재개발·재건축이 낯설고 어렵기만 한 분들이 이 책을 통해 투자의 기쁨을 누린다면 그보다 더 큰 보람은 없을 것입니다.

최진성(아이언키)

제가 만나본 재개발·재건축 투자자 중 가장 뛰어난 실력을 갖춘 아이언키님의 탄탄한 입문서가 드디어 나왔습니다. 이 책을 읽다 보면 재개발·재건축 투자에 대한 강한 확신과 판도의 변화에도 흔들림 없이 투자 성공의 타율을 높이는 방법을 갖게 될 것입니다. 재개발·재건축 초보자에게 무엇이 필요한지, 투자를 하는 데 있어 반드시 알아야 할 전략은 무엇인지 궁금하다면, 풍부한 경험을 통한 투자 노하우와 관점을 오롯이 녹여낸 이 책을 펼치길 바랍니다. 뛰어난 투자자는 느낌의 문을 열고 들어가 확신의 문을 닫고 나온다고 합니다. 이 책은 2023년 하반기, 가장 핫한 시장인 재개발·재건축 시장에서 가장 적은 돈으로 최상의 상급지를 가는 방법을 찾고 있는 당신에게 최고의 선물이 될 것입니다.

– 배용환(서울휘), 《월급받는 알짜상가에 투자하라》 저자

저는 직업 특성상 수많은 부자를 만나왔고, 그 부자들이 어떻게 부를 이뤄왔는지 눈으로 확인하는 게 일상입니다. 제가 경험한 아이언키님은 창조적인 부동산 투자자이며 부자가 되는 과정을 즐기는 사람입니다. 풍부한 경험을 통해서 재개발·재건축이라는 자신만의 전문 분야를 완성했고, 그 성공 투자 전략을 이 책에 체계적으로 담아냈습니다. 이 책의 곳곳에 저자의 문제 해결을 위한 집중력과 긍정적인 마인드가 녹아 있습니다. 다양한 꿀팁과 수익률을 올리기 위한 틈새 전략도 돋보입니다. 이 책에서 알려주는 대로 재개발·재건축 투자를 따라 하다 보면 수익률과 절세라는 두 마리 토끼를 한꺼번에 잡을 수 있을 것입니다. 재개발·재건축에 대한 기초를 다지고, 투자에 대한 실력과 자신감을 업그레이드하고 싶다면 이 책은 가장 먼저 읽어야 될 입문서입니다.

– 김인화(별부자) 세무사, 《2020 부동산 시그널》(공저), 《세무사 사용 설명서》 저자

과거에도 그래왔지만 지금 역시 부동산 시장의 가장 뜨거운 관심사는 '상급지 갈아타기'입니다. 그래서 서울 중심지 신축은 언제나 높은 관심을 받게 되는데, 청약을 하자니 확률이 낮고, 준신축을 매수하려면 자금이 부족한 경우가 많습니다. 이럴 때 가장 효율적인 전략은 재개발·재건축과 같은 정비사업을 활용하는 것입니다.
이 책의 저자는 정비구역의 빌라나 상가건물, 다가구주택 등에 투자하여 한강조망 아파트나 강남 아파트 신축을 선점해온 경험을 통해 이론과 실전을 겸비한 투자자

겸 자산가입니다. 그 역시 시작은 평범한 직장인이었지만 자산가가 된 비결을 이 책에서 밝혀 놓았습니다. 이제는 여러분이 차근차근 배우고 따라해볼 차례입니다. 정비사업에 대한 다양한 접근법과 이해는 물론, 비과세 전략까지 꼼꼼하게 다루었으니 이 책을 집어 든 여러분은 행운의 열쇠를 잡으신 것입니다.

– 박민수(제네시스박) ㈜더스마트컴퍼니 대표.
《부동산 절세 무작정 따라하기》, 《대한민국 부동산 초보를 위한 아파트 투자의 정석》 저자

새 아파트를 얻는 가장 확실한 방법은 재개발·재건축을 활용하는 것입니다. 이 책의 저자는 많은 투자 성공 사례로 이를 직접 증명하였습니다. 그러나 막연히 어렵고 위험할 것이라는 두려움에 내 집 마련 및 상급지 갈아타기 전략의 가장 큰 축인 재개발·재건축 투자를 포기하는 사람도 많습니다.

그동안 저자가 직접 투자하며 얻은 보물 같은 경험과 혜안을 이 책에 모두 담았습니다. 재개발·재건축의 용어에서부터 물건 고르는 법과 매수·매도 포인트까지, 이 책의 투자 전략을 하나하나 따라 하다 보면 부동산을 통한 자산 증식을 위해 반드시 넘어야 할 재개발·재건축이라는 산을 정복할 수 있을 것입니다.

– 박성혜(훨훨) 플랩자산연구소 대표, 《입지센스》, 《그럼에도 나는 아파트를 사기로 했다》 저자

몇 년째 재개발·재건축 전문가로 언론·방송 활동을 하고 있지만, 너무 한 쪽 분야에 깊게 빠져있다 보니 어느 순간 쉽게 설명하기 어려운 순간이 찾아올 때가 있습니다. 정비사업 자체도 복잡한데 새로운 이슈들을 어떻게 해야 쉽게 전달할지를 고민하곤 합니다. 아이언키님은 처음부터 직장생활을 하면서 투자를 시작했기 때문인지 재개발·재건축의 핵심 이론과 실전 전략을 누구나 이해하기 쉽게 한 권의 책으로 담아낼 수 있었던 것 같습니다. 어렵게 보면 어렵지만, 쉽게 보면 쉬운 정비사업, 여러분도 조합원 입문에 도전해 보세요!

– 김제경 투미경제연구소 소장

실전 투자자 최진성 대표님은 부동산 경매와 재개발·재건축 투자로 경제적 자유를 이룬 '찐' 투자자입니다. 아이언키님의 세 번째 책《재개발·재건축 투자 무작정 따라하기》는 초보자도 쉽게 이해할 수 있도록 구성되어 있으며, 재개발·재건축의 단계부터 수익성 분석, 대출과 절세 전략까지 총망라한 투자서입니다. 재개발·재건축 투자 1타 강사, 아이언키님의 쪽집게 과외로 미래의 새 아파트를 선점해 보세요.

– 정숙희(열정로즈) 내꿈사(주) 대표. 《아는 만큼 당첨되는 청약의 기술》 저자

재개발·재건축 투자 1타 강사, 아이언키 님은 가장 효율적으로 투자를 하는 부동산 전문가입니다. 현재 부동산 시장에서 가장 수익이 좋은 상품이 새 아파트이라는 것은 두말할 여지가 없지요. 그리고 새 아파트를 가장 저렴하게 내 것으로 만드는 방법은 재개발·재건축 투자입니다. 예측불허의 사장 속에서 기회를 발견하는 방법이 이 책 안에 담겨 있습니다. 이 책을 읽다 보면, 재개발·재건축에 대한 편견을 걷어내고 흐름을 짚어낼 수 있을 것입니다. 이 책을 통해 여러분도 더 많은 기회를 얻고 빠르게 부를 선점하는 노하우를 깨닫기 바랍니다.

– 노기호 뉴리치프라퍼티 대표. '개천고 노선생TV' 유튜브 운영 중

적은 돈으로 상급지로 가는 가장 빠르고 안전한 방법은 재개발·재건축 투자입니다. 사는 순간 안전마진을 확보할 수 있으니 확실하고 안전한 전략이지요. 물론 기본적인 입지나 수익 분석조차 하지 않고 무조건 투자하는 것은 위험하며, 제대로 알고 투자해야 합니다. 아이언키님은 우리나라 재개발·재건축의 최고 전문가 중 한 분입니다. 이 책의 내용을 하나씩, 하나씩 익혀나간다면 입지 좋은 새 아파트의 주인이 될 수 있을 것입니다.

– 양안성(시루). 프리미엄 양방향 플랫폼, 시루캠퍼스 운영 중.
《시루의 대체불가 토지투자법》,《월급으로 당신의 부동산을 가져라》 저자

첫 째 마 당

사기만 하면 오르는 물건 탐색하기

둘째 마당

사업 단계별 매수·매도 포인트

셋째마당

오르는 물건은 따로 있다! 사업성과 수익성 분석

넷 째 마 당

물건 유형별 투자 전략

준비
마당

재개발·재건축 투자의 첫걸음

종잣돈 모으기와 재개발·재건축 투자의 시작

종잣돈의 중요성은 아무리 강조해도 지나치지 않죠. 잠깐 제가 직장생활을 하며 어떻게 종잣돈을 모았는지 얘기해 보겠습니다.

직장생활을 하며 모은 순자산은 4억 원이었습니다. 월급의 90% 정도를 꼬박꼬박 모아 4억 원의 순자산을 만들었다고 하면 다들 말도 안 된다고 생각하는데요. 실제로 친구 한 번 안 만나고 매일 도시락을 싸 와서 먹어도 불가능하긴 하지요. 하지만 제가 2002년 서울의 외국 카지노에 딜러로 입사하여 월급의 90% 이상을 모은 것은 사실입니다. 비밀은 팁에 있는데요. 매일 현금으로 받는 팁은 공돈이기 때문에 그날그날 퇴근하고 술을 마시거나 쇼핑을 하는 데 쓰는 직원들이 대부분이었습니다. 저는 이 팁으로 생활비를 전부 해결했고, 사실 월급의 100%를 모았습니다. 간혹 여행 등 특별한 일들이 있어 결국 90%를 모은 셈이 되었지요. 그렇게 8년 동안 4억 원을 모았습니다.

그리고 이렇게 모은 종잣돈으로 2013년부터 경매를 시작했습니다. 이때 저의 순자산은 4억 원이었고 투자금은 8,000만 원이었습니다. 낙찰받은 첫 경매물건을 시작으로 2018년까지는 주로 경매 투자를 했고 꾸준히 한 결과 자산이 계속해서 불어났습니다. 그렇게 저의 순자산은 4억 원에서 27억 원이 되었지요.

처음 투자를 시작할 때는 목표가 "10년 안에 10억 원을 모으자."였습니다. 당시 텐인텐 인터넷 카페에서 시작되어 한창 유행하던 재테크 트렌드이기도 했습니다. 실질적으로 독하게 모아서 10억 원을 만들 수 있는 기간을 10년으로 잡은 것이지요.

그런데 왜 10억 원이었을까요? 당시 10억 원을 모으면 서울 외곽에 다가구주택을 살 수 있었습니다. 지하, 1층, 2층, 3층에는 2세대씩 8세대를 월세로 주고 4층에는 내가 거주할 수 있는 그런 다가구주택 말이지요. 대지가 50평이 넘는 주택이라면 방 3개에 화장실 2개의 집에서 거주할 수 있으니 4인가족이 생활하기에도 부족함이 없었습니다.

이런 주택이라면 한 달 대출이자 빼고 월세로 350만 원에서 400만 원을 받을 수 있었고, 그때 이 정도 금액은 4인가족이 생활하기에 여유 있는 돈이었습니다. 월세는 평생 받는 돈이니 그런 주택을 사면 직장을 그만두어도 되었지요. 그래서 '10억 원'이라는 금액이 목표가 된 것입니다.

저는 카지노 딜러라는 직업을 좋아했고 10년 안에 10억 원을 벌자는 목표로 종잣돈도 모아 열심히 경매 투자를 하여 5년 만에 27억 원을 벌었습니다. 강남아파트 1채를 살 수 있는 돈이었지요. 저는 강남아파트를 샀을까요? 똑똑한 1채 말입니다.

그때는 2018년이었습니다. 2016년 말 2017년 초에 서울 부동산의 폭등장이 시작됐고 그것이 1년 정도 진행되었습니다. 놀라운 시세 폭등을 체감하였고, 핵심지일수록 많이 오르고 그 안에서도 강남3구, 구축아파트보다는 준신축, 준신축보다는 신축이 많이 오르는 것이 확연하게 눈에 보였습니다. 결국 핵심지에 신축아파트를 사야 한다는 결론에 도달했지요. 그리고 강남아파트는 경매로 나오지 않아서 일반매매로 사야 하는데 27억 원으로 강남의 새 아파트 1채를 사는 것보다는 핵심지의 새 아파트가 될 재개발·재건축 물건을 여러 개 사는 것이 훨씬 나은 투자라고 판단했습니다. 그리고 곧바로 생각을 행동으로 옮겼습니다.

재개발·재건축에 대한 오해와 편견

편견을 바꿔야 돈이 보인다

평범한 직장인으로 시작해 10년 만에 150억 벌고 퇴사한 자산가. 요즘 저에게 붙는 수식어인데요. 순자산 4억 원으로 시작해 10년 만에 150억 원으로 자산이 늘어났다고 하니 매우 공격적인 투자를 해서 성공한 투자자라고 생각하는 분들이 많지만 저는 사실 아주 보수적인 투자자입니다. 지금까지 투자수익이 100% 확실하지 않으면 절대 투자하지 않았으니까요. 당연히 재개발·재건축을 본격적으로 투자하기 시작한 2018년부터 이제까지 단 한 번의 손실도 보지 않았습니다.

지금도 많은 사람들이 재개발·재건축 투자가 위험하다고 생각합니다. 그러나 자산가들은 이것이 얼마나 안전하고 확실한 투자인지 잘 알고 있습니다. 알고 보면 재개발·재건축 투자는 분양권 당첨보다 쉽고, 갭투자보다 안전합니다. 그래서 부동산에 관심이 있다면, 무엇보다 재개발·재건축 공부를 해야 합니다. 새 아파트를 싸게 살 수 있는 가장 안전한 투자방법이니까요. 단, 이 공부도 재개발·재건축의 편견을 깬 다음에 시작해야 합니다.

재개발·재건축 투자를 본격적으로 다루기에 앞서 투자를 망설이게 만드는 재개발·재건축에 대한 몇 가지 착각과 오해들을 하나씩 바꿔보겠습니다. 혹시 입지 좋은 새 아파트에 살기를 원하고 청약에 당첨되는 것은 거의 불가능하지만 재개발·재건축 투자는 겁나시나요? 편견을 바꿔야 돈이 보입니다.

재개발·재건축 투자는 위험하다? NO

많은 사람들이 재개발·재건축이 위험하다고 하지만 재개발·재건축은 잘못이 없습니다. 하지만 저조차도 투자를 경험하기 전까지는 여러 오해와 편견을 가지고 있었습니다. 그리고 재개발·재건축에 대한 모든 편견이 깨진 계기는 바로 인천 재개발 투자였습니다.

2016년, 지인의 추천으로 인천의 한 재개발 구역에 투자하였는데, 사업이 80% 이상 진행되었다는 것을 뜻하는 '관리처분계획인가(이후 관리처분인가)' 이후 이주가 진행되던 단계라 안전한 물건이었습니다. 4,000만원 정도의 소액으로 빌라를 매수해서 18개월 후 일반분양 직전에 팔았고 짧은 기간에 투자금 대비 100%에 가까운 수익을 냈지요. 이렇게 적은 돈으로 단기간에 큰 수익을 내고 보니 재개발 투자는 오래 걸리고, 어렵고, 위험하고, 투자금도 많이 드는 줄만 알았는데 모든 것이 편견이었다는 것을 알게 되었습니다. 그때부터 재개발·재건축에 관심을 갖고 본격적으로 투자를 이어가다 보니 재개발·재건축은 미래의 새 아파트에 투자해 경매보다 훨씬 크게 자산을 불리는 수단이었습니다.

물론 확정수익을 따져보지도 않고 귀동냥만으로 덥석 뛰어드는 재개발·재건축 투자는 위험합니다. 재개발·재건축 투자가 위험해지는 대표적인 경우를 살펴볼까요?

- 재개발·재건축 사업이 지연돼 오랫동안 투자금을 회수하지 못할 때
- 예상한 금액보다 감정평가액이 낮게 나왔을 때
- 조합원분양가가 예상보다 비싸거나 분담금이 지나치게 많이 나올 때
- 입주권이 나오지 않을 때

알아두세요

감정평가액
조합원의 개별 부동산에 대한 평가금액입니다. 사업시행인가가 고시된 해(연도)를 기준으로 평가합니다.

분담금
조합원분양가에서 권리가액을 뺀 것으로, 조합원이 새 아파트를 받기 위해 추가로 납부해야 하는 금액입니다.

재개발·재건축 사업이 계속 지연되고 지지부진하여 오랫동안 자금이 묶이게 되거나 예상한 금액보다 감정평가액이 낮게 나와 분담금이 지나치게 많이 나오게 되면 낭패를 보게 됩니다. 제일 큰 리스크는 입주권이 안 나오는 것입니다. 예를 들어 재개발은 도로도 요건에 맞으면 입주권을 받을 수 있는데요. 여러 가지 요건이 있지만 일단 면적이 90㎡가 넘어야 합니다. 30~90㎡일 경우에는 또 몇 가지 요건에 해당되어야 입주권을 받을 수 있습니다. 어느 한 가지 조건이라도 못 맞추면 입주권을 못 받게 되니 모든 요건을 잘 따져봐야겠지요.

그런데 이 모든 리스크를 한 번에 없앨 수 있는 방법이 있습니다. 바로 관리처분인가 이후에 매수하는 것입니다. 이 단계에서 매수하면 웬만한 리스크는 모두 피할 수 있습니다. 관리처분인가는 종전자산평가와 조합원분양신청이 완료된 이후이기 때문에 불확실성이 대부분 해소된 단계이지요. 감정평가액이 얼마이고, 분담금이 얼마이며 몇 평짜리 아파트를 분양받는지 알고 투자할 수 있기 때문에 매우 안정적입니다.

"관리처분인가 이후에 사면 수익률이 낮잖아요."라고 하는 분들도 많은데, 단연코 아닙니다. 저는 7개의 재개발·재건축 물건을 관리처분인가 단계 이후에 샀고 모두 큰 수익을 보았습니다. 물론 초기 단계에 매수하면 수익이 더 커지는 것은 분명합니다. 리스크도 적고 수익도 많이 내고 싶다고요? 세상에 그런 것은 존재하지 않습니다. 본인이 선택하는 것입니다. 조합설립인가 단계에서 사서 긴 시간 동안 리스크를 감당하며 큰 수익을 볼 것이냐, 아니면 관리처분인가 이후에 사서 안정적으로 수익

을 낼 것인가는 투자자 자신만이 결정할 수 있습니다.

저는 초보 투자자나 실거주를 목적으로 하는 분은 관리처분인가 이후에 매수하라고 추천합니다. 이런 분들은 수익의 크기보다는 잃지 않는 투자를 하는 게 더 중요합니다. 첫 투자에서 손해가 나면 투자를 다시는 안하게 되니까요. 무엇보다 초보자는 경험이 부족하기 때문에 안전한 투자를 해야 합니다.

재개발·재건축 투자에는 큰돈이 필요하다? NO

재개발·재건축 투자에는 돈이 얼마나 들까요? 물론 2023년을 기준으로 한남뉴타운이나 성수전략정비구역 같은 곳은 10억 원 이상, 흑석뉴타운은 8억 원 이상의 초기 투자금이 필요합니다. 하지만 서울 외곽으로 눈을 돌리면 상계뉴타운이나 장위뉴타운 등 2억 원대로 투자가 가능한 지역도 있습니다. 서울을 벗어나 파주, 덕소, 인천 등으로 영역을 넓혀 보면 1억 원대나 그 이하로도 투자가 가능합니다. 앞에서 살펴봤듯이 저는 4,000만 원으로 인천 재개발 물건에 투자해 100%의 수익을 낸 적이 있습니다.

시간이 흐르면서 도시는 필연적으로 노후되고 재개발·재건축 구역은 끊임없이 생겨납니다. 지금 가진 돈으로 마음에 드는 부동산에 투자하면 가장 좋겠지만, 최대한 냉정하게 내 자산 현황을 파악하고, 적당한 레버리지를 활용해 매수할 수 있는 물건을 찾으면 됩니다. 투자금이 충분히 모이지 않아서, 좋은 물건을 찾지 못해서라는 이유로 투자를 시작하지 못하고 있다면, 이것은 핑계일 뿐입니다.

소위 '빵빵백'을 아시나요?

일반적인 분양가 납부 방식은 분양가가 10억 원이라면 보통 계약금으로 10%인 1억 원을 내고, 중도금으로 60%인 6억 원을 1억 원씩 6번에 나누어 낸 다음 잔금 30%를 냅니다. 가장 일반적인 프로세스이지요. 조합원도 분담금을 같은 방식으로 납부합니다.

분양가 10억 원 = 계약금(1억 원) + 중도금(1억 원 × 6회) + 잔금(3억 원)

그런데 요즘 건설사 중에는 조합원에게 분담금 납부 방식으로 '계약금 0%, 중도금 0%, 잔금 100%'를 제안하는 곳들이 많습니다. 계약금, 중도금 없이 잔금을 낼 때 한꺼번에 내는 방식으로, 일명 '빵빵백'이라고 합니다. 아주 파격적인 혜택이죠.

빵빵백 = 계약금 0% + 중도금 0% + 잔금 100%

이러한 방식은 3~4년 전, 브랜드 파워에서 밀리는 건설사들이 조합원들에게 시공사로 선정되기 위해 파격적인 조건을 제시하면서부터 시작되었습니다. 실제로 할머니, 할아버지들이 많이 사는 구역에서 이런 조건들은 큰 인기를 얻으며 브랜드 파워에서 밀리는 건설사들이 속속 선정되기도 했지요. 그러다 보니 손에 꼽는 1군 건설사들도 이런 조건을 내걸지 않으면 선정되기 어려운 상황이 되어 이제는 너도나도 소위 '빵빵백' 조건을 내놓게 되었습니다. 이런 조건의 물건에 투자한다면 투자금에 대한 부담이 확 줄어들겠지요? 투자하기 전에 분양가 납부 방식을 반드시 조합에 확인한 후 투자하세요.

재개발·재건축 투자는 10년은 기다려야 한다? NO

혹시 재개발·재건축 물건에 투자하면 돈이 10년 정도 묶여 그 돈으로 할 수 있는 기회비용을 모두 날리게 되지는 않을까 하는 두려움이 있나요? 10년이라는 시간은 사업의 기간일 뿐 투자 기간과는 별개입니다. 앞의 인천 재개발 투자 사례에서 보듯이 단기투자도 얼마든지 가능합니다.

인천 재개발 투자의 경우 1년 6개월을 보유하고 매도했으며, 4,500만 원을 투자해서 4,500만 원의 수익을 냈습니다. 사실 처음부터 '1년 6개월 후에 팔아야겠다.'라고 계획을 하고 매수를 한 케이스입니다.

제가 매수를 한 단계는 관리처분인가 이후로, 이주기간이었습니다. 매수 시점으로부터 1년 6개월 후에 일반분양 일정이 잡혀 있었고, 이때가 되면 청약에 떨어진 사람들이 입주권에 관심을 가지게 마련입니다. 더욱이 일반분양 시기에는 각종 재테크 인터넷 카페, 포털사이트를 통해 분양 소식이 퍼지고, 언론 광고도 활발하게 이루어집니다. 그러면 당연히 수요자들이 몰리게 되니 이때 매도를 하리라고 처음부터 계획한 것이지요. 사업의 초기 단계, 즉 정비구역 지정 단계나 추진위원회 설립, 조합설립 단계에서 투자한다면 새 아파트를 취득할 때까지 오랜 시간이 걸립니다. 특히 실거주를 하려면 긴 시간을 기다리기 더 힘들 텐데요. 관리처분인가 이후 동·호수가 확정된 뒤에 사면 2년 6개월 정도만 기다리면 됩니다. 관리처분인가 직후에 산다 해도 아무리 늦어도 5년 후에 입주할 수 있습니다. 예를 들어 송파구 문정동 136 일대 재건축 단지인 '힐스테이트e편한세상문정'은 2024년에 입주를 하니 2023년 현재 입주권을 사서 1년 정도만 기다리면 입주할 수 있습니다.

입지가 좋고 사업성이 보장된 곳이라면, 사업의 수익성을 정확하게 파악할 수 있는 관리처분인가 이후에 투자해도 충분히 적지 않은 수익을 낼 수 있습니다. 서울과 수도권에는 재개발 사업이 반 이상 진행된 단계에서 투자해도 2~3억 원의 확정수익을 낼 수 있는 곳이 아직 많습니다. 정비구역 내의 오래된 부동산을 구입해 새 아파트에 입주할 때까지 계속 보유하는 것이 재개발·재건축 투자라고 생각하는 것은 그냥 편견일 뿐입니다. 재개발·재건축 사업은 진행 단계별로 가격이 상승하는 구간들이 있으므로 적절한 단계에 사고파는 단기투자도 가능합니다. 초기 단계에 사서 프리미엄 상승분만 취하고 팔아도 되고 어느 정도 진행된 단계에 사서 오래 기다리지 않고 새 아파트에 입주할 수도 있는 게 재개발·재건축 투자입니다. 즉 본인의 선택에 따라 단기투자를 할 수도, 장기투자를 할 수도 있는 것이지요. 최적의 시기에 사서 진행 단계를 보며 팔아 시세차익을 얻을지, 시간이 걸리더라도 새 아파트가 된 후 더 높은 수익을 내고 매도할지는 자신의 선택에 달려 있습니다.

재개발·재건축은 어려워서 도전하기 어렵다? NO

사실 재개발·재건축의 절차나 기본이론, 용어 정도만 공부해도 투자하는 데 큰 무리는 없습니다. 그러나 얼마를 투자해서 얼마를 벌 수 있는지를 미리 계산해 보지도 않고 투자한다면 그건 투기겠지요. '인근 신축 아파트가 얼마이고 내가 프리미엄을 얼마 주고 사는데 신축이 되면 최소 얼마를 벌 수 있다.' 이 정도는 계산할 줄 알아야 투자라고 할 수 있습니다. 자금계획도 세울 줄 알아야 합니다. 이주비 대출을 활용할 것이지, 레버리지를 어떻게 활용할 것인지 등 자금 관리는 매우 중요한 문제지요. 재개발·재건축의 모든 사항은 도시 및 주거환경 정비법(도정법)에 따릅니다. 조합원의 자격 요건과 재개발·재건축 절차부터 투기과열지구의 조합원지위 양도 금지 사항이나 5년 재당첨 제한 등 규제까지 법에 명시되어 있으므로 두려워하지 않아도 됩니다. 앞으로 자세히 살펴보겠습니다.

| 재개발·재건축 투자를 위한 기본기 닦기 |

법(도시 및 주거환경 정비법)	• 조합원 자격 • 조합원지위양도 금지 • 재당첨 제한 등
재개발·재건축 절차 및 이론	• 재개발·재건축 절차 숙지 • 재개발·재건축 관련 기본용어, 이론 숙지
수익률 분석	• 물건에 대한 수익률 분석 • 자금 계획 수립, 레버리지 활용법 숙지
실전 경험	• 투자 사례 분석 • 재개발·재건축 구역 임장 활동

서울의 새 아파트를 싸게 사는 안전한 방법

새 아파트에 투자하는 가장 좋은 방법은?

빈 땅이 거의 없는 서울과 수도권은 공급이 한정적이라 신축 아파트를 살 수 있는 기회가 제한되어 있습니다. 크게 3가지 방법이 있는데요.

첫째, 청약이지요. 가장 저렴하게 새 아파트를 살 수 있는 방법이지만 여러분도 알다시피 바늘구멍을 통과하는 것보다 어렵습니다. 청약이 가점제이기 때문인데요. 서울은 강남이 아니라도 55점이 넘지 않으면 당첨 가능성이 없는 게 현실입니다. 강남은 60점이 넘어도 되기 어렵습니다. 이 55점, 60점이라는 점수는 보통 50세까지 주택이 없고 부양가족은 4명 이상이며 청약통장 가입 기간이 15년 이상이 되었다는 것을 의미합니다. 가점이 이렇게 높은 청약 고득점자는 굉장히 드물지요. 윤석열 정부가 들어서며 이런 가점이 필요 없는 일부 추첨제가 생겨 청약점수가 낮은 사람들에게도 기회가 생기긴 했지만 서울 아파트의 무순위 청약 경쟁률은 1,000:1, 2,000:1을 기록하는 것이 예사입니다. 그럼 청약은 하지 말라는 말일까요? 그건 아닙니다. 청약 고득점자라면 당연히 청약을 노리면 됩니다.

둘째, 신축 아파트를 일반 매매로 사는 방법도 있지요. 가장 간편하고 빠른 방법이긴 합니다만 미래가치가 이미 많이 반영되어 있기 때문에 투자금이 많이 들 수밖에 없습니다.

셋째는 재개발·재건축 투자입니다. 청약 고득점자가 아니어도 되고, 미래가치가 많이 반영되지 않은 상태이기에 기대수익도 높고, 상대적으로 투자금이 적게 들어가는 방법이지요. 사실상 재개발·재건축이 아니면 새 아파트를 싸게 사는 것은 어렵습니다.

새 아파트 투자 & 재개발·재건축 물건 투자

그렇다면 재개발·재건축에 투자하는 것과 처음부터 새 아파트를 사는 것은 실제로 어떤 차이를 가져올까요? 지금부터 제가 2021년 흑석뉴타운에 투자한 실사례를 살펴볼 텐데요. 이해를 돕기 위해 같은 시점에 A 씨가 재개발·재건축 물건이 아닌 흑석동의 대장주인 아크로리버하임 신축아파트에 투자했다고 가정하고 두 경우를 한 번 비교해보겠습니다. 부동산 시장의 역사는 반드시 되풀이됩니다. 그래서 투자 사례를 살펴보는 것은 기출문제 풀이와 같습니다. 자, 기출문제를 풀어볼까요?

먼저 흑석뉴타운이라는 재개발 구역이 어떤 곳인지 얘기해보려고 합니다. 흔히 대한민국 3대장 재개발 구역으로 한남뉴타운, 성수전략정비구역, 흑석뉴타운을 꼽습니다. 흑석동이 이렇게 핫하게 떠오른 이유는 무엇일까요? 강변북로를 타고 가다 보면 용산을 지날 때쯤 오른쪽에 스카이브리지로 연결된 56층의 파란 유리건물이 보입니다. 래미안첼리투스라는 아파트인데요. 렉스아파트를 1:1 재건축하여 재탄생한 아파트입니다. 가수 아이유 등 많은 연예인들이 거주해 유명세를 떨치고 있지요. 이 래미안첼리투스와 동부이촌동을 마주보고 있는 곳이 바로 흑석뉴타운입니다.

흑석뉴타운에는 10개 구역이 있고, 7개 단지는 이미 새 아파트가 된 상

알아두세요

대한민국 3대장 재개발 구역
한남뉴타운, 성수전략정비구역, 흑석뉴타운이 3대장으로 꼽힙니다. 뛰어난 입지와 높은 미래가치를 인정받고 있는 구역들입니다. 한남뉴타운은 재개발이 완료되면 한강뷰와 남산뷰라는 강점을 가진 고급 아파트촌이 될 것입니다. 역시 한강조망이 가능하고 강남 접근성이 뛰어나며 서울숲을 도보로 이용할 수 있는 성수전략정비구역 또한 한남뉴타운 못지않은 입지를 자랑합니다. 다음으로는 반포와 가깝고 한강뷰가 가능한 '리틀반포' 흑석뉴타운이 있습니다.

태입니다. 이 흑석뉴타운의 대장주는 흑석7구역(1,070세대)이 탈바꿈한 아크로리버하임입니다. 아크로리버하임은 2021년 1월에 가장 뉴스에 많이 등장한 아파트이기도 한데요. 화제를 모은 이유는 '아크로'라는 하이엔드 브랜드를 달았기 때문입니다. 대한민국에서 주거지역 공시지가 1위를 고수하고 있는 반포의 아크로리버파크의 그 '아크로'가 흑석동에 등장하자 동작구의 랜드마크 단지로 급부상한 것이죠. "강남3구나 마용성(마포·용산·성동구)이 비싼 건 그렇다 치고 어떻게 동작구 흑석동 아파트가 20억 원이야?"라며 놀라는 사람들도 많았습니다. 비강남권 최초로 84㎡가 20억 원을 돌파했으니 화제가 될 만도 했지요. 2022년 가을에는 28억 원에 거래되어 이제 아크로리버하임의 가치에 의문을 제기하는 사람은 아무도 없습니다. 차로 2~3분이면 서초구 반포로 갈 수 있고 한강조망이 가능하며 용산과 여의도가 가까우니 흑석뉴타운의 아파트 가격이 고공행진한 것은 당연한 일이긴 합니다.

제가 2023년 현재 보유하고 있는 흑석9구역의 재개발 물건도 한강뷰이며 역시 현대건설의 하이엔드 브랜드인 디에이치를 달게 됩니다. 입주시기는 2026년으로, 입주하는 시점에 7년차가 되는 아크로리버하임보다 시세가 높게 형성될 것이라는 건 당연하겠지요.

이 정도면 현재 흑석의 대장주인 아파트와 앞으로 대장주가 될 아파트 둘 다 입지가 좋고 미래가치가 높은 서울의 새 아파트라고 할 수 있겠지요? 자, 여기 흑석뉴타운의 한강뷰 아파트에 투자하는 두 가지 방법이 있습니다. 일반 매매로 새 아파트를 그냥 구입하는 방법과 재개발 물건에 투자하는 방법인데요. 여러분은 어느 쪽을 택하시겠어요?

	흑석9구역 재개발 투자 (실사례)	아크로리버하임(흑석7구역) 신축 아파트 투자
물건 정보	42평 아파트+상가 배정 재개발 물건	42평 아파트(실거주 목적)
매매가	21억 원 (상가 임대보증금 3,000만 원, 월세 150만 원)	29억 원
취득세	9,660만 원	9,450만 원
중개수수료	1,890만 원	2,430만 원
담보대출	담보대출 13억 6,300만 원 (대출이자 월 360만 원)	주택담보대출 10억 원(30년 거치, 금리 3%, 이자 월 250만 원)
초기 투자금	8억 2,250만 원	20억 1,880만 원
1년 보유비용	총 2,893만 원 (이자 4,320만 원+보유세 373만 원 −월세 1,800만 원)	총 3,920만 원 (이자 3,000만 원+보유세 920만 원)
5년 후 예상 시세	42평 아파트 35억 원+상가 15억 원 (보증금 5,000만 원, 월세 350만 원)	29억 원+상승분

먼저 새 아파트인 흑석동의 대장주 아크로리버하임에 투자한 A씨의 경우를 살펴볼까요? 2021년도에 아크로리버하임 42평의 가격은 29억 원이었습니다. 대출을 10억 원 받았다면 초기 투자금액은 20억 원 정도가 필요합니다. 그런데 1년 보유 비용이 10억 원에 대한 이자 3,000만 원과 보유세 920만 원을 합쳐 3,920만 원 정도입니다. 만약 5년 동안 시세가 2억 원 상승했다면, 기회비용을 생각했을 때 손해라고 볼 수도 있겠습니다.

반면 저는 42평 아파트와 상가를 배정받는 상가건물을 매수하였습니다. 임차인이 월세보증금 3,000만 원, 월세 150만 원에 살고 있었지요. 상가여서 13억 6,300만 원이나 대출받을 수 있었기 때문에 초기 투자금은 취득세를 포함해 8억 5,250만 원이었습니다. 상가까지 추가해 배정받는데도 신축 아파트 투자보다 초기 투자금이 10억 원 이상 적다는 것을 한눈에 알 수 있습니다. 게다가 이 두 가지 투자의 보유세를 비교해 보아도 재개발 투자 쪽이 더 적은데, 이는 주택이 아니고 오래된 상가건물이기에 보유세를 산정하는 기준인 표준공시가격 자체가 낮기 때문입니다. 새 아파트를 산 경우의 보유세는 920만 원이고 재개발 투자 매물의 보유세는 373만 원이니 1/3 수준이네요. 더욱이 관리처분인가 이후에 투자했기 때문에 매우 안전하고 확실한 투자입니다.

5년 후 예상 시세를 비교해 보면, 새 아파트는 '29억 원 + 상승분'으로 예상해볼 수 있고, 재개발 투자의 경우 아파트와 상가의 예상 시세는 50억 원[아파트 35억 원 + 상가 15억 원(보증금 5,000만 원, 월세 350만 원 예상)] 정도로 예상해볼 수 있습니다. (인근 신축 아파트 기준으로 예상 시세 계산하는 방법은 추후에 자세히 설명하겠습니다.) 또한 제가 배정받은 상가의 위치는 중앙대학교병원과 길 하나를 마주보고 있으므로 약국이 들어올 가능성이 높습니다. 약국은 월세가 밀릴 일이 거의 없는 업종이라 임대인들이 매우 선호하죠.

이렇게 재개발 투자 한 번으로 한강조망의 프리미엄 브랜드 강남 아파트와 평생 매달 350만 원의 월세를 받을 수 있는 상가도 가질 수 있게 되었습니다. 제대로 잘한 재개발·재건축 투자는 인생에 커다란 변곡점을 만드는 일이 될 수도 있습니다. 그리고 재개발·재건축 투자의 가장 중요한 첫걸음은 몇 가지 원리와 이론, 그리고 용어를 익히는 일입니다.

주요 건설사들의 하이엔드와 메인 브랜드

건설사	하이엔드 브랜드	메인 브랜드
삼성물산	–	래미안
현대건설	디에이치(THE H)	힐스테이트
GS건설	–	자이
포스코건설	오티에르(HAUTEARE)	더샵
대우건설	푸르지오 써밋	푸르지오
현대엔지니어링	–	힐스테이트
롯데건설	르엘(LE EL)	롯데캐슬
DL이엔씨	아크로(ACRO)	e편한세상
HDC현대산업개발	–	아이파크
SK에코플랜트	–	SK뷰

상위 1%의 고객만을 위한 최고급 제품을 뜻하는 '하이엔드'는 이른바 '명품'이지요. 건설업계는 희소가치가 있는 '명품' 아파트를 선보이겠다며 아파트 하이엔드 브랜드들을 내놓았습니다. 그리고 이 하이엔드 브랜드의 선호도와 수요는 계속 늘어나고 있는데요. 아파트 하이엔드 브랜드들을 살펴볼까요?

사람들은 현대의 아파트 하면 아이파크를 떠올리지만 현대 아이파크는 HDC현대산업개발의 브랜드입니다. HDC현대산업개발과 현대건설은 다른 회사이지요. 원래 현대자동차그룹 건설사였던 현대엔지어링도 있습니다. 예전에는 엠코타운이라는 브랜드를 사용했는데, 현대건설의 계열사이기 때문에 10년 전 즈음 엠코타운이 브랜드 이미지가 더 좋은 힐스테이트로 바뀌었습니다.

현대건설의 하이엔드 브랜드는 디에이치입니다. DL이엔씨(옛 대림산업)의 메인 브랜드는 e편한세상이고 하이엔드 브랜드는 아크로이지요. 롯데건설의 메인 브랜드는 롯데캐슬이며 하이엔드 브랜드는 르엘입니다. 서울 잠실 롯데월드타워(123층) 내에 있는 최고급 주상복합 시그니엘(시그니엘 레지던스)은 시그니처 르엘을 줄인 말입니다. 제가 현재 소유하고 있는 동부이촌동의 현대맨숀(이촌현대아파트)은 이촌르엘로 바뀔 예정입니다.

이 밖에도 하이엔드 브랜드로는 포스코건설의 오티에르, 대우건설의 푸르지오 써밋이 있습니다.

재개발·재건축 투자를
해야 하는 이유

타임머신을 타고 10년 전으로 간다면

아현뉴타운 일대(출처: 마포구청)

마포래미안푸르지오(출처: 래미안)

마포의 대장주 '마래푸'는 많이 들어보셨지요? 흔히 마래푸라고 불리는 마포래미안푸르지오는 공덕역 인근에 있는 3,885세대의 대단지 아파트로 강북의 대표 아파트입니다. 그리고 강북의 대장주 하면 경희궁자이도 빠질 수 없습니다.

마포래미안푸르지오와 경희궁자이의 공통점은 무엇일까요? 첫째는 강북의 랜드마크 아파트라는 점입니다. 둘째는 놀랍게도 둘 다 미분양되었던 아파트라는 것입니다. 셋째는 재개발 사업을 통해 새 아파트가 되었다는 사실입니다.

대부분 잘 모르지만 마래푸는 아현뉴타운3구역이었습니다. 부동산에 관심 없는 사람들도 알고 있는 대장주 마래푸가 아현뉴타운3구역이었다는 사실을 아는 사람은 거의 없지요. 경희궁자이도 돈의문뉴타운1구역이 개발되어 지어진 아파트입니다.

마래푸는 2014년 9월에 입주했는데 이때 84㎡가 6억 9,000만 원이었습니다. 분양 때부터 마래푸는 이슈가 되어 뉴스에 매일 등장했는데, 이유가 무엇이었을까요? 바로 고분양 논란이었습니다. 어떻게 강북의 아파트를 6억 원대에 분양할 수 있냐는 내용의 뉴스와 기사들이 연일 보도되었고 결국 미분양이 났습니다. 8년 후 마래푸는 실거래가 19억 원대를 기록했습니다. 8년 만에 13억 원이 상승한 것이지요. 17억 원까지 떨어진 적도 있지만 지금은 다시 시세를 회복하고 있습니다.

경희궁자이도 마찬가지입니다. 2017년 입주 직후에 84㎡가 8억 원이었는데 역시 고분양 논란으로 떠들썩했습니다. 5년 후인 2022년, 경희궁자이 시세는 20~22억 원대로 올라섰습니다. 5년 만에 14억 원이 오른 것입니다.

만약 제가 타임머신으로 여러분을 2014년으로 보내드린다면 여러분은 미분양된 마래푸를 사시겠어요? 7~8년 만에 13억 원을 벌 수 있으니 당장 사야 합니다. 사실 이때는 대출 받아서 실투자금 2~3억 원에도 살 수 있었습니다. 절대 놓칠 수 없는 물건입니다.

2017년으로 돌려보내드린다면 어떻게 하시겠어요? 당연히 돈의문뉴타운(경희궁자이)을 사셔야지요. 5년 만에 14억 원을 벌 수 있는 확실한 기회니까요.

당연히 저는 타임머신을 태워드릴 수 없습니다. 하지만 타임머신을 탄 것과 똑같은 효과를 볼 수 있는 방법을 알려드릴 수는 있습니다. 현재 기준에서 미래의 마래푸나 경희궁자이가 될 만한 재개발 구역(재건축 단지)을 알려드리면 되니까요. 마래푸나 경희궁자이보다 세대수도 많고 브랜드도 더 좋은데다 입지도 더 좋은 새 아파트가 될 재개발·재건축 물건들 말입니다. 10년 전, 7년 전과 같은 원리입니다. 이 책을 통해 미래의 대장주가 될 만한 재개발·재건축 물건을 고르는 법과 확정수익을 계산하는 법, 내 상황에 맞게 물건을 선택하는 법 등을 하나씩 배워나가세요. 어렵지 않습니다.

단기투자부터 장기투자까지 모두 가능하다

"경매 투자는 6개월 만에 수익이 날 수도 있는데 재개발은 10년은 기다려야 한다던데요?" 이렇게 묻는 사람들이 참 많습니다.

지금 대한민국에서 가장 비싸고 입지가 좋은 재개발 구역은 한남뉴타운입니다. 한남뉴타운에서도 가장 위치가 좋은 구역이 4, 5구역이고 두 구역 모두 2023년 10월 현재 조합설립인가만 받은 상태입니다. 다음으로 주목받는 성수전략정비구역도 1~4지구가 있는데 모두 조합설립인가만 받은 상태입니다. 앞으로 10년 가까이 남은 것이지요.

"입지 좋은 데 사라면서요? 10년 이상 남았다면 이걸 사야 합니까?"라고 묻는다면 질문 자체가 잘못되었습니다.

만약 입주를 할 거라면 10년을 기다려야 하는 게 맞습니다. 물론 재개발·재건축 투자에서 가장 수익이 많이 나는 방법은 입주 시기까지 가져가는 것입니다. 하지만 재개발·재건축 물건은 단계별로 계속 프리미엄이 상승하기 때문에 조합설립인가나 사업시행인가 이후에 사서 프리미엄 상승분만 취하고 팔아도 상당한 수익을 낼 수 있습니다. 한 번 살펴볼까요?

조합설립인가 단계에서 샀는데 사업시행인가를 받았다면 이때 프리미엄이 오릅니다. 리스크가 상당부분 제거되었기 때문입니다. 사업시행인가 이후에는 바로 시공사가 선정됩니다. 성수전략정비구역 같은 곳은 하이엔드 브랜드를 달 가능성이 높겠지요. 이때 또 오릅니다. 왜일까요? 고급 브랜드로 이미지화되기 때문입니다. 이제부터 사람들은 성수1지구로 보는 게 아니라 이를테면 디에이치 성수, 또는 성수 르엘, 아크로 성수로 인지하게 됩니다.

종전자산평가가 발표되면 또 오릅니다. 종전자산평가는 조합에서 각 조합원에게 보유한 물건의 감정평가액을 평가해 통보하는 것을 말합니다. 종전자산평가는 정말 중요한데, 종전자산평가 전에 투자자는 감정평가액을 추정하여 투자할 수밖에 없기 때문입니다. 추정감정평가는 어디까지나 추정입니다. 내 물건의 감정평가액이 3억 원이라고 추정하고 1억 원의 프리미엄을 얹어서 4억 원에 샀는데 종전자산평가에서 감정평가액이 2억 원이라고 통보받았다면 나는 프리미엄 1억 원을 준 것이 아니라 2억 원을 주고 산 것입니다.

종전자산평가 이후에 물건을 산다는 건 이런 리스크가 없어진 물건에 투자한다는 의미입니다. 감정평가액이 통보되면 분담금도 계산할 수 있습니다. 예를 들어 조합원분양가가 4억 원인데 내 물건의 감정평가액이 2억 원이라고 통보받았다면 2억 원의 분담금을 내야 합니다. 이렇게 감정평가 이후에는 분담금까지 계산할 수 있어 큰 변수가 없어집니다. 그래서 저는 안전 투자와 초기 투자의 경계점을 종전자산평가로 봅니다. 종전자산평가 이후로는 프리미엄과 분담금을 계산할 수 있기 때문에 대부분의 리스크가 사라지니까요.

'고위험 고수익, 저위험 저수익' 이것은 불변의 진리입니다. 리스크가 사라질수록 프리미엄이 오르니 수익이 적어지긴 하지만 남아 있는 다음 단계를 밟아 나갈수록 계속 프리미엄은 오르기 때문에 적지 않은 확정 수익을 안고 투자할 수 있습니다.

조합원분양신청 이후에도 프리미엄은 오릅니다. 4인가족이라면 무조건 34평을 원할 것입니다. 공인중개사가 34평 받을 수 있다고 해서 샀는데 만약 25평이 배정되면 난감하겠지요? 큰 리스크입니다. 이뿐 아닙니다. 34평이 25평보다 프리미엄이 높게 형성됩니다. 내 실거주 요건에도 안 맞는데 자산 가치도 많이 떨어지는 결과가 발생할 수도 있는 것이지요. 그러나 조합원분양신청이 끝나고 34평으로 확정된 물건을 사면 이런 변수는 사라집니다. 이렇게 리스크를 지워나가며 프리미엄은 계속 커집니다.

관리처분인가가 나면 또 오릅니다. 이주, 철거, 착공밖에 안 남아 있는 사업 후반 단계이기 때문입니다. 조합원 동·호수를 추첨한 후에도 오릅니다. 몇 동 몇 호인지 결정이 나서 또 하나의 불확실성이 없어졌으니까요.

철거가 시작되면 또 오릅니다. 사람은 시각적인 동물이기 때문에 빌라촌일 때는 '여기가 재개발 구역이야?' 하는 정도의 시선으로 보는데 철거에 들어가면 '어, 여기 아파트 지어지네?' 하며 눈여겨보게 되죠. 보수적인 사람들은 이때 관심을 가집니다. 눈에 보여야 믿는 것이 보통 사람들의 심리이지요. '여기 입지도 좋고 직장도 가까운데? 아이가 갈 만한 학원도 많구나. 새로 들어서는 이 아파트는 어떻게 사지?' 하며 부동산 중개소에 들릅니다.

"여기 아파트 지어지나 봐요?"

"여기가 흑석9구역이에요. 여기 입주권 사시면 3년 후에 입주할 수 있어요."

"아, 아파트 입주권이 있군요?"

이렇게 입주권 매물을 보는 사람들이 생겨나고 일반 사람들이 많이 모입니다. 이때도 입주권 매물을 사고팝니다. 꾼들의 시장에서 일반 사람들의 시장으로 확장되는 시기입니다. 모든 가격은 수요공급의 원리에 따라서 결정됩니다. 공급은 한정되어 있는데 이런 일반 수요까지 늘어나므로 가격은 더욱 상승합니다.

예를 들어 입주까지 10년을 기다려야 하는 성수전략정비구역을 샀다면 각 단계를 넘어선 시점이나 어떤 이벤트에 의해 프리미엄이 오르는 때에 프리미엄 상승분만 취하고 팔아도 수익을 낼 수 있습니다. 직접 실거주할 게 아니라면 입주 때까지 가져갈 필요는 없습니다. 다음의 단계를 넘어서며 리스크들이 사라지고 프리미엄이 오르기 때문에 어느 시기에 투자해서 어느 시기에 매도할지는 본인의 상황에 맞추어 정하면 됩니다.

"저는 입주해 직접 살고 싶은데요?" 하는 분은 어떻게 해야 할까요? 10년을 기다리는 것은 너무 힘든 일이지요. 모든 재개발·재건축 물건을 조합설립인가 단계에서 사야 되는 것은 아닙니다. 보통 조합설립인가 때 사면 입주까지 10년이 걸리지만, 사업시행인가 단계에 사면 6~7년, 관리처분인가 단계에 사면 4~5년이 걸리고, 동·호수 추첨 후 사면 2년 반밖에 안 걸립니다. 물론 관리처분인가 이후에 사면 프리미엄을 그 전보다 더 높게 주고 사게 되지만 이후로도 추가적인 상승이 계속 있습니다.

이처럼 매도 시기를 빨리 앞당겨서 투자기간을 짧게 단축할 수도 있고 매수 시기를 달리 해서 입주까지의 기간을 단축시킬 수도 있습니다. 보통 '조합설립인가 때 사서 입주 때까지 10년 걸리니까 10년은 묻어놔야 하는구나.'라고 생각하지만 매수·매도 시기를 달리해서 장기투자, 중기투자, 단기투자가 모두 가능한 것이 재개발·재건축 투자입니다.

| 시기별 접근 전략에 따른 수익률 극대화 |

장기투자	조합설립인가나 사업시행인가 전에 매수하여 입주까지 가져가는 전략
단기투자	프리미엄 상승분만 취하고 단기에 매도하는 투자
실거주투자	리스크가 적은 관리처분인가 이후에 진입하여 저렴한 가격으로 새 아파트에 실거주하는 전략

갭투자나 분양권 투자보다 쉬운 재개발·재건축 투자

이주 후에는 임차인 관리 걱정 끝!

갭투자는 전세보증금을 레버리지로 활용하는 투자입니다. 그러다 보니 '물이 새요.', '누전기가 나갔어요.' 등 임차인이 요구하면 시설관리를 해주어야 합니다. 비용뿐만 아니라 시간도 들어가죠. 만나서 얘기하고 수리업자 부르고 계좌이체하는 시간들이 필요합니다.

임차관리도 시설관리 못지않게 신경 써야 하는 일입니다. 다행히 임차인이 계속 살게 되면 연장계약을 하면 되지만, 이사 간다고 하면 보증금을 돌려주고 새로운 세입자를 받기 위해 부동산에 내놓아야 하고, 시세가 내렸거나 올라갔다면 그 가격에 맞추어 내놓아야 합니다. 전세가가 하락해서 '역전세'가 된다면 투자금이 더 필요할 수도 있습니다. 이런 복잡한 시설관리, 임차관리는 만만치 않은 일이지요.

그런데 관리처분인가 이후 이주가 끝난 단계에서 재개발·재건축 물건을 사면 임차인이 없고, 철거 이후에는 토지에 대한 세금만 내기 때문에 세금 때문에 신경 쓸 일도 없습니다. 물론 조합설립인가나 사업시행인가 전후로 매입하면 낡은 건물이기 때문에 일반적인 갭투자보다 시설관리나 임차관리에 공을 들여야겠지만 관리처분인가 이후나 이주 이후에 사면 4~5년 동안 임차관리를 안 해도 된다는 장점이 있습니다. 저는 첫 재개발 투자 물건을 관리처분인가 후 이주기간에 매수했고 임차인이 이미 이주하고 난 후였습니다. 그래서 임차인이나 집 관리를 할 필요가 없었지요. 매도인이 신청한 이주비 대출도 승계가 가능했습니다.

갭투자의 경우 10억 원짜리 아파트를 전세보증금 6억 원을 끼고 4억 원에 샀다면 4억 원을 투자한 것입니다. 그런데 2년 뒤에 12억 원, 14억 원이 된다는 보장이 있을까요? 물론 대한민국 부동산이 단기적으로 하락을 할 때는 있지만 장기적으로 상승하기는 합니다. 하지만 하락장이라면 손해를 볼 수도 있습니다. 사실 불확실한 미래에 투자하는 것입니다.

| 재개발·재건축과 갭투자 비교 |

	재개발·재건축 투자	갭투자
관리	이주단계 후 관리할 임차인이 없음	임차인 관리의 부담
대출 사용	이주비 대출, 중도금 대출 가능	대출 활용 불가
수익률	입주시점의 예상 시세(확정수익) 파악 가능	예상수익 불확실함

안전마진이 확실한 재개발·재건축 투자

"아, 내가 3억 원은 벌고 시작하는구나." 하고 시작할 수 있는 투자가 바로 재개발·재건축 투자입니다. 가장 확실한 안전마진을 안고 가는 투자 방법이니까요. 확실히 돈이 된다는 뜻이지요.

어떻게 안전마진을 확정할 수 있냐고요? 쉽게 예를 들어 증명해보겠습니다. 만약 5년 후에 입주할 수 있고 59㎡를 받을 수 있는 재개발 물건을 5억 원에 샀다면 새 아파트를 얼마에 사게 되는 것인지는 '매매가+분담금' 또는 '조합원분양가+프리미엄' 산식으로 계산하면 딱 답이 나옵니다. 5억 원의 재개발 구역 빌라를 샀는데 분담금이 2억 원이라면 새 아파트를 7억 원에 사는 것입니다. 지금 5억 원을 투자하고 나중에 분담금 2억 원만 내면 새 아파트가 내 것이 되는 것이지요. 안전마진을 확정할 수 있는 것은 지금 당장 인근 신축 2년차 A아파트 59㎡의 가격이 이미 10억 원이기 때문입니다. 물가상승률을 전혀 고려하지 않아도 5년 후 입주 시 가격이 적어도 10억 원이 될 것이라는 것은 당연합니다. 그러면 입주할 때까지 5년 남은 물건을 7억 원에 사는 것이니 3억 원만 버는 것일까요? 2년차 아파트인 A아파트는 5년 후에 7년차 아파트가 됩니다. 그때 입주하는 나의 아파트는 0년차 아파트이지요. A아파트는 5년 후 10억 원보다 더 시세가 오를 가능성이 매우 높습니다. 나의 0년차 아파트는 당연히 7년차 아파트가 된 A아파트보다 시중에서 높은 가격에 거래가 될 것입니다. 이렇게 매수하는 순간 '3억 원+알파'라는 확정 수익을 안고 가는 투자가 바로 재개발·재건축 투자입니다. 사놓고 시세가 오르기만을 기다리는 투자와는 전혀 다르지요.

갭투자는 임차보증금 자체가 레버리지입니다. 그런데 재개발·재건축도 레버리지를 활용할 수 있습니다. 이주 시기라면 이주비 대출을 받을 수 있고 이사비도 받을 수 있습니다. 중도금 대출, 즉 분담금의 중도금 대출(전체 분담금의 60%)도 활용 가능합니다.

일반분양을 받은 사람들도 입주할 때 전세를 준다면 전세보증금으로 잔금을 내고, 실거주를 한다면 담보대출을 받아서 잔금을 내는 경우가 많은데요. 재개발·재건축도 이와 다르지 않습니다. 일반분양과 똑같이 착공 들어갈 때 시공사와 분양계약을 합니다.

관리처분인가 이후 착공에 들어가면 분담금을 내게 되는데 계약금 10%를 내고 중도금 60%는 보통 공사기간 동안 6차까지 나눠 냅니다(시공사에서 차수를 늘리거나 줄일 수도 있습니다.). 전체 공사기간이 36개월이라면 6개월에 한 번씩 도래하는 셈입니다. 잔금 30%는 입주할 때 냅니다.

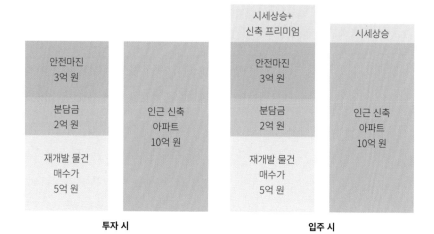

| 투자 시와 입주 시의 이익 차이 |

투자 시

입주 시

일반분양에게는 주어지지 않는 이런 혜택이?

일반분양 청약에 당첨되어 받는 분양권은 재개발·재건축 조합원에게 주어지는 입주권과는 어떤 차이를 가질까요? 새 아파트에 들어갈 수 있는 권리라는 점에서는 같지만 여러 가지 차이가 있습니다. 조합원들이 먼저 로열동과 로열층을 선점하고 나머지를 일반분양에 배정하기 때문입니다. 조합원은 몇 층 이상으로만 배정받는다는 전제로 추첨하는 경우가 많습니다. 예를 들어 4층 이상, 7층 이상을 배정받는 경우가 많지요.

소위 '뺑뺑이'라고들 하는데, 보통 컴퓨터가 동과 호수를 무작위추첨 하지만 1~3층은 일반분양 때 배정합니다. 그래서 조합원들은 저층이나 비로열동을 배정받을 확률이 적습니다. 굉장히 유리하지요.

이뿐 아닙니다. 재개발·재건축 조합원들은 여러 가지 혜택을 받게 되는데요. 예를 들어 발코니 확장비용이 무료인 곳들이 많습니다. 가전제품도 보통 20가지 정도 무상지급하는데요. 시스템에어컨을 무상지급하는 구역도 일부 있습니다. "나는 냉장고 바꾼 지 얼마 안 됐는데?" 하는 분들은 부모님댁으로 보내면 됩니다. 요청하면 원하는 곳으로 보내줍니다. 이렇게 조합원만 받을 수 있는 혜택으로 3,000만~4,000만 원의 돈을 줄일 수 있습니다. 어차피 조합의 사업비이기 때문에 깊게 들어가면 조삼모사이긴 하지만 그래도 조합원 입장에서는 이 모든 게 무상지급된다는 것은 매우 기분 좋은 일이지요.

| 재개발·재건축 입주권과 분양권 비교 |

	재개발·재건축 입주권	분양권
선택의 폭	로열층 배정 가능	로열층 배정 불확실
무상옵션	무상지급 옵션 (발코니 확장, 시스템에어컨, 가전제품 등)	무상지급 품목 없음

잠깐만요

재개발·재건축은 '가치주+우량주'

주식투자를 해본 분들은 잘 아시겠지만 각자의 투자 스타일이 다 다릅니다. 배당률 좋은 배당주만 계속 사는 사람이 있는가 하면 안전하게 우량주만 사는 사람도 있습니다.

배당률이 좋은 배당주는 배당금을 꼬박꼬박 받으니 현금흐름이 가능합니다. 부동산에서는 임대료로 현금흐름이 가능한 상가나 지식산업센터 같은 부동산이 이와 비슷하다고 볼 수 있습니다.

삼성전자, 현대차 등 우량주만 사는 사람들도 있죠. 누구나 사고 싶은 주식이며 오래전부터 샀다면 꾸준히 올랐기 때문에 수익률도 대단할 것입니다. 삼성전자가 망하면 대한민국이 망하는 것이라는 말이 있는 만큼 안정적인 주식이죠. 새 아파트는 이 우량주와 비슷합니다. 하방경직성이 강하고 오를 때는 큰 폭으로 빨리 오릅니다.

현재 저평가되어 있지만 향후 상승 여력이 큰 주식인 가치주는 부동산으로 치면 무엇에 해당될까요? 앞으로 새 아파트가 될 재개발·재건축 물건일 것입니다. 사실 재개발·재건축 물건은 앞으로 새 아파트가 되므로 가치주와 우량주에 동시에 투자하는 셈이 됩니다.

재개발만이 가진
투자 매력 포인트

도로부터 무허가주택까지
내 상황에 맞춰 골라 살 수 있다

단순히 미래에 새 아파트가 될 빌라를 사는 것이 재개발 투자라고 생각한다면 이것은 큰 오해입니다. 재개발은 단독주택, 다가구주택을 사도 물론 아파트 입주권을 받지만, 꼭 주택이 아닌 물건을 사도 입주권을 받을 수 있습니다. 그래서 재건축보다는 재개발이 선택의 폭이 훨씬 크지요.

예를 들어 재개발은 건축물만 가지고 있거나 토지만 갖고 있어도 입주권을 받는 경우가 있습니다. 심지어 무허가주택처럼 땅도 건물도 안 갖고 있어도 입주권을 받을 수 있습니다. 무허가주택의 땅은 대부분 시유지나 국유지입니다. 내 땅이 아닌 곳에 집을 지은 데다가 건물도 등기가 되어 있지 않은 경우이지요. 건물과 토지 모두 등기가 안 되어 있지만 요건에 해당만 되면 입주권을 받을 수 있습니다. 남의 땅 위에 뚜껑처럼 얹어놓았다고 해서 일명 '뚜껑'이라고 합니다. 이 밖에도 도로, 상가 등 재개발 투자의 물건은 종류가 다양합니다.

등기부등본이 없어도, 집도 없고 땅도 없어도 입주권이 나올 수 있다는 것은 다주택자에게 굉장히 반가운 사실입니다. 주택에 해당되지 않으니 세금이 중과되지 않으면서 새 아파트가 될 물건에 투자하는 셈이니까요. 물론 특정 요건에 해당되어야 하며 이 부분은 뒤에서 자세하게 살펴보기로 하겠습니다.

반면 재건축은 토지와 건물을 모두 가지고 있어야 입주권을 받을 수 있습니다. 아파트는 어차피 따로 소유할 수 있는 구조가 아닙니다. 집합건물은 토지, 건물 등기부등본이 따로 되어 있지 않으니까요. 단독주택이나 다가구주택은 건축물등기부등본과 토지등기부등본이 따로 있으니 땅과 건물을 따로 소유할 수 있습니다.

재개발 투자만 가지고 있는 가장 큰 매력은 투자금의 크기, 주택 보유수, 매수 시기, 대출 활용 방법 등 투자자의 현재 상황에 따라 투자대상 선택이 가능하다는 점입니다. 투자금이 부족하면 빌라나 무허가주택을 선택하면 됩니다. 감정평가액이 낮아서 매매가격도 낮기 때문입니다. 1+1을 받을 수 있는 물건, 또는 대형 평수를 받을 수 있는 재개발 물건을 원한다면 단독주택 또는 다가구주택을 사면 됩니다. 현재 다주택자인데 재개발 투자로 세금이 중과되는 게 싫다면 입주권을 받을 수 있는 상가나 도로 매물을 사면 됩니다. 이러한 재개발 투자의 장점을 충분히 활용한다면 내 상황에 맞는 아주 현명한 투자를 할 수 있다는 것을 꼭 기억하세요.

| 다양한 재개발 물건 유형 |

물건 유형	특징
빌라	• 가장 일반적인 재개발 투자 대상 • 감정평가액에 따라 투자 전략 다양 • 소액 초기 투자금으로 매수 가능 • 평형신청에 따라 다른 전략
단독주택	• 감정평가액이 높은 경우가 많음 • 초기단계는 초기 투자금 부담 • 이주비 대출 활용시 유리 • 1+1 전략 활용
무허가주택(뚜껑)	• 초기 투자에 가장 저렴한 매물 • 다주택자는 취득세 면에서 유리 • 무허가주택확인원 확인 • 단기투자에 최적화

상가	• 주택수에 포함되지 않음 • 상가나 주택도 분양 가능 • 임대수익도 가능 • 상가로 입주권 분양받는 전략
도로	• 주택수에 포함되지 않음 • 서울의 경우 90㎡ 이상이 되어야 입주권 나옴 • 자금출처계획서 필요 없음

절세에 유리하다

부동산은 살 때도, 보유하고 있는 기간에도, 그리고 팔 때에도 (양도차익이 있으면) 세금을 냅니다. 살 때는 취득세, 보유만 하고 있어도 보유세(재산세, 종합부동산세)를 내며, 매도할 때는 양도소득세(양도세)를 내지요. 이중 양도세가 세금 중 가장 큰 부분을 차지합니다. 이 정도는 대부분 알고 계실 텐데요. 보유 시 낼 수 있는 세금이 하나 더 있습니다. 무엇일까요? 바로 임대를 했을 때 내는 임대소득세입니다.

지금은 부동산 세금 규제가 많이 완화되었지만 문재인 정부 시절에는 다주택자를 엄격하게 규제했지요. 그 시절 다주택자가 된다는 것은 곧 취득세, 보유세, 양도세 중과가 된다는 것을 뜻했습니다. 1주택자에서 2주택자, 2주택자에서 3주택자가 되는 것은 재개발·재건축 투자에 있어서 큰 허들이었지요.

세금 규제는 보통 상승기에는 제한하고 하락기에는 완화하기를 반복하니 우리는 늘 세금 관련 뉴스에 귀를 기울여야 합니다. 예를 들어 2주택자인데 재건축 아파트를 사면 3주택자가 되는 경우, 만약 문재인 정부 때였다면 세금이 얼마나 되었을까요? 다주택자 세금 중과에 해당되면 양도소득세 최고 세율구간은 무려 75%입니다. 심지어 지방세 7.5%가 추가되니 실효세율은 82.5%라는 이야기입니다. 이해를 돕기 위해 극단적인 예를 들면, 10억 원에 아파트를 사서 20억 원에 팔면 10억 원을 벌었다고 생각하지만 중과가 되면 10억 원 양도차익에서 8억 2,500만 원은 세금으로 내고 1억 7,500만 원만 남으니 실제 수익은 몇 배로 적어집니다. (사실 공제금액과 비용처리되는 부분까지 계산하면 양도세는 이보다 적습니다.)

재건축은 1주택자가 투자를 하는 순간, 2주택자가 되는 걸 피할 수 없습니다. 반면 재개발 물건은 주택수에 포함 안 되는 상가, 도로를 사면 관리처분인가 전까지는 주택수에 포함되지 않습니다. 세금이 늘어나지 않는다는 것은 매우 큰 장점이지요. 예를 들어 1주택자가 상가를 사면 양도세 비과세 요건을 유지할 수 있지만 실제로 이 상가가 앞으로 아파트가 될 것이기 때문에 주택 2채에 투자하는 것과 다름없습니다. 세법적으로만 1주택자로 인정받는 것이지요.

이렇게 재개발 투자는 세금을 줄일 수 있는 투자 방법입니다. 노량진 재개발 구역에 45평을 배정받을 수 있는 도로지분을 가지고 있는 한 지인은 10년 전부터 보유하고 있지만 보유세를 1원도 안 냈습니다. 8년 이후 입주할 것으로 예상되는데, 앞으로 입주할 때까지 8년 동안도 보유세는 전혀 내지 않을 것입니다. 노량진의 45평 신축아파트의 예상 시세는 25억 원 이상입니다. 8년 후 25억 원의 아파트가 될 물건에 투자했는데 20년 가까이 보유세를 전혀 내지 않아도 되다니 정말 대단한 절세입니다.

분담금도 세금을 줄이는 데 한몫합니다. 재개발 투자의 총 투자금은 '매매가+분담금'입니다. 재개발 구역 빌라를 3억 원에 샀고 분담금이 2억 원이라면 분담금 2억 원에 대해서는 입주 시까지 보유세를 내지 않습니다. 이렇게 재개발 투자는 미래 아파트의 상승 가치를 얻으면서 보유세 부담이 적은 투자입니다.

투자자마다 상황이나 조건이 다르니 정확히 계산하기는 어렵지만 이해하기 쉽도록 단순화시켜 예를 들어보겠습니다. 현재 20억 원의 신축 아파트를 가지고 있다면 보통 보유세를 1년에 2,000만 원 정도 낸다고 예상해볼 수 있습니다. 그런데 20억 원의 아파트가 될 재개발 지역 빌라를 매입하였다면 보유세는 1년에 100만 원 정도가 될 것입니다. 관리처분인가가 나고 이주한 뒤 멸실이 되면 토지분에 대해서만 보유세를 내므로 보유세는 50만 원 정도로 줄어듭니다. 만약 재개발 지역의 무허가주택을 샀다면 보유세는 연 5만 원 정도 될 것입니다. 앞에서도 얘기했지만 재개발 지역의 도로지분을 샀다면 보유세는 0원입니다.

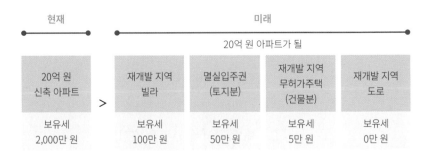

취득세는 어떨까요? 무주택자가 1주택자, 1주택자가 2주택자가 되면 1~3%, 2주택자가 3주택이 될 때는 8%의 취득세를 냅니다. 그런데 상가나 도로 같은 재개발 물건을 매입하면 주택수와 상관없이 4%를 냅니다. 저는 다주택자이기 때문에 취득세를 12%까지 내야 하지만 상가를 사면 4%를 냅니다. 어때요? 세금이 확 줄어들지요?

그렇다면 양도세는 어떻게 줄어들까요? 양도세는 가장 획기적으로 줄어들 수 있습니다. 이 부분은 다섯째마당에서 자세히 다루겠습니다.

이렇게 본인의 주택 보유수에 따라서 양도세, 보유세, 취득세를 절약할 수 있는 다양한 물건을 선택해서 투자할 수 있다는 것은 재개발 투자의 큰 장점입니다.

왜, 지금 재개발·재건축인가?
– 1·3부동산 규제지역 해제 발표

강남3구와 용산구를 제외한
모든 지역이 규제지역에서 해제

2023년 1월 3일, 재개발·재건축 투자에 지각변동을 가져온 부동산 정책이 발표됐습니다. 매우 큰 변화를 가져온 정책이라 1·3대책이라는 이름으로 회자되고 있는데요. 이 대책으로 2023년 1월 5일부터 강남3구와 용산구를 제외한 모든 지역이 규제지역에서 해제되었습니다. 강남, 서초, 송파, 용산을 제외한 모든 서울과 경기 과천, 성남(분당, 수정), 하남, 광명이 이 대책으로 규제지역에서 풀린 것입니다. 규제지역은 가장 큰 범위로 조정지역이 있고, 세부적으로는 투기과열지구, 더 세부적으로 투기지역이 있었는데 이 모든 규제지역이 용산구, 강남3구를 제외하고 다 해제되었으니 정말 대단한 규제 완화 정책입니다.

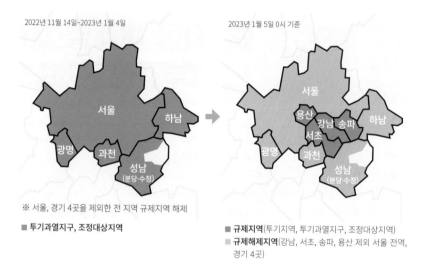

| 부동산 규제지역 현황 |

재개발·재건축 투자 환경이 좋아졌다

규제지역에서 해제되었다는 것은 많은 것을 의미합니다. 투기과열지구에 적용되는 규제가 생각 이상으로 많기 때문입니다. 보통 규제지역에서 해제되면 다주택자 중과세가 사라지고 대출 한도가 늘어난다는 정도만 알고 있는 경우가 많은데 재개발·재건축 투자에서는 그 이상의 의미를 가집니다.

1·3대책은 대출, 청약, 전매제한 규제 완화뿐만 아니라 세금에도 많은 변화를 가져왔습니다. 양도세, 취득세, 종부세에 관련된 부분이 규제지역이냐 아니냐에 따라서 달라지기 때문인데요. 규제지역 해제로 인해서 재개발·재건축 투자에서는 어떤 부분이 달라졌고 향후 재개발·재건축 시장이 어떻게 될지, 재개발·재건축 투자에 이 규제지역 해제를 어떻게 적용해야 할지, 앞으로 어떤 투자를 해야 하고, 어떤 부분에 주의해야 하는지 살펴보겠습니다.

투기과열지구에 적용됐던 5년 재당첨제한과 조합원지위 양도 금지 규정이 재개발·재건축에서는 가장 큰 규제였습니다. 조합원지위 양도 금지는 입주권 전매제한을 뜻합니다. 즉 입주권을 사고팔 수 없다는 뜻입니다. 조합원지위 양도 금지는 재개발과 재건축에 적용되는 기간이 각기 다른데 투기과열지구 내에서 재건축은 조합설립인가 이후에, 재개발은 관리처분인가 이후에 사고팔 수 없습니다. 그런데 1·3대책으로 대부분의 구역이 규제지역에서 풀리면서 거래가 자유로워진 것입니다.

아직도 투기과열지구로 남아 있는 강남3구와 용산구

'그렇다면 강남3구와 용산구의 재개발·재건축 물건들은 매매할 수 없겠구나.'라고 생각할 수 있지만 그건 또 아닙니다. 대한민국에서 가장 유명한 재건축 단지는 잠실주공5단지죠. 잠실주공5단지는 조합설립인가를 받았을까요? 받았습니다. 그리고 송파구는 여전히 투기과열지구입니다. 그런데 네이버 부동산에서 검색해 보면 매물이 많이 나와 있습니다. 잠실주공5단지는 왜 지금 사고팔 수 있을까요? 이건 예외조항 때문입니다. 조합설립인가를 받고 3년 안에 사업시행인가를 신청하지 못했거나 또는 사업시행인가를 받고 3년 이내에 착공에 못 들어간 경우, 착공에 들어갔는데 3년 안에 준공을 마치지 못했을 때는 전매제한이 풀립니다. 잠실주공5단지는 조합설립인가가 나고 3년 안에 사업시행인가 신청을 못했기 때문에 전매제한이 풀려 현재 거래가 가능하게 된 것입니다.

재개발은 관리처분인가 이후에 조합원지위양도가 금지됩니다. 단, 최초 사업시행인가 신청을 2018년 1월 24일 이전에 한 구역들은 예외입니다. 제가 상가를 보유하고 있는 흑석뉴타운의 흑석9구역도 2018년 1월 24일 전에 최초 사업시행인가 신청을 했기 때문에 투기과열지구였을 때도 전매제한에 해당되지 않아 투자할 수 있었습니다. 그 옆의 흑석11구역은 2018년 1월 24일 이후에 사업시행인가 신청을 했기 때문에 작년에 관리처분인가를 받은 이후로는 전매제한 구역이었다가 1·3대책으로 전매제한에서 풀렸습니다.

아직 투기과열지구로 남아 있는 강남구와 서초구에는 어떤 재개발 구역이 있을까요? 단 하나도 없습니다. 그러면 송파구와 용산구에는 재개발 지역이 있을까요? 송파구에는 거여·마천뉴타운 재개발 구역이 있습니다. 그런데 거여뉴타운은 입주를 마쳤습니다. 거여2-2구역이 2020년에 e편한세상송파파크센트럴이라는 단지로 탈바꿈하여 입주가 완료되었습니다. 거여2-1구역도 송파시그니처롯데캐슬로 바뀌어 2022년에 입주를 마쳤습니다. 마천 재개발 구역이 아직 남아 있는데 지금까지 입주한 곳은 없으며 마천4구역이 가장 속도가 빠릅니다.

잠깐만요

송파구의 유일한 재개발 지역, 거여·마천뉴타운

마천역에 내리면 역세권조차 주택가라 놀라게 됩니다. 그 정도로 개발되지 않은 지역인데요. 5호선의 종착역이며 위례와 붙어 있는 이곳은 예전엔 진흙밭이었습니다. 공수부대가 있었고 우범 지역이어서 여자들이 귀가할 때 무서워하는 그런 동네였지요. 그래서 집값도 정말 저렴했습니다. 이랬던 동네에 e편한세상송파파크센트럴, 송파시그니처롯데캐슬이 들어선 것입니다. 사업 진행 속도가 가장 빠른 마천4구역은 현대건설의 하이엔드 브랜드인 디에이치를 달게 되었습니다. 마천이 상급지로 인정받았다는 것을 알 수 있습니다.

용산에는 대한민국에서 가장 주목받고 있는 재개발 지역인 한남뉴타운이 있습니다. 즉 규제지역으로 남게 된 용산구와 강남3구에서 재개발 구역은 마천 재개발 구역과 한남뉴타운 두 개밖에 없습니다. 이 둘을 제외하고는 모든 서울의 재개발 구역이 1·3대책으로 전매제한에서 풀린 것입니다.

1·3대책, 어디가 가장 수혜를 받을까?

그렇다면 어떤 구역이 1·3대책의 혜택을 크게 받게 될까요? 당연히 상급지일수록 많은 혜택을 받게 됩니다. 가장 큰 수혜를 입을 곳은 동작구의 노량진뉴타운과 흑석뉴타운입니다. 노량진은 동작구라 하지만 반포, 용산, 여의도와 가깝고 한강 이남이기 때문에 입지가 훌륭합니다. 1~8구역이 있는데 1·3대책으로 전매제한이 풀린 곳은 관리처분인가를 받은 2, 6, 8구역입니다. 특히 노량진2구역은 2023년 8월 현재 철거 중으로 입주가 머지 않았는데 전매제한에서 풀렸으니 실거주를 하려는 사람들의 많은 관심을 받게 되었습니다.

흑석뉴타운도 1·3대책의 혜택을 특별히 많이 받게 된 곳인데요. 특히 흑석11구역은 관리처분인가 이후 전매제한이 되었는데 1·3대책으로 다시 풀렸습니다. 이 밖에도 북아현뉴타운 등 서울의 입지 좋은 구역들은 1·3대책으로 투자 환경이 매우 좋아졌습니다.

강남3구, 용산만 5년 이내 재당첨 금지

투기과열지구 내 재개발·재건축 등 정비사업에서 일반분양 또는 조합원분양에 당첨된 세대에 속한 자는 당첨일로부터 5년간 투기과열지구의 정비사업 일반분양 또는 조합원분양의 재당첨이 금지됩니다.

재개발·재건축은 관리처분인가일을 당첨된 날로 봅니다. 재개발·재건축 관리처분인가 이전에 매수했다면(또는 일반분양을 받았다면) 5년 안에 두 번째로 분양받은 재개발·재건축 물건은(일반분양 받은 물건은) 입주권이 안 나온다는 얘기입니다. 이 모든 게 투기과열지구에만 해당되는 얘기입니다. 2채 중 1채라도 투지과열지구가 아니라면 해당되지 않습니다.

얼마 전까지만 해도 서울 전체에서 개인 명의로는 하나의 재개발·재건축 물건에 투자할 수 있었는데, 이제 강남3구와 용산을 제외하고는 이 제한에 신경 쓰지 않고 투자할 수 있게 되었습니다.

다주택자 세금 중과 완화

다주택자들은 재개발 투자를 하려고 해도 규제지역에서는 취득세, 양도세, 보유세 부담이 높아져 부담되었는데요. 대부분이 규제지역에서 해제되면서 부담이 확 줄었습니다. 특히 양도세 비과세의 2년 실거주 요건이 해제되는 것은 주목할 만합니다. 1주택자가 양도세 비과세를 받기 위해서 2년을 실거주해야 된다는 것은 매우 부담스러운 요건이었는데 매수를 하고 2주택자가 되어도 보유만 2년 해도 팔 때 비과세 혜택을 받을 수 있게 된 것입니다. 예를 들어 1주택자가 한남뉴타운의 부동산을 사고 싶은데 낡은 빌라에 실거주 2년을 해야 비과세 혜택을 받을 수 있어 망설였다면 1·3대책이 매우 반가울 것입니다. 1주택자라면 지금 당장 흑석뉴타운이나 성수전략정비구역 같은 재개발 대어로 꼽히는 곳의 물건을 사서 2년 실거주를 안 해도 비과세를 받을 수 있습니다.

2020년에 도입된 현행 취득세 중과제도는 조정대상지역의 경우 취득세율이 2주택자는 8%, 3주택자는 12%로 중과되는데, 대부분 규제지역에서 풀리며 부담이 낮아졌습니다.

정부는 다주택자 취득세 중과세율 완화도 추진 중입니다. 현재 국회에서 계류 중이지만, 정부는 2022년 12월 21일 이후 거래부터 소급 적용을 발표하였습니다. 기존에 2주택인 경우 조정대상지역은 세율이 8%였는데, 이 중과 완화책이 국회 통과 시 조정, 비조정대상지역에 상관없이 1~3%의 세율을 적용받게 됩니다. 즉 1주택이 있는 상태에서 재개발 물건을 매수하는 경우 취득세 중과를 적용받지 않습니다. 한 가지 더 알아둘 점은 만약 이렇게 매수한 후 기존 주택 양도 시 비과세를 받으려면 3년 안에 매도해야 한다는 것입니다.

정부는 다주택자에 대한 양도세 중과도 2024년 5월까지 한시적으로 유예했습니다.

| 다주택자 주택 매수 시 취득세 완화 방안 |

구분	주택수	비조정지역	조정지역
개인	1주택	1~3%	
	2주택	1~3%	8% → 1~3%
	3주택	8% → 4%	12% → 6%
	4주택 이상	12% → 6%	12% → 6%
법인		12% → 6%	

• 2022년 12월 21일 이후 거래 소급 적용

대출이 쉬워진다

보통 재개발·재건축 투자를 하면 감정평가액보다 조합원분양가가 큰 경우가 많기 때문에 대부분 분담금을 내게 됩니다. 그러면 중도금 대출을 받는 분들이 많은데 1·3대책으로 중도금 대출 걱정이 줄었습니다. 조정대상지역에서 해제되며 중도금 대출(60%)의 여력도 증가하고, 조정지역 안에서는 무주택자만 가능했는데 지금은 강남3구와 용산을 빼고는 다주택자도 가능하며 중도금 대출 보증이 세대당 2건으로 늘어났습니다. 진입장벽이 낮아진 것입니다.

대부분의 지역 분양가상한제 폐지

1·3부동산 대책으로 대부분의 지역에서 분양가상한제가 폐지되었습니다. 분양가상한제가 적용되지 않는다는 것은 사업성이 좋아진다는 것을 뜻합니다. 즉, 일반분양가를 높게 하고 조합원분양가를 낮게 하여 조합원들의 분담금을 낮출 수 있습니다. 투자자의 입장에서는 분담금이 낮아지니까 수익성이 높아지는 거죠. 구조적으로 재개발·재건축 투자의 수익성이 높아지게 된 것입니다.

무주택자는 내 집 마련의 기회,
1주택자는 상급지로 업그레이드하는 기회!

이렇게 1·3대책으로 인해 세법적으로나 정책적으로 재개발·재건축 투자의 여건과 환경이 많이 좋아졌습니다. 최근 부동산 시장이 조정을 받으면서 급매물도 눈에 띄곤 했는데요. 이럴 때는 프리미엄의 시세가 하락해 좋은 매물들이 나오게 됩니다. 정책, 세법적인 환경까지 좋아졌으니 무주택자는 이런 때를 기회로 삼아 내 집 마련을 하고 1주택자는 더 큰 평수의 상급지로 이동하는 것을 추천드립니다. 시장이 주춤할 때 발빠르게 좋은 매물을 선점한다면 성공 투자로 이어질 것입니다. 내 집 마련, 나의 자산을 업그레이드할 수 있는 좋은 기회로 삼길 바랍니다.

미래 자산을 결정할 키워드는 재개발·재건축

1,000% 수익률보다 중요한 절대적인 수익의 크기

퀴즈를 하나 풀어볼까요? 여기 A라는 사람과 B라는 사람이 있습니다. A는 2년 동안 100만 원을 투자해 1,000만 원을 벌었습니다. 그리고 B는 1억 원을 투자해 1억 원을 벌었습니다. 여러분은 누가 더 나은 투자를 했다고 생각하시나요? 따져보면 A는 투자금 대비 10배의 수익을 냈고, B는 투자금만큼의 수익을 낸 것입니다. 10배의 수익을 낸 A는 정말 대단하지요. 인정할 만합니다. 100% 수익을 낸 B보다 무려 10배나 더 큰 수익률을 달성했으니까요. 그런데 누가 뭐래도 A가 1,000만 원을 벌 동안 B는 1억 원을 벌었으니, 결과적으로 B가 경제적 자유에 더 가까이 다가설 확률이 훨씬 높겠지요.

그런데 이 질문에는 정확한 답이 없습니다. A는 1억 원이 없으니 1억 원으로 1억 원을 버는 투자를 할 수 없기 때문입니다. B의 투자는 1,000만 원으로는 하려고 해도 할 수 없는 투자이니 A에게는 선택권이 없지요. 따라서 A는 투자금이 부족하므로 수익률이 높은 투자를 해서 종잣돈을 불려야 합니다. 그리고 종잣돈이 모이면 수익률에 집착해서는 안 됩니다. 중요한 건 수익의 크기이니까요.

200만 원을 투자해서 2,200만 원을 벌다

저는 지금까지 54채를 투자했는데 그중 빌라는 딱 2채였습니다. 그중의 하나는 인천 서구 검암동의 빌라입니다. 공항철도 검암역 역세권의 신축빌라촌에 자리한 매물이었지요. 이 동네는 공항철도 개통으로 홍대역, 서울역, DMC역과의 접근성이 좋아져 많은 맞벌이 신혼부부들이 신혼집을 차리는 곳입니다.

신혼부부들이 유입되면서 이곳의 신축빌라 가격은 상승세를 탔습니다. 저는 시세 1억 3,000만 원 정도인 이 경매물건을 1억 2,120만 원에 낙찰받았지요. 이 경매에 입찰한 인원은 37명이었습니다. 겨우 1,000만 원 싸게 낙찰받기 위해 이렇게 많은 사람들이 몰린 이유는 무엇일까요? 그리고 저는 왜 이 물건에 투자했을까요?

제가 이 물건에 입찰한 이유는, 부동산 투자 인터넷 카페에서 솔깃한 이야기를 들었기 때문입니다. 이상하게도 부동산 투자 인터넷 카페에서 여러 사람이 몇 달 동안 검암동에만 입찰을 하는 것이 의아했던 저는 "아니 서울도 아니고 인천인데 왜 그렇게 입찰을 많이 하나요?"라고 물어봤습니다. 대답은 "여기는 '플피' 투자가 가능해요."였습니다. 이곳의 1억 원짜리 신축빌라를 9,000만 원에 낙찰받아서 80%인 8,000만 원을 대출받고 2,000만 원 월세보증금과 월세 50만 원을 받으면 1,000만 원이 오히려 남는다는 것이었습니다. 이런 경매물건에는 당연히 경쟁이 붙을 수밖에 없지요. 투자하면 투자할수록 돈이 생기니까요.

당시 이 지역의 최우선변제금은 2,000만 원이었습니다. 대출을 많이 받아도 월세보증금 2,000만 원은 최우선변제금으로 확실히 돌려받을 수 있기 때문에 세입자를 찾는 것은 쉬운 일이었지요.

저는 경매로 1억 2,120만 원에 낙찰받아 월세보증금 2,000만 원, 월세 50만 원에 세를 주었고, 새마을금고에서 1억 원을 대출받았습니다. 취

알아두세요

최우선변제권

보증금이 적은 임차인은 경매로 넘어가더라도 순위에 상관없이 다른 권리보다 가장 먼저 보증금의 일부를 돌려받을 수 있는데 이를 '최우선변제권'이라고 합니다. 주택은 전세든 월세든 상관없이 임대차계약 당시 임대인에게 건네준 보증금의 액수가 '주택 최우선변제금액'의 '임차인 보증금 범위' 안에 들어야 최우선변제금을 받을 수 있습니다. '임차인 보증금 범위'와 그에 따른 '최우선변제금액'은 '기준일'에 따라 다릅니다.

득세는 180만 원 정도였고, 장판이 낡아 새로 바꾸면서 20만 원이 더 들어 실투자금은 200만 원 정도였습니다. 1억 원에 대한 대출이자는 22만 원 정도였지만 2년 동안 임대했으니 총 임대수익 672만 원(=28만 원× 24개월)이 발생했고요. 1억 3,000만 원에 팔려고 계획했는데 시세가 올라 1억 3,500만 원에 매도하여 양도차익은 1,500만 원이었습니다. 여기에 600만 원 이상의 순임대수익을 더해 수익을 계산해 보면 200만 원을 투자해서 총 2,200만 원을 벌게 된 것이지요. 1,100%의 수익을 낸 셈입니다. 바로 A씨의 투자이지요. 투자금이 부족한 그 시절의 저는 A씨의 투자를 계속 반복하여 종잣돈을 꾸준히 불렸습니다.

이렇게 투자금이 부족한 사람에게는 경매 투자가 유리합니다. 그러나 이런 투자만 해서는 부자가 되기 어렵습니다. 종잣돈을 모아 B의 투자를 해야 합니다.

1억 5,000만 원을 투자해 3억 원의 수익을 내다

이번엔 서울 재개발 구역 빌라 투자 사례를 살펴보겠습니다. 2억 원에 매수했고 전세보증금 5,000만 원을 끼고 매수했으니 실투자금은 1억 5,000만 원이었습니다. 분담금은 1억 원이었고, 매수 당시 인근 신축 아파트 시세는 6억 원 정도였습니다. 미래의 확정수익 3억 원을 기대하고 매수한 것이지요. 그런데 1년 후 프리미엄이 1억 5,000만 원 올랐습니다. 1억 5,000만 원을 투자해 1억 5,000만 원의 수익을 낼 수 있었지만 저는 팔지 않았습니다. 입주 시에는 3억 원을 벌 수 있기 때문이지요. 그러면 분담금 1억 원을 더해서 총 3억 원을 투자해 3억 원의 수익을 낼 수 있으니 수익률 100%를 낼 수 있었습니다. 중간에 팔아 1억 5,000만 원의 수익을 내든, 입주 시 팔아 3억 원의 수익을 내든 수익률은 100%입니다. 바로 B씨의 투자와 유사하지요?

	인천 검암동 빌라 투자	서울 재개발 구역 빌라 투자
매매가	경매 1억 2,000만 원 낙찰	2억 원(전세 5,000만 원) + 분담금 1억 원 = 3억 원 * 매수 당시 인근 신축 시세 6억 원
대출	경락잔금대출 1억 원 (대출이자 월 22만 원)	
실투자금	200만 원	1억 5,000만 원
임대수익	2년간 672만 원	
수익률	1,000% * 2년간 200만 원 투자하여 2,000만 원 수익 달성	100% * 1년간 1억 5,000만 원 투자하여 1억 5,000만 원 수익 달성
수익	현재의 확정수익 1,000만 원	미래의 확정수익 3억 원

소액투자자와 자산가의 투자 방법은 다르다

경매 투자만 할 때는 A씨 같은 투자를 반복하여 4억 원이 27억 원이 됐는데, 재개발·재건축에 투자하고부터는 27억 원의 자산이 150억 원으로 불어났습니다. 20년 동안 직장생활을 하던 제 삶이 이렇게 바뀐 이유는 바로 재개발·재건축입니다.

투자자는 수익률의 함정에 빠지면 안 됩니다. 수익률만큼 중요한 것이 자산을 빠르게 증식시킬 수 있는 수익의 절대적인 크기입니다. 초보 투자자, 소액투자자는 우선 100만 원을 투자해서 1,000만 원을 버는 데 집중하는 것이 좋습니다. 적은 돈으로 보다 많은 수익을 내는 데에 초점을 맞춰야 합니다. 이런 투자를 위한 좋은 수단은 확정수익을 안고 갈 수 있고 레버리지 활용이 쉬운 경매입니다.

저 역시 처음에는 소액 경매 투자를 반복하여 자산을 키웠습니다. 경매 투자에 주력했던 2013년부터 2017년까지는 1년에 100번 가까이 임장을 하고 60번 이상 입찰을 하며 정말 바쁘게 보냈지요. 그때 들인 노력과 시간은 제 자산을 무럭무럭 키워주었고 이 투자 경험을 토대로 자산을 좀 더 효율적으로 키우는 방법을 찾을 수 있었습니다.

자산이 늘어나자 그때부터는 수익률보다 수익의 크기에 집중했고, 경매에서 재개발·재건축 투자로 방향을 바꿨습니다. 지금은 100만 원으로 1,000만 원을 버는 투자보다는 5억 원으로 5억 원을 버는 투자, 10억 원으로 10억 원 이상을 버는 투자를 하고 있습니다.

초보 투자자든, 경험이 풍부한 투자자든, 소액투자자든, 투자금이 많은 투자자든 재개발·재건축이라는 무기를 빨리 장착할수록 자산이 크게 늘어나는 시기가 앞당겨질 것입니다.

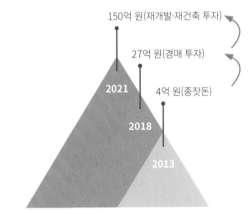

경매 투자로 자산의 크기를 늘린 후 재개발·재건축 투자로 전환

재개발·재건축 투자
무작정 따라하기

008

용어를 알아야
기회를 놓치지 않는다

재개발·재건축 투자의 시작은 용어 이해부터

재개발·재건축 투자를 처음 할 때는 임장을 갔다가 공인중개사들이 쓰는 용어를 알아듣지 못해 애를 먹곤 했습니다.

"이 물건은 **P(프리미엄)**가 시세보다 저렴해요."

"이 빌라의 **감정평가액**은 얼마이고, 84㎡를 신청했는데 **조합원분양가**가 얼마이기 때문에 **분담금** 얼마만 내면 새 아파트를 받을 수 있어요."

"이 구역은 **비례율**이 좋기 때문에 나중에 **권리가액**이 잘 나올 거예요."

"이 구역은 **관리처분인가**를 받았기 때문에 **이주비 대출**을 승계하면 실투자금 얼마 안 들이고 투자할 수 있어요."

용어를 잘 못 알아들으니 당연히 설명도 이해하기 어려웠습니다. 처음은 누구나 낯설고 두렵지요. 그러나 모르면 공부하면 됩니다. 재개발·재건축 투자를 어렵게 느끼는 이유 중 하나는 개념이나 용어를 잘 모르기 때문입니다. 무엇보다 재개발·재건축 용어를 모르면 내 물건의 가치와 수익을 계산할 수 없습니다. 좋은 기회가 왔을 때 놓치지 않으려면 기본적인 용어를 익혀 두어야 합니다.

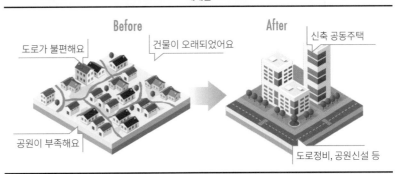

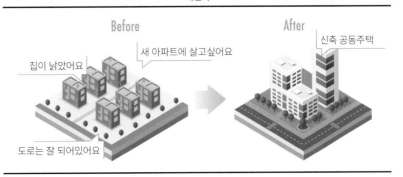

(출처: 서울시)

일단 재개발·재건축 사업 과정을 간략하게 살펴볼까요? 시간이 흐르면 집이나 건물은 오래되어 낡고 정비기반시설도 점점 노후화됩니다. 다닥다닥 붙여 지은 오래된 주택들과 좁은 도로 때문에 불이 나도 소방차 진입이 어려운 곳도 많습니다. 이렇게 건물도 낡고 도로, 학교, 공원 등 정비기반시설까지 제대로 갖춰지지 않은 곳을 새롭게 정비하는 것이 재개발 사업입니다. 반면 재건축은 도로 등 주변 기반시설은 양호하나 건물이 낡고 오래된 아파트 단지나 동네를 다시 지어 정비하는 사업입니다.

재개발·재건축 사업은 그곳에 부동산을 소유한 이들이 동의해야 진행할 수 있습니다. 그리고 사업을 진행하기 위해 구성하는 협의체가 '조합'인데, 조합설립을 위한 전 단계인 추진위원회를 설립하고 조합을 설립하기 전까지는 해당 구역 내 부동산 소유자들을 '토지등소유자'라고 하며 조합이 설립된 이후에는 '조합원'이라고 부릅니다.

조합원들은 본인이 소유하고 있는 부동산을 사업 주체에 내놓고 새로 지어지는 아파트에 입주할 수 있는 권리인 '입주권'을 받습니다. 이때 본인이 소유한 부동산의 가치보다 조합원분양가가 높으면 그 차이만큼 '분담금'을 내야 하고 반대일 때는 '환급금'을 받습니다.

이런 과정을 거쳐 새 아파트가 지어지고 주변 환경이 깨끗하게 정리되면 조합원은 입주를 할 수 있고, 남은 아파트에 대해서는 일반분양을 합니다.

다음은 기본적으로 재개발·재건축의 흐름에 따라 단계별로 알아야 하는 용어를 순차적으로 정리한 것입니다. 때에 따라 함께 알아야 할 것들은 묶어서 설명하고 있습니다. 하나씩 더 자세하게 알아볼까요?

조합원

재개발·재건축 구역 내 토지나 건축물을 소유한 사람을 조합원이라고 합니다. 즉, 자신의 부동산을 조합에 내놓은 사람이지요. 조합원은 소유한 부동산을 재개발·재건축 사업에 현물로 내놓는 대신 새로 짓는 아파트를 저렴한 가격(조합원분양가)에 분양받을 권리를 얻게 됩니다.

토지등소유자

예비조합원을 뜻하는 말입니다. 조합원이 되기에 적합한 부동산을 가진 사람이지요. 왜 예비조합원이라고 하지 않고 토지등소유자라고 할까요? 기준점은 조합이 설립되었냐 안 되었냐입니다. 토지등소유자 50%의 동의를 얻어 추진위원회가 설립되는데 이 단계의 조합원을 예비조합원, 즉 토지등소유자라고 합니다. 추가로 25%의 동의를 더 얻으면 추진위원회는 조합을 설립하고 토지등소유자는 조합원이 됩니다. 재건축 사업은 토지와 건축물 모두 소유해야 조합원 자격이 생깁니다. 그러나 재개발 사업은 토지 또는 건축물 하나만 소유하고 있거나, 지상권만 소유해도 조합원 자격이 생길 수 있습니다. 그래서 예비조합원을 토지등소유자라고 하는 것입니다.

잠깐만요

추진위원회는 여러 개일 수 있다

조합설립인가를 받기 전에는 추진위원회가 둘이나 셋인 구역을 종종 볼 수 있는데요. 토지등소유자는 중복으로 동의서에 사인을 할 수 있습니다. 조합설립인가를 받으면 해당 추진위원장이 조합장이 되고, 추진위원들이 조합이사가 되는 식으로 조합이 구성됩니다. 조합이 설립되면 월급을 받으며 운영하게 됩니다. 나머지 추진위원회는 어떻게 될까요? 비상대책위원회가 되는 경우가 비일비재합니다. 비상대책위원회는 현 조합장이 잘못이라도 저지르면 해임시키고 그 자리를 차지하려고 기회를 노리곤 합니다. 이렇게 여러 세력들이 재개발·재건축 사업에 공존할 수 있습니다.

프리미엄

프리미엄은 한마디로 웃돈입니다. 왜 재개발·재건축 물건에는 웃돈이 붙을까요? 시장보다 월등히 낮은 조합원분양가로 새 아파트를 살 수 있기 때문에 웃돈을 붙여서 파는 것입니다. 웃돈을 붙여도 잘 팔릴까요. 조합원들은 직접 입주해도 되지만 새 아파트를 훨씬 싸게 살 수 있는 권리를 팔기 때문에 웃돈을 붙여서 파는 것입니다.

예를 들어 인근 새 아파트 34평 시세가 8억 원인데, 조합원에게는 5억 원에 분양한다고 할 때, 매도인은 입주하지 않고 1억 원의 프리미엄을 붙여서 팔아도 매수인은 몇 년 뒤 2억 원을 벌게 됩니다. 이런 원리로 프리미엄이 형성되어 거래가 되는 것입니다.

이렇게 미래수익에 대한 기대가 반영된 것이 바로 프리미엄입니다. 정확히는 조합원이 소유한 부동산의 감정평가액보다 더 높은 가치를 인정해주는 금액을 말합니다. 프리미엄은 매매가에서 권리가액(감정평가액)을 뺀 금액입니다. 예를 들어 5억 원의 재개발 빌라를 샀는데 권리가액이 3억 원이라면 프리미엄은 2억 원이 됩니다. 입지가 좋을수록, 사업의 후반부로 갈수록 프리미엄도 높아집니다.

프리미엄 = 매매가 – 권리가액(감정평가액)

조합원분양가, 일반분양가

조합원분양가는 조합원이 새 아파트를 받기 위해 내는 금액입니다. 대개 일반분양가보다 10~20% 정도 저렴합니다. 조합원에게 분양하고 남은 아파트를 일반분양할 때의 가격은 일반분양가라고 합니다.

감정평가액

조합원의 개별 부동산에 대한 평가금액입니다. 사업시행인가가 고시된 연도 기준으로 전문평가자가 평가합니다. 조합원이라면 '내 부동산이 15평인데 조합에서 얼마 정도 가격을 측정해 줄까?' 하고 궁금할 텐데요. 감정평가액은 사업시행인가 단계에서 통보하므로 그 전에는 감정평가액을 추정하여 투자해야 합니다.

종전자산평가액

재개발·재건축 사업이 시행되기 전 조합원들이 소유한 토지 및 건축물의 감정평가액을 모두 합한 금액입니다.

종후자산평가액

일반분양수입과 조합원분양수입을 모두 더한 금액입니다. 아파트를 새로 지어서 판매한 총매출이라고 이해하면 쉽습니다.

종후자산평가액 = 일반분양수입 + 조합원분양수입

총사업비

재개발·재건축 사업에 투입된 총비용입니다. 공사비(시공비)와 기타 사업비(금융비용, 보상비, 기타 비용 등)의 합으로 이루어집니다. 대개 총사업비에서 공사비가 차지하는 비중은 75% 내외입니다.

총사업비 = 공사비 + 기타 사업비(금융비용, 보상비, 기타 비용 등)

비례율

비례율은 재개발과 재건축의 사업성을 알려주는 기준입니다. 비례율이 100% 이상이면 이익이 난 것이고 100% 이하면 손해가 난 것이라고 이해하면 쉽습니다. 사업성이 높을수록 조합원에게 이익이 돌아가고 낮을수록 그만큼 조합원에게 부담으로 돌아가게 됩니다.

아파트를 새로 지어서 파는 것을 피자를 만들어서 파는 장사라고 생각해볼까요? 조합원들이 내놓는 부동산은 밀가루, 소스, 토핑재료 등이 될 것이고 공사비, 조합원 월급 등의 총사업비는 가게 임대비, 요리사 인건비, 배달비 등이라고 이해하면 쉽습니다.

예를 들어 100개의 빌라를 허물고 150가구의 아파트를 짓는다고 해보겠습니다. 100개 빌라의 종전자산평가액의 합이 400억 원이라면 조합원들은 400억 원 가치의 빌라를 현물로 내놓는 것입니다. 새 아파트를 지어 100채는 조합원에게 분양하고 나머지 50채는 일반분양을 하며 100명의 조합원에게는 1채에 5억 원에, 일반분양은 7억 원에 분양한다고 해봅시다. 이 아파트의 판매가는 총 850억 원(500억 원 + 350억 원)이 됩니다. 조합의 매출이 850억 원이 된 것이지요.

종후자산평가액에서 총사업비를 뺀 다음 종전자산평가액으로 나누면 비례율을 구할 수 있습니다. 공사비와 기타 사업비는 400억 원이 들었다고 하면, 비례율은 약 110%[(850억 원-400억 원)/400억 원]입니다.

$$비례율 = \frac{종후자산평가액 - 총사업비}{종전자산평가액} \times 100$$

보통은 100%에 수렴하기 때문에 확정되기 전에는 간편하게 100%로 계산하곤 합니다.

비례율은 재개발·재건축 사업을 이해하는 데 아주 중요한 개념이기 때문에 반드시 알아야 합니다. 투자자는 비례율이 좋은 곳에 투자해야 합니다. 추정비례율은 관리처분인가 때, 확정비례율은 입주하고 나서 나옵니다. 예를 들어 공사비가 늘어나면 이자비용도 늘어나면서 비례율이 줄어들게 되므로 입주가 끝난 후 확정되는 것입니다.

| 비례율 계산 예 |

종전자산평가액	종후자산평가액	총사업비
조합원들의 감정평가액을 모두 더한 금액 1,000억 원	조합원들의 분양수익+ 일반분양 수익 3,000억 원	공사비(70% 전후)+ 기타 사업비 1,900억 원

$$비례율 = \frac{3,000억 원 - 1,900억 원}{1,000억 원} \times 100 = 110\%$$

권리가액

조합원이 자신의 부동산에 대해 권리를 주장할 수 있는 실제 금액입니다. 감정평가액이 대략의 금액이라면 권리가액은 더 정확한 가치를 따져 계산한 금액이라고 할 수 있습니다. 어쨌든 감정평가액과 권리가액 둘 다 내가 가진 주택의 가치입니다.

권리가액은 감정평가액에 비례율을 곱해 산출합니다. 예를 들어 감정평가액 1억 원, 비례율 100%면 권리가액은 1억 원입니다. 만약 감정평가액 1억 원, 비례율 110%이면 권리가액은 1억 1,000만 원입니다. 감정평가액 1억 원, 비례율이 90%면 권리가액은 9,000만 원입니다.

조합원은 새 아파트를 받을 때 조합원분양가에서 권리가액을 뺀 금액만큼 추가로 분담금을 부담해야 하므로 재개발·재건축 투자에서 권리가액은 중요합니다. 만약 조합원분양가가 7억 원이고, 권리가액이 5억 원이라고 한다면 2억 원을 추가 납부하면 새 아파트에 입주할 수 있습니다.

권리가액 = 감정평가액 × 비례율

분담금

조합원분양가에서 권리가액을 뺀 것으로, 신축 조합원이 새 아파트를 받기 위해 추가로 납부해야 하는 금액입니다. 50평의 단독주택(감정평가액 4억 원)을 가지고 있는 사람과 15평의 빌라(감정평가액 1억 원)를 가지고 있는 사람이 똑같이 조합원분양가가 3억 원인 84㎡의 새 아파트를 받게 되었다고 가정해봅시다. 15평의 빌라를 가진 사람은 감정평가액이 1억 원이니 2억 원을 더 내야 새 아파트에 입주할 수 있습니다. 조합에서는 "일반분양보다 10~20% 싼 금액인 조합원분양가 3억 원에 84㎡의 새 아파트 드릴게요. 현재 당신의 집은 15평이니 1억 원의 가치를 가지고 있네요. 차액인 2억 원을 내셔야 합니다."라고 분담금을 요구합니다. 반대로 단독주택을 가진 사람에게는 1억 원을 현금으로 돌려줍니다. 이 것이 환급금입니다. 분담금도 일반분양처럼 계약금 10%, 중도금 60%, 잔금 30% 형식으로 납부합니다.

$$분담금 = 조합원분양가 \times 권리가액$$

잠깐만요

추가분담금과 분담금은 사실 다른 용어

재개발·재건축 투자를 하다 보면 '추분'이라는 말을 종종 듣게 됩니다. 추가분담금을 줄여서 하는 말이지만 추가분담금과 분담금은 다른 개념입니다. 분담금을 1억 원으로 예상하고 샀는데 비례율이 90%라 분담금이 1억 1,000만 원이 됐다면 이 추가된 1,000만 원이 추가분담금입니다. 비례율 하락으로 내가 추가로 더 내야 하는 돈이지요. 하지만 부동산 시장에서는 추가분담금과 분담금을 같은 개념으로 씁니다. 그냥 시장에서는 그렇게 통용되고 있다는 정도로 알아두시면 됩니다.

이주비

새 집을 짓기 위해서는 노후화된 집을 철거해야 하고, 이때 조합원들이 이주할 집을 구할 수 있도록 빌려주는 돈이 이주비입니다. 이주와 철거, 공사 기간을 합치면 4년이 넘습니다. 보통 이주기간 6개월, 철거 기간 6개월, 공사 기간 3년이 걸리므로 4년 동안 다른 곳에서 살다가 입주하라고 이주비 대출을 해주는 것입니다. 전세를 주고 있는 조합원도 있겠지요? 이런 조합원은 전세보증금을 내주고 세입자를 이사 보내라고 이주비 대출을 해주는 것이지요. 예를 들어 내가 보유한 물건의 감정평가액이 5억 원이라면 보통 40~60%를 대출해 주니 2억~3억 원을 대출받을 수 있습니다. 만약 이주비 대출을 받고도 일부 모자라면 추가비 대출을 해주는 곳도 있습니다. 이주를 해야 철거를 할 수 있으니까요. 이것은 다 해주는 것은 아니고, 세입자를 내보내는 데 돈이 부족한 조합원에게 추가적으로 대출을 해줄 수도 있다는 정도로만 알고 계시면 됩니다.

그런데 규제지역 내에서는 무주택자에게만 이주비 대출을 해줍니다. 1주택자는 입주 전까지 종전 주택을 판다고 약정서를 쓰면 해줍니다. 규제지역에서는 살 집이 있는 유주택자에게 이주비 대출을 해주지 않겠다는 게 정부의 입장이라고 이해하면 됩니다. 그런데 1·3대책으로 규제지역이 강남3구, 용산구를 제외하고 모두 해제되었으므로 이주비 대출도 대부분 가능하게 되었습니다. 법인은 규제지역 여부와 상관없이 이주비 대출을 해주지 않는 구역이 많습니다.

이사비(이주촉진비)

이사비와 이주비를 헷갈리는 분이 많은데 이주비는 대출이고 이사비는 대부분 무상지급입니다. 제가 투자한 흑석9구역의 이주기간은 2022년 7월 1일부터 2023년 2월 28일까지였습니다. 7월 1일부터 10월 31일까지는 이사비가 1,500만 원, 11월 31일까지는 1,000만 원, 12월 1일부터 12월 31일까지는 500만 원이었고, 1월 1일부터 2월 28일까지는 이사비를 지급하지 않았습니다. 빨리 이주시키기 위해 보통 이런 식으로 차등 지급합니다. 이건 대출이 아니라 조합에서 주는 돈입니다. 저의 경우 세입자가 극적으로 11월 29일에 이사를 가 이사비 1,000만 원을 받았습니다. 세입자분이 인테리어사업을 10년 넘게 하고 있었는데 이사 나가면서 폐기물 업체를 불러 폐기물을 처리해야 해서 폐기물처리비 150만 원을 지원해달라고 요청하였습니다. 저는 이사비를 받아서 지급해주었고 그러고도 돈이 남았습니다. 이렇게 이사비는 재개발·재건축 구역 부동산에 사는 임차인이 받는 것이 아니라 소유자(조합원)가 받는 것입니다. 이사비 지급 시기에 재개발·재건축 물건을 매매할 때는 매도자가 아닌 매수자가 이사비를 받는 것이 관례입니다. 이사비는 대부분 무상지급이지만 상환해야 하는 곳도 있긴 합니다.

현금청산

재개발·재건축 구역 내 토지나 건물을 소유한 사람에게 새로 건축되는 주택의 입주권 대신 감정평가액으로 현금보상하는 것을 말합니다.

토지등소유자 중에는 사업에 동의하지 않는 소유자도 있습니다. 토지등소유자가 새 아파트를 받을 권리인 조합원 자격을 포기하고 현금으로 보상받는 것을 현금청산이라고 합니다. 조합원이라도 정해진 분양신청 기간에 분양 신청을 하지 않거나 신청을 취소하는 경우에도 현금으로 보상받게 됩니다. 조합원의 자격에 맞지 않아서 입주권을 받지 못하는 경우에도 현금청산을 받습니다. 예를 들어 재개발 구역 빌라를 감정평가액 1억 원, 프리미엄 1억 원을 더해 총 2억 원을 주고 샀는데 조합에서 '투기과열지구인데 당신은 관리처분인가 이후에 샀기 때문에 현금청산 대상자입니다.' 하며 입주권을 못 준다고 한다면 이런 청천벽력이 없을 것입니다. 이런 경우에는 입주를 모두 마치고 감정평가액 1억 원을 현찰로 줍니다. 2억 원을 주고 샀는데 1억 원을 받으면 1억 원만 손해일까요? 기회비용도 잃게 됩니다. 이렇게 입주권을 받을 수 없는 물건을 소위 '물딱지'라고들 합니다. 재개발·재건축 구역 내의 부동산이지만 입주권을 받지 못하는 매물을 일컫는 말입니다.

현금환급

현금청산과 현금환급을 많이 헷갈려 하는데요. 만약 내가 매수한 재개발 물건의 권리가액이 3억 원이고 59㎡를 신청했는데 조합원분양가가 2억 원이라면 1억 원을 환급해줍니다. 저는 흑석9구역의 상가 물건을 21억 원에 매수했는데 권리가액이 13억 6,400만 원이었습니다. 분양신청한 42평 조합원분양가가 9억 8,000만 원이어서 3억 8,400만 원을 환급받을 수 있었습니다. 하지만 저는 환급받지 않고 상가를 추가로 신청했습니다. 환급금은 세금을 내야 하며 상가도 조합원분양가가 일반분양가보다 훨씬 싸니까요.

개발예정구역

자치구의 구청장 또는 광역시 군수는 노후화된 지역을 계획적으로 정비하기 위한 주민설명회나 공람을 통해 재개발이나 재건축을 할 정비구역을 지정합니다. 정비구역으로 지정된 후 개발계획이 수립돼 개발구역으로 지정되면 재개발 및 재건축이 가능합니다.

지구단위계획

도시를 체계적으로 개발하기 위해 기반시설의 배치와 규모, 가구의 규모, 건축물의 용도, 건폐율, 용적률 등을 제한하거나 유도하는 계획을 말합니다. 지구단위계획을 보면 도시가 향후 어떻게 개발될지 예상할 수 있습니다. 지구단위계획구역으로 지정된 후 3년 안에 해당 구역에 지구단위계획을 세우지 않으면 지구단위계획구역의 효력을 상실합니다.

기부채납

재개발·재건축 사업을 진행할 때 도로, 공원, 공용주차장, 공공시설물, 녹지, 광장 등 정비기반시설을 만들기 위해 지방자치단체에 기부하는 땅을 말합니다. 기부채납을 하면 건폐율, 용적률, 높이 제한 등을 완화시켜주는 혜택을 받을 수 있습니다.

전용면적, 공급면적, 계약면적의 차이

우리는 흔히 아파트 면적을 말할 때 '25평 아파트', '34평 아파트'라고 합니다. 이 평수는 공급면적입니다. 그런데 정부에서는 주택의 면적을 '전용면적'으로 지칭하도록 권고하고 있습니다. 25평의 전용면적은 59㎡이고 34평의 전용면적은 84㎡입니다. 하지만 아파트 입주자 모집 공고나 매물 광고에는 전용면적을 사용하고, 일상적인 대화에서는 공급면적을 사용하는 경우가 많습니다. 따라서 전용면적과 공급면적 그리고 계약면적의 차이를 알고 구분해야 합니다.

전용면적은 아파트 등 공동주택에서 소유자가 독점해 사용하는 부분의 면적입니다. 거실, 주방, 욕실, 화장실, 현관 등이지요. 공급면적은 전용면적에 계단, 복도, 엘리베이터 등의 공용면적을 합한 면적입니다. 계약면적은 공급면적에 주차장, 관리사무소, 놀이터, 커뮤니티 시설 등의 기타 공용면적을 합한 면적입니다. 발코니 공간은 서비스 면적이라고 합니다.

| 전용면적에 따른 일반적인 공급면적과 계약면적 |

전용면적	공급면적	계약면적
49㎡	21평형	약 35평
59㎡	25평형	약 40평
74㎡	30평형	약 45평
84㎡	34평형	약 55평

분양 공고는 전용면적으로 표기해야 하는 의무가 있으므로 아파트의 입주자 모집 공고문에는 '25평'이나 '34평' 대신 '전용면적 59㎡' 또는 '전용면적 84㎡' 등을 사용합니다.

특히 조합원분양신청을 하거나 관리처분계획총회 책자 등을 분석할 때 면적 용어에 대한 이해가 필요합니다.

| 각종 아파트 면적을 구분하는 요령 |

공급면적
전용면적+주거공용면적

전용 면적
방·거실·주방·화장실 등의
면적을 더한 것

주거공용면적
아파트 계단·복도 등의
면적을 더한 것

기타공용면적
단지 내
관리사무소·노인정 등의
면적을 더한 것

서비스 면적
발코니 면적

계약면적
공급면적+기타공용면적

(출처: 국토교통부)

전용면적(=실면적)	아파트 등 공동주택에서 소유자가 독점하여 사용하는 부분의 면적. 방, 거실, 주방, 화장실 등(발코니 제외)
공급면적	전용면적+주거공용면적(계단, 복도, 엘리베이터)
계약면적	공급면적+기타 공용면적(주차장, 관리사무소, 놀이터, 커뮤니티 시설 등)
서비스면적	발코니 면적(정식명칭). 흔히 베란다라고 부르는 공간

분담금 계산하기

예제 조합원이라면 얼마를 더 분담해야 새 아파트를 갖게 되는지가 최대 관심사일 것입니다. 감정평가액과 비례율을 알면 분담금을 알 수 있습니다. 59㎡ 아파트 조합원분양가가 2억 원인 경우 분담금을 계산해 볼까요?

해설 권리가액 = 감정평가액 × 비례율

① 감정평가액 1억 원, 비례율 100%인 경우 분담금을 계산하세요.
2억 원(조합원분양가) − 1억 원(권리가액) = 1억 원(분담금)

② 감정평가액 1억 원, 비례율 110%인 경우 분담금을 계산하세요.
2억 원(조합원분양가) − 1억 1,000만 원(권리가액) = 9,000만 원(분담금)

③ 감정평가액 1억 원, 비례율 90%인 경우 분담금을 계산하세요.
2억 원(조합원분양가) − 9,000만 원(권리가액) = 1억 1,000만 원(분담금)

④ 감정평가액 2억 원, 비례율 90%인 경우 분담금을 계산하세요.
2억 원(조합원분양가) − 1억 8,000만 원(권리가액) = 2,000만 원(분담금)

⑤ 감정평가액 5,000만 원, 비례율 110%인 경우 분담금을 계산하세요.
2억 원(조합원분양가) − 5,500만 원(권리가액) = 1억 4,500만 원(분담금)

⑥ 감정평가액 3억 원, 비례율 100%인 경우 분담금을 계산하세요.
2억 원(조합원분양가) − 3억 원(권리가액) = −1억 원(환급금)

재개발·재건축 사업 과정 이해하기

재개발 구역에 가면 보통 허름한 주택이 몰려 있습니다. 이 낡은 집들은 어떻게 새 아파트가 될까요? 이 역동적인 과정에 대해서 우리는 분명히 알아야 합니다. 물론 사업시행인가, 관리처분인가 등 평생 한 번도 써보지 않은 단어들이 난무하지만 지금은 '조·사·관'이라는 단어 하나만 기억해도 충분합니다. 앞으로 반복적으로 보면서 자연스럽게 익히게 될 테니까요. 재개발·재건축의 진행 과정은 '조사관'이 핵심입니다. '조합설립인가-사업시행인가-관리처분인가'를 외우기 좋게 줄인 말입니다. 다음 도표처럼 '크게 5단계로 구분하고 조·사·관이 주인공이구나.' 하는 정도만 머릿속에 넣어두어도 세부적인 내용들을 이해하기가 훨씬 쉬워집니다.

1단계	2단계	3단계	4단계	5단계
추진위원회	조합설립인가	사업시행인가	관리처분인가	준공 및 입주
정비기본계획 수립 ▼ 정비구역 지정 ▼ 추진위원회 승인	조합설립인가 ▼ 시공사 선정 ▼ 건축심의	조합원 50% 이상 동의 ▼ 종전자산평가 ▼ 조합원분양신청	이주/철거 ▼ 조합원 동·호수 추첨 ▼ 착공 및 분양	기간 내에 공사 완료 ▼ 준공/입주 ▼ 이전고시, 청산
동의율 50%	동의율 75%	감정평가액 통보	멸실, 입주권 거래 (취득세 변화)	

투자 관심 시기 (2~3년)	초기 투자 관심 시기 (2~4년)	안전 투자 관심 시기 (4~5년)

| 조합설립 전:
• 투자리스크가 큰 시기
• 관심 있는 지역을 중심으로 지켜보기
• 동의율 75% 달성을 지켜봐야 하는 단계 | 조합설립인가~종전자산평가:
• 비로소 물건을 매수해도 되는 초기 투자 시기
• 추정감정평가액 기준으로 거래 | 관리처분인가 전후~입주 전:
• 안전 투자 시기
• 멸실 후 입주권으로 바뀜 |

먼저 간략하게 전체 단계를 살펴보겠습니다. 노후화된 구역을 정비하려면 일단 정비기본계획을 수립하고 정비구역으로 지정돼야 합니다. 그리고 이 시기를 전후해서 해당 지역 주민들의 의견을 모아 추진위원회를 설립합니다. 추진위원회는 토지등소유자 중 과반수의 동의를 받아야 하고, 시장이나 군수의 승인을 받아 설립됩니다. 추진위원회에서 토지등소유자 4분의 3의 동의를 받아 조합을 설립하게 되면 본격적으로 재개발·재건축 사업을 할 주체인 조합이 생깁니다. 이때부터 사업시행인가, 관리처분인가 등의 단계를 거쳐 이주와 철거를 한 후 공사에 들어갑니다. 보통은 철거 전후나 착공 전 단계에서 조합원 동·호수 추첨과 일반분양을 합니다. 준공 후 입주하면 이전고시와 청산 과정을 거쳐 사업이 마무리됩니다.

처음엔 낯설겠지만 '새 아파트 입주'라는 정상에 오르기 위해 꼭 밟아나가야 하는 단계입니다. 하나씩 더 자세히 살펴볼까요?

1. 정비기본계획 수립, 정비구역 지정, 추진위원회 설립

재개발과 재건축 사업의 시작은 지방자치단체(이하 지자체)가 수립하는 정비기본계획입니다. 지자체에서 정비기본계획을 수립하기 위해 주민설명회를 하고 정비기본계획안에 대해 주민공람을 합니다.

정비구역으로 지정됐다는 것은 주택재개발 사업이 필요하다고 지자체가 인정했다는 의미입니다. 하지만 정비기본계획이 수립됐다고 바로 투자를 해도 된다는 뜻은 아닙니다. 정비기본계획이 수립됐어도 사업이 진행되지 않는 경우가 있기 때문입니다. 이 단계에서는 '아, 이곳에 정비기본계획이 수립됐구나. 관심 있게 봐야지.' 정도의 생각으로 접근하는 것이 좋습니다. 사실 정비구역조차 지정되지 않았다면 언제 정비구역으로 지정될지는 아무도 알 수 없습니다.

정비구역으로 지정되면 정비사업을 진행하기 위해 사업의 주체인 조합을 설립해야 하고, 조합을 설립하려면 먼저 추진위원회를 만들어 지자체 승인을 받아야 합니다. 지자체로부터 추진위원회 구성을 승인받기 위해서는 해당 지역에 부동산을 소유한 예비조합원인 '토지등소유자' 중 과반수의 동의를 얻어야 합니다.

토지등소유자의 동의를 얻으려면 해당 구역이 재개발·재건축을 통해 얼마나 멋지게 바뀔지를 알려야 합니다. 이 단계에서는 개략적인 사업성을 판단할 수 있는 용적률, 조합원 수, 건축 내용(조감도, 배치도, 세대수, 분양 등)에 대해 계획합니다. 정비기본계획 수립부터 추진위원회 설립까지는 1~3년 정도 소요되지만, 마찰이 있는 구역은 시간이 더 오래 걸리거나 아예 추진위원회가 설립되지 못해 사업이 좌초되기도 합니다.

재개발 구역지정 법적 요건

동의율만 높다고 재개발을 할 수 있는 건 아닙니다. 갖추어야 될 여러 법적 요건이 있는데요. 필수요건은 사업면적이 10,000㎡ 이상이고, 노후하다고 판단된 건축물이 전체 건축물 수의 2/3 이상 되어야 합니다. 선택요건은 ① 도로에 건축물이 얼마나 접해있는지(주택접도율), ② 개발이 불가능한 소규모 필지가 얼마나 있는지(과소필지), ③ 일정면적 내 건축물이 얼마나 많은지(호수밀도), ④ 노후하다고 판단된 건축물의 총 면적이 얼마나 되는지(노후연면적)를 판단하여 4가지 요건 중 1개 이상의 요건에 적합하면 재개발 사업 추진이 가능합니다. 이 중 가장 주의 깊게 봐야 할 것은 노후도인데요. 신축 건축물들이 우르르 들어서면 이 노후도가 맞지 않아 사업을 할 수 없을 수도 있습니다.

조합을 설립하기 위해 동의율 75%를 받는 것도 사실 쉬운 일은 아닙니다. 몇 년이 걸릴지 알 수 없습니다. 제가 최소한 조합설립인가 후, 초보자는 관리처분인가 후에 투자하라고 말씀드리는 것은 바로 이런 이유에서입니다.

| 구역지정 법적 요건 |

노후 건축물: 철근 콘크리트인 건축물은 건축된 지 20~30년 된 이상, 그 외 건축물은 건축된 지 20년 이상 경과된 건축물
주택접도율: 폭 4m 이상 도로에 4m 이상 접한 건축물의 비율
과소필지: 토지면적이 90㎡ 미만인 토지
호수밀도: 1만㎡(100m×100m) 안에 건축되어 있는 건축물 동수(공동주택 및 다가구주택은 세대수가 가장 많은 층의 세대수를 동수로 산정)

(출처: 국토교통부)

보통 정비구역 지정 고시가 있는 날은 권리산정일의 기준이 됩니다. 빌라를 신축하거나 다세대주택을 다가구주택으로 바꾸는 등 입주권 개수를 늘리는 '지분 쪼개기'를 막기 위해 정한 날이라고 이해하면 됩니다.

구역 내에는 사업의 주체가 되기 위해 추진위원회를 설립하려는 여러 세력이 존재하는데, 토지등소유자 50%의 동의를 받는 세력이 추진위원회가 되고 향후 조합설립의 주체가 됩니다. 추진위원장이 조합장이 되

는 경우가 대부분으로, 경쟁에서 밀려난 세력들이 조합설립 이후 비상
대책위원회(비대위)가 되거나 조합의 반대 세력이 되는 경우도 있습니다. 그렇기 때문에 정비구역 지정이나 추진위원회 설립 단계에서는 투자를 결정하기보다 관심을 갖고 좀더 지켜보는 게 좋습니다.

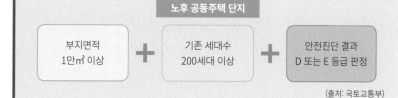

잠깐만요

재건축은 안전진단을 통과해야 사업이 가능하다

조합이 설립되고 나면 이후 재개발과 재건축의 과정은 거의 비슷합니다. 그러나 조합설립 전에는 좀 다릅니다. 가장 큰 차이는 재개발 사업과 달리 재건축 사업은 안전진단 절차가 완료되어야 정비계획 수립이 확정된다는 점입니다. 안전진단은 주택의 노후화나 불량 정도에 따라 구조의 안전성 여부, 보수비용, 주변 여건 등을 조사해서 재건축 가능 여부를 판단하는 절차입니다. 안전진단은 주민의 10% 이상이 동의하면 추진할 수 있고, 안전진단 결과 D등급 또는 E등급으로 판정된 건축물에 한하여 정비구역을 지정할 수 있습니다.

- **안전진단**: 토지등소유자 10% 이상 동의
- **재건축 정비구역 지정**: 토지등소유자 60% 이상, 토지면적의 2분의 1 이상 동의

| 재건축 지정 요건 |

노후 공동주택 단지

부지면적
1만㎡ 이상
+
기존 세대수
200세대 이상
+
안전진단 결과
D 또는 E 등급 판정

(출처: 국토교통부)

2. 조합설립인가

토지등소유자 중 과반수의 동의를 받아 지방자치단체장(구청장)으로부터 추진위원회 구성을 승인받았다면 이제 조합을 설립해야 합니다. 주택재개발사업 조합을 설립하고 인가를 받기 위해서는 토지등소유자

75% 이상의 동의를 받아야 하고, 동의한 이들이 소유한 토지 면적의 합이 사업장 전체 토지 면적의 50%(재건축은 75%) 이상이어야 합니다. 추진위원회를 설립할 때 이미 동의한 사람은 조합설립에도 동의한 것으로 간주하고 추가로 받은 동의서를 합해 위 요건을 갖추면 됩니다. 재건축은 동별 구분소유자 1/2 이상의 동의를 받아야 합니다. 각각의 아파트 동마다 과반수 이상의 동의를 얻어야 하는 것이지요.

낙후된 지역을 개발해서 주변 환경이 좋아지고 새 아파트가 들어오면 지역 내 모든 주민이 찬성할 것 같지만 꼭 그렇지는 않습니다. 각자의 상황이나 이해관계가 다르기 때문입니다. 재개발을 통해 아파트 1채 받는 것보다 본인의 집을 허물고 다세대주택을 지어 분양하면 더 큰 이익을 얻는 사람도 있고, 새로 다가구주택을 지어 월세를 받으려는 사람도 있습니다.

또 상가주택에 살면서 안정적인 주거와 임대수익을 동시에 누리고 있는 사람은 재개발·재건축 사업에 적극적으로 반대할 가능성이 높습니다. 이런 이유로 토지등소유자 75% 이상의 동의를 얻는 것이 쉽지는 않습니다. 그래서 조합설립인가까지는 몇 년 걸린다고 딱 정해서 이야기할 수가 없습니다. 특히 재개발은 구역을 지자체에서 지정하므로 주민 중에는 '난데없이 내가 살고 있는 동네에 구역이 설정됐다고?' 하는 할아버지, 할머님들이 많겠지요. 반면 재건축은 주민들이 주차장이 불편하고 녹물이 나오는 노후된 아파트를 부수고 새 아파트로 짓기를 원해서 안전진단을 신청하고 사업을 추진합니다. 공감대가 있으니 동의율 얻기가 훨씬 수월하겠지요?

최근 조합설립인가를 받은 재개발 구역들을 보면 10년, 15년 전에 구역이 지정된 곳들도 있습니다. 강남구 대치동의 은마아파트는 2003년에 재건축 조합설립추진위원회가 설립되었는데 2023년 9월, 무려 27년만에 조합설립인가를 받았습니다.

토지등소유자의 동의를 받아 지자체에 조합설립승인을 요청하고, 지자체장으로부터 조합설립인가를 받아 법인설립등기를 마치면 비로소 추진위원회는 재개발·재건축 사업의 시행 주체인 조합이 됩니다. 조합설립인가를 받았다는 것은, 사업을 본격적으로 추진할 수 있는 주체가 생겼다는 것이고 조합이 법적 지위를 확보했다는 것입니다. 또한 조합원들의 갈등이 어느 정도 해소되고 이해관계가 정리된 것으로 볼 수 있습니다. 이제부터 조합은 조합원을 대표해 시공사와 계약할 수 있고, 아파트를 지어 분양할 수 있습니다.

조합은 조합원들이 출자해 만든 법인입니다. 조합장은 CEO, 조합원은 직원이라고 이해하면 편합니다. 이 회사는 이익을 내기 위해 영업활동을 해야 합니다. 조합장은 시공사, 지자체 관계자 등과 협의해 합리적인 비용으로 새 아파트를 훌륭하게 건설하는 일의 선봉장이 됩니다. 비례율 100%가 넘어가면 이익이 생기고 이 이익은 조합원들에게 돌아갑니다. 조합이 설립되면 사업이 비로소 본격적으로 시작된다고 보면 됩니다. 그래서 저는 최소한 조합설립 이후에 투자하기를 권합니다.

만약 조합설립 전에 투자를 생각한다면 조합원들의 동의율이 얼마나 되는지 파악하는 것이 중요합니다. 토지등소유자의 동의율이 70%가 넘었다고 섣불리 투자했다가 남은 5%가 동의할 때까지 오랜 시간 우여곡절을 겪어야 할 수도 있습니다. 또한 간신히 75%를 넘은 구역보다는 여유롭게 75%를 넘은 구역을 선택하는 것이 좋습니다. 주민 동의율이 압도적으로 높으면 조합설립 이후 단계에서도 사업이 순조롭게 진행될 확률이 높기 때문입니다.

| 재개발·재건축 조합설립 시 필요한 주민 동의율 |

재건축	재개발
• 토지등소유자 3/4 이상 • 동별 구분소유자 1/2 이상 • 토지면적 3/4 이상 동의	• 토지등소유자 3/4 이상 • 토지면적 1/2 이상 동의

3. 시공사 선정

이제 아파트를 지을 시공사를 선정해야 합니다. 입지가 좋고 사업성이 좋은 재건축 단지나 재개발 구역에서는 이때부터 본격적인 시공사 수주 전쟁이 시작됩니다. 건설사들은 시공사로 선정되기 위해 최고의 아파트를 지을 것이고 조합원들에게 이러이러한 혜택을 주겠다며 치열한 홍보를 합니다. 내로라하는 '1군 시공사'를 선정할 수 있을지, '아크로', '디에이치' 등 프리미엄 브랜드를 달 수 있을지 등은 조합원들의 초미의 관심사가 됩니다. 새 아파트의 청사진이 구체화될수록 조합원들의 분위기도 점점 고무되며 조합은 여러 건설사의 입찰을 받고 조합원들의 투표를 거쳐 시공사를 선정합니다.

4. 사업시행인가

이제 동네를 어떻게 바꿀지 설계하고 아파트를 어떻게 지을지 결정하는 사업시행인가 단계로 향하게 됩니다. 정비구역지정 단계에서 개략적인 건축계획(조감도, 배치도, 세대수, 분양 등)을 세웠다면, 사업시행인가 단계는 이를 더욱 구체화하는 과정입니다.

아파트를 어떻게 지을지 조감도, 배치도, 평면도, 공급세대수 등 구체적인 건축계획을 세우고 총 대지 면적, 용적률, 건폐율, 기부채납 면적, 건축 면적, 평형 구성, 총세대수, 임대아파트 세대수 등 세부적인 내용을 정합니다.

사업시행인가는 건축을 해도 된다는 허가를 받는 것으로, 조합과 지자체의 관계를 정리하는 단계라고 볼 수 있습니다. 조합이 사업을 어떻게 시행할지 계획을 신청하면 해당 지자체는 건축, 교통, 환경 등 사업 내용을 검토한 후 인가 여부를 결정합니다. 사업시행인가가 나면 사업이 50% 정도 진행된 것으로 볼 수 있습니다. 건축심의 등 지자체에 허가를 받는 굵직한 일들을 통과해 사업시행인가를 받았다는 것은 정비사업이 본궤도에 올라 '입주'라는 고지가 한 걸음 더 가까워졌다는 것을 의미합니다. 사업의 불확실성이 상당 부분 제거된 것이지요.

그래서 이 시기에 재개발·재건축 물건이 가장 많이 거래됩니다.

5. 종전자산평가

사업시행인가를 받고 나면 조합에서는 곧바로 종전자산평가를 진행합니다. 조합원들이 소유한 자산의 가치를 수치화하는 것인데요. 건축물 면적, 대지 면적, 연식, 어떤 식으로 지었는지 등을 다 따져서 평가합니다. 부동산 거래 현장에서는 감정평가라고 하고, 보통 '감평'이라고 줄여서 이야기하기도 합니다. 감정평가액은 조합원에게 매우 중요합니다. 이 금액을 기준으로 새 아파트를 받는 데 필요한 조합원 분담금이 결정되기 때문입니다.

조합원 분담금이란 무엇일까요? 재개발·재건축 구역에 새 아파트가 지어지면 조합원은 입주할 수 있는 권리가 생기는데, 새로 지어지는 아파트의 분양가는 평수가 큰 다가구주택이나 상가(주택)가 아니라면 내 부동산의 가치보다 높은 게 일반적입니다. 따라서 그 차이만큼의 금액을 더 내야 새 아파트에 입주할 수 있습니다. 이때 부담하게 되는 돈을 분담금이라고 합니다.

더 정확하게 말하면 '조합원분양가에서 권리가액을 뺀 금액'이 분담금입니다. 권리가액은 감정평가액에 비례율을 곱해서 산출합니다. 그런데 비례율은 대개 100%에 수렴하기 때문에 정확한 비례율이 나오는 사업 후기(관리처분인가 후) 전에는 '조합원분양가에서 감정평가액을 뺀 금액'으로 계산합니다.

예를 들어 조합원 김○○ 씨가 소유한 빌라의 감정평가액이 1억 원이고 25평짜리 새 아파트의 조합원분양가가 4억 원이라면, 감정평가액 1억 원을 제외하고 3억 원을 더 내야 합니다. 이 3억 원이 분담금입니다. 만약 이 빌라의 감정평가액을 1억 5,000만 원으로 예상했는데 1억 원을 받게 되었다면 분담금은 예상했던 2억 5,000만 원에서 5,000만 원 늘어나게 됩니다. 따라서 감정평가는 조합원에게 무척 예민한 사안일 수밖에 없습니다. 감정평가 결과가 생각보다 적게 나오면 실망하는 이들이 생기고, 이런 이들이 많으면 재개발을 반대하는 세력인 '비대위'의 활동이 활발해지기도 합니다.

뒤에서 더 자세히 얘기하겠지만 저는 분담금과 프리미엄이 거의 정확하게 정해지는 종전자산평가 이후부터를 안전 투자 시기라고 이야기합니다. 이 시기는 물건의 입지에 따라 다르겠지만 큰 리스크가 대부분 제거된 상태이고, 적지 않은 안전마진도 확보할 수 있어서 투자를 하기에 적당한 시점입니다.

6. 조합원분양신청

조합은 조합원들에게 사업시행인가가 고시된 날로부터 60일 이내에 감정평가액, 개략적인 분담금 내역, 조합원분양신청 기간 등을 통지해야 합니다. 이때 조합원들은 본인들이 원하는 동이나 호수 등을 선택해 신청하는 것이 아니라 희망하는 평형만 신청하는데, 권리가액이 더 높은 조합원에게 평형신청 우선권을 주므로 전략을 잘 세우지 않으면 낭패를 볼 수 있습니다. 이때 신청한 평형은 조합의 사정에 따라 나중에 바꿀 수도 있으며 계약은 추후에 진행됩니다.

신청한 평형이 확정된 것이 아니듯 조합원에게 공지되는 분담금이나 조합원분양가 역시 확정된 금액이 아닌 대략적인 것입니다. 조합원들의 분양 신청이 완료된 후에 조합원분양 세대수, 일반분양 세대수, 임대아파트 세대수가 개략적으로 정해집니다.

이 단계에서 특히 조심해야 할 것이 있습니다. 새 아파트를 받으려는 조합원은 분양 신청 기간 안에 꼭 신청해야 합니다. 기간 안에 분양 신청을 못하면 현금청산자가 됩니다. 분양 신청 기간에 해외에 있었거나 상속이 진행되는 등 피치 못할 사정이 있어도 분양 신청을 하지 않으면 입주권을 받지 못하고 현금으로 받아야 하니 유의해야 합니다.

7. 관리처분인가

관리처분인가는 흔히 정비사업의 8부능선이라 불립니다. 여러 가지 난관을 뛰어넘고 관리처분인가를 받으면 이 뒤로는 이주, 철거를 거쳐 착공만 남게 되니까요. 이때는 사업의 리스크가 대부분 해소된 상태이기 때문에 안정적인 투자가 가능합니다.

사업시행인가가 조합과 지자체의 관계를 정리하는 단계라면, 관리처분인가는 조합과 조합원의 관계를 정리하는 단계라고 할 수 있습니다. 관리처분계획은 향후 조합에 들어올 돈에 대해 집행계획을 세우고, 조합원들이 납부해야 할 돈을 정하며, 조합의 수익을 조합원들에게 어떻게 분배할 것인지 정하는 것입니다.

이 시기에 조합원은 본인의 부동산을 조합에 위임하고, 조합은 위임받은 부동산을 처분하고 신축으로 거듭나게 할 사업계획을 세웁니다. 사업시행인가를 받을 때의 불확실한 계획들이 구체적으로 자리 잡는 단계이지요. 일반분양 세대수 및 일반분양가, 조합원분양 세대수 및 조합원분양가가 정해지고 시공사의 예상 공사비용, 예상 분양수익 등이 나오기 때문에 조합원의 분담금을 구체적으로 계산할 수 있습니다.

이 단계에서 가장 주목할 부분은 사업성을 나타내는 비례율의 윤곽이 뚜렷해진다는 것입니다. 비례율이 대략 정해지면 조합원들끼리 분쟁이 발생하기도 합니다. 비례율을 알면 조합원들의 권리가액을 알 수 있고 이 권리가액을 기준으로 분담금도 알 수 있습니다. 그래서 비례율의 결과에 따라 조합원의 이해관계가 충돌하면서 분쟁이 일어나기도 하는 것이지요.

관리처분인가를 받았다는 것은 사업이 80% 정도 진행되었다는 것을 뜻합니다. 여러 가지 리스크가 해소된 관리처분인가 이후에는 예상 수익, 예상 투자금이 거의 확실히 정해집니다. 이주비 대출을 활용해 투자금을 줄일 수 있기 때문에 투자자와 실수요자가 가장 많이 매수하는 시기이기도 하지요.

초보 투자자라면 사업 단계로는 관리처분인가 이후에, 물건 유형은 자금이 적게 들어 진입장벽이 낮은 빌라에 투자하는 것이 유리합니다. 저의 첫 재개발 투자 물건인 인천 재개발 구역 빌라도 관리처분인가 이후 이주시기에 매수했습니다. 세입자가 없어 임대관리를 할 필요도 없었고, 이주비 대출로 투자금을 줄여 소액으로 투자할 수 있었지요. 관리처분인가 이후에 매수해 안전한 투자였고, 소액의 실투자금으로 높은 수익률을 냈습니다. 안전한 투자라고 해서 비싸게 매수해 수익이 아주 작을 거라고 생각하는 것은 계산을 할 줄 모르기 때문입니다. 관리처분인가 이후에 사면 수익실현을 빨리 할 수 있습니다. 게다가 확실하고 안전한 투자라는 아주 큰 장점이 있지요. 보통 아파트는 입주 후 2~3년 동안제일 많이 오르는데 관리처분인가 이후에 투자하면 5~6년 후에 이 상승분까지 취할 수 있습니다. '5~6년 후에 이 정도 수익실현을 할 수 있네?'라는 계산을 할 수 있는 능력이 있다면 단순히 사업시행인가나 관리처분인가에 사면 비싸다는 생각은 하지 않을 것입니다.

8. 이주 및 철거

공사를 시작하려면 먼저 구역에 사는 사람들이 이주해야 합니다. 정비구역에서 살고 있는 부동산 소유자는 이사 갈 집의 임대보증금을 마련해야 하고, 임대를 하고 있다면 임차인에게 돌려줄 임대보증금이 필요하지요. 이때 조합은 조합원들에게 감정평가액의 40~60% 수준에서 이주비를 대출해 줍니다.

이주에는 6개월에서 1년 정도의 시간이 소요됩니다. 조합이 정한 이주기간 내에 이사하지 않으면 무상으로 지급하는 이사비를 받을 수 없고, 이주비 대출을 받는 데도 제약이 따를 수 있기 때문에 이 시기에 대부분의 조합원과 임차인이 이주하게 됩니다. 이주기간이 지났는데도 이주하지 않는 세대는 조합에서 명도소송을 집행합니다. 모든 세대의 이주가마무리되면 철거작업이 시작되고 비로소 착공에 들어가게 됩니다.

9. 조합원 동·호수 추첨

철거가 완료되면 본격적으로 새 아파트를 짓기 위한 단계로 접어듭니다. 조합은 착공신고를 한 후 일반분양을 합니다. 조합원 동·호수 추첨은 일반분양 전후에 합니다. 하지만 관리처분인가를 받을 때 조합원분양을 위한 동·호수를 미리 정해두고 일반분양을 진행하기 때문에 큰 의미는 없습니다.

대개는 조합원에게 가장 좋은 동과 층을 배정하려 하지만, 동·호수 추첨 결과에 따라 조합원들의 희비가 엇갈립니다. 같은 조합원분양 물건이라도 로열동과 로열층 물건의 가격이 더 오르고 거래가 활발하며, 선호도가 낮은 동이나 저층은 조합원 물건이어도 소폭의 가격 조정을 보이기도 합니다. 따라서 조합원 물건을 매수한다면 약간의 위험 부담을 안고 조합원 동·호수 추첨 전에 매수할지, 동·호수 추첨이 끝난 후 본인의 취향에 맞는 물건을 매수할지 결정해야 합니다.

이주가 마무리되면 조합은 주택멸실신고를 하는데, 주택멸실신고 전에 매수하면 거래가액에 따라 1~3%의 주택 취득세를 냅니다. 그러나 주택멸실신고 후에는 토지에 대한 취득세 4.6%를 적용받습니다. 따라서 주택멸실신고 여부를 담당 구청 세무과에 확인한 후 매수해야 합니다.

10. 일반분양

재개발·재건축 사업에서 일반분양이 중요한 이유는 일반분양의 성공 여부에 따라 조합의 사업성이 결정되기 때문입니다. 미분양 없이 높은 가격에 높은 경쟁률로 일반분양이 마무리되면 분양권의 프리미엄이 높아지고 이는 조합권입주권의 프리미엄 상승으로 이어집니다. 2022년에 대표적인 재건축 단지인 둔촌주공아파트의 일반분양 결과가 온 국민의 초미의 관심사가 됐던 것도 이와 같은 이유에서였습니다.

11. 준공, 입주, 이전고시, 청산

일반분양이 마무리되고 예정대로 공사가 진행되면 대개 착공한 지 3년 후 즈음 입주가 시작됩니다. 입주하면 바로 소유권이전등기를 할 수 있다고 생각하기 쉽지만 집합건물은 이전고시가 나야 소유권이전등기를 할 수 있습니다.

이전고시란 공사가 완료됐음을 고시하고 조합원 주택의 지번을 모두 지운 후 새로 지어진 아파트 동·호수에 맞게 대지권을 나눠 이전하는 것을 말합니다. 이 과정을 거쳐야 비로소 소유권이전등기를 할 수 있습니다. 이전고시가 마무리되고 모든 사업을 청산하는 청산 절차까지 마치면 사업은 완전히 끝이 납니다.

010

재개발과 재건축,
헷갈리지 말자!

재개발과 재건축, 어떻게 구분할까?

낡은 빌라촌을 허물고 아파트를 새로 지으면 재개발, 낡은 아파트를 허물고 아파트를 새로 지으면 재건축으로 알고 있는 분들이 많을 텐데요. 하지만 재개발과 재건축을 구분하는 정확한 기준은 주변 정비기반시설이 양호한가 양호하지 않은가입니다.

정비기반시설이란 도로, 상하수도, 가스공급시설, 공용주차장, 공원, 녹지, 하천 등을 말합니다. 다시 말해 재건축은 주변 정비기반시설은 양호하나 주택만 낡아서 새로 짓는 것을 말하고, 재개발은 주변 정비기반시설이 낙후되어 주택뿐만 아니라 주변 정비기반시설까지 새로 짓는 것을 말합니다.

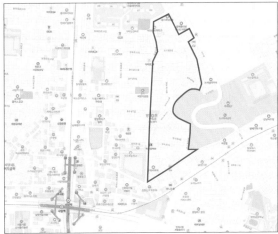

위 사진은 어느 정비사업구역입니다. 이곳은 재개발일까요? 재건축일까요?

여기는 방배15구역 재건축 구역입니다. 빌라촌이지만 재건축 구역으로 지정된 이유는 지도를 보면 알 수 있는데요. 지도에서 보는 것처럼 방배15구역은 사당역과 가깝고 도구머리공원을 끼고 있습니다. 이수초등학교와 이수중학교, 주민센터도 가깝네요. 도로도 반듯해 새로 도로를 낼 필요가 없습니다. 한마디로 기반시설이 양호한 곳입니다.

용산 재개발의 핵심인 한남뉴타운은 실제로 가보면 소방차도 못 들어갈 정도로 골목이 좁고 건물 노후화가 심한 곳들도 있습니다. 이런 곳은 동네 전체를 모두 허물고 기반시설부터 만들어야겠지요.

재개발은 이렇게 낙후된 지역을 개선하려는 '공익'의 목적을 지닙니다. 반면 재건축은 기반시설은 양호하나 오래된 주택에 살고 있는 주민 삶의 질을 개선시키려는 '사익'의 목적을 지니고 있습니다. 때문에 사업을 진행시키기 위해 충족해야 할 요건이 조금 다릅니다. 그러나 조합설립인가를 받고 나면 이후 절차는 거의 같다고 보면 됩니다.

| 재개발과 재건축 비교 |

	재개발	재건축
기반 시설	열악함	양호함
조합설립 동의	• 토지등소유자 75% 이상 • 토지면적 50% 이상	• 토지등소유자 75% 이상 • 동별 과반수 이상
조합원	• 토지 소유자 • 건축물 소유자 • 지상권자 • 조합설립 동의에 상관없이 조합원 자격 부여	• 건축과 그 부속토지의 소유자 • 조합설립에 동의한 자만 조합원 자격 부여
안전진단	필요 없음	필요함 (단, 단독주택 재건축은 제외)
임대주택 건설 의무	전체 세대수의 10% 이상 (시·도 조례에 따라 다름)	상한 용적률과 법정 상한 용적률 차이의 50%(시·도 조례에 따라 다름)
매도 청구	없음(토지수용법 적용)	있음(민사소송법 적용)
조합원 지위 양도 (투기과열지구)	관리처분인가 이후 조합원 지위 양도 금지	조합설립 이후 조합원 지위 양도 금지
실거주 요건	해당 사항 없음	해당 사항 없음
재건축초과이익환수제	해당 사항 없음	해당

 알아두세요 ────

재건축초과이익환수제
재건축으로 조합원이 얻은 이익이 인근 집값 상승분과 비용 등을 제외하고 1인당 평균 3,000만 원을 넘을 경우, 초과금액의 최고 50%를 부담금으로 환수하는 제도입니다.

동의율과 조합원 자격 요건

재개발은 토지등소유자 75%의 동의와 재개발 구역 내 토지면적의 50% 이상이 동의해야 조합을 설립할 수 있습니다. 극단적인 예로, 재개발 구역 내 토지 50%를 한 사람이 소유하고 있고 그가 동의하지 않으면 나머지 토지등소유자 75%가 동의해도 조합설립인가를 받을 수 없습니다. 실제로 상계6구역의 경우 한 사람이 재개발 구역 내 시장 전체의 토지를 소유하고 있어서 이슈가 됐던 적도 있습니다.

반면 재건축은 토지등소유자 75%의 동의를 받고 동시에 동별로 과반수 이상의 동의를 얻어야 합니다. 예를 들어 101~105동까지 5개 동이 있는 아파트를 재건축하는데 101~104동은 50% 이상 동의했으나 105동 소유자 50%가 동의하지 않으면 조합설립이 안 됩니다. 실제로 반포의 한 아파트 단지 재건축에서 한강조망이 잘 되는 동 주민들과 그렇지 않은 동 주민들 사이에 이해관계가 충돌해서 오랫동안 조합을 설립하지 못한 사례가 있습니다.

재개발은 건물과 토지 중 하나만 소유해도 조합원 자격을 받는 경우가 있습니다. 심지어 법정지상권만 갖고 있어도 조합원 자격을 주는 경우도 있지요. 하지만 재건축은 건물과 토지를 모두 소유해야만 조합원 자격이 주어집니다.

조합설립에 동의하지 않는다면?

재개발은 만약 내가 조합설립에 동의하지 않아도 전체 조합원의 75%가 동의하면 조합이 설립되고, 이후 자동으로 나도 조합원이 됩니다. 하지만 재건축은 조합설립에 동의해야만 조합원이 됩니다. 동의하지 않으면 청산 대상이 되지요. 하지만 처음엔 동의하지 않았다 해도 조합설립 후 다시 동의하면 조합원으로 인정해주긴 합니다. 동의하지 않으면 현금청산이 되니 결국 대부분 동의할 수밖에 없습니다.

재건축은 안전진단 필수!

재개발은 안전진단 과정이 불필요하지만 재건축은 반드시 필요합니다. 의무적으로 공급해야 하는 소형 임대주택 비율도 다릅니다. 서울시 재개발의 경우 임대주택 비율을 전 세대의 15% 이하로 정해 놓고 있지만 시장·도지사가 결정할 수 있도록 법이 개정됐습니다.

반면 재건축의 경우 용적률을 법정 상한까지 올리려면 늘어나는 용적률의 50%를 소형 임대주택으로 공급해야 합니다. 이 비율은 시·도 조례에 따라 다르니 따로 확인하는 게 좋습니다.

투기과열지구 내에서 재개발은 관리처분인가 이후에 조합원 지위 양도가 금지되지만 재건축은 조합설립 이후 조합원 지위 양도가 금지됩니다.

재개발과 달리 재건축은 재건축초과이익환수제를 적용받기 때문에 개발이익에 대한 부담금을 납부해야 합니다. 이처럼 재개발 투자가 재건축 투자보다 유리한 면이 많습니다.

재건축과 리모델링의 차이

오래된 아파트들 중에는 상·하수도관 부식, 층간소음, 주차난 등으로 주민의 불편과 불만은 커져가는데 재건축을 하려면 최소 10년 이상을 기다려야 하고 30년 연한을 넘겨야 해서 기다림에 지친 곳들이 꽤 있습니다. 그래서 재건축은 포기하고 리모델링을 선택하는 아파트들도 생겨나고 있지요. 30년을 꽉 채우지 않아도 새 아파트로 다시 지을 수 있다는 점과 안전진단이라는 관문의 허들이 낮다는 점은 리모델링의 가장 큰 매력입니다.

리모델링은 준공한 지 15년만 지나면 바로 조합을 설립한 후 안전진단에 착수할 수 있어서 재건축보다 훨씬 쉽고 빨리 진행할 수 있습니다. 안전진단도 수직증축은 B등급, 수평증축은 C등급 이하를 받으면 가능하니 문턱이 훨씬 낮습니다. 초과이익환수, 기부채납, 임대주택 건립 등의 규제로부터도 자유로운데, 여기까지 보면 리모델링이 정말 좋아 보입니다.

그런데 리모델링이 가진 기본적인 한계가 몇 가지 있습니다. 일단 기존 건물의 뼈대를 그대로 유지해야 한다는 단점이 있습니다. 건물을 지탱하는 벽, 즉 내력벽을 유지한 채 수직 또는 수평으로 건물을 증축해야 해서 요즘 유행하는 구조나 설계를 반영하기는 어렵지요. 리모델링 후 평수는 늘어날 수 있지만, 일반분양 물량을 늘리는 데는 한계가 있습니다. 아예 철거를 하고 공간을 효율적으로 설계하는 재건축보다 평면설계가 자유롭지 못하다는 점, 일반분양 물량이 적다는 점은 아쉬운 부분입니다. 리모델링이 완료되어 새 아파트가 되어도 기존에 살던 동·호수를 거의 그대로 가져가게 된다는 점도 투자하기 전에 꼭 알아두어야 하는 부분입니다.

| 재건축과 리모델링 비교 |

구분	리모델링	재건축
사업 가능 연한	준공 15년 지나면 사업 가능	준공 30년 지나면 사업 가능
안전진단 등급	안전진단 - B등급 이상: 수직증축 - C등급 이상: 수평증축	안전등급: 최소 D등급 이하
세대수 증가	기존 세대수 15% 이내	제한 없음
초과이익 환수, 기부채납, 임대주택 설치, 분양가상한제 등 각종 규제	없음	있음
공사방식	골조 유지	전면 철거 후 신축
조합원 권리 양도 제한	없음	투기과열지구에서 조합설립 인가 후 양도 제한

리모델링, 수직증축과 수평증축을 알아야 한다

수평증축	수직증축	별동증축

수평증축

평형을 넓히며 새 아파트로 탈바꿈하는 사업입니다. 예를 들어 기존 18평 아파트가 24평이 되고, 기존 24평 아파트가 32평이 되는 식입니다. 아파트 내 테니스장 등 단지 내 여유 공간에 별도의 건물로 아파트를 지어서(별동증축) 일반분양하고 이 일반분양 수익으로 분담금을 낮춥니다.

수직증축

예를 들어 12층 아파트의 경우 3개층을 올리고 13~15층을 일반분양하는 방식입니다. 별도의 동을 짓지는 않습니다. 이 일반분양 수익을 가지고 분담금을 낮춥니다. 원칙은 10층 이상이면 법적으로 3개 층을 올릴 수 있고 10층이 안 되면 2개 층을 올릴 수 있습니다.

신통? 모아타운?
헷갈리는 정비사업의 종류

요즘 정비사업 유형이 많아져서 뭐가 뭔지 구분하기 어려운데요. '공공'
이라는 말만 들어가도 "투자했다가 현금청산 당하는 거 아니야?"라고
걱정하는 분들도 있고 '모아주택', '신속통합기획' 등 새로운 단어가 낯설
어 머리 아프다는 분들도 많죠. 하나씩 알아볼까요?

공공재개발과 공공주도정비사업

공공재개발과 공공주도정비사업은 한국토지주택공사(LH), 서울주택도
시공사(SH) 등이 참여해 사업을 진행한다는 면에서는 공통점이 있으나
구분해야 하는 방식입니다. 2020년 김현미 전 국토교통부 장관이 발표
한 5·6대책의 일환이었던 공공재개발은 '공공참여형 방식'이라고도 합
니다. 이름처럼 LH, SH가 주민과 공동으로 사업을 시행하며 공공은 사
업성을 분석하고 지원하는 등의 역할을 담당합니다. 반면 2021년 변창
흠 전 국토교통부 장관이 발표한 2·4부동산대책의 공공주도정비사업
은 민간조합을 해산하고 LH, SH가 직접 단독으로 시행합니다.
이렇게 이름은 헷갈리지만 이 둘은 다른 방식입니다. 둘 중에 투자자 입
장에서 조심해야 할 것은 단연 공공'주도'정비사업입니다. 현금청산 이

슈로 한동안 떠들썩했던 정비 방식인데요. 공공이 단독으로 진행하니 절차를 간소화해 초스피드로 사업을 추진할 수 있지만 권리산정일이 유예되는 등 말도 많고 탈도 많은 정비사업 유형입니다.

국토교통부가 2·4대책에 따라 '공공주도 3080+대도시권 주택공급방안' 후보지로 선정한 곳은 '권리산정기준일인 2021년 6월 29일 이후로 등기하면 현금청산 당하는구나.'라고 생각하면 됩니다. 신축, 구축 관계없이 이날 이후로 등기를 취득한 경우 모두 현금청산 대상이 됩니다. 원주민 자격, 즉 입주권을 받을 수 없다는 것이지요. 이렇게 공공주도정비사업의 권리산정기준일은 다른 공급 방식의 권리산정기준일과 내용이 완전히 다르니 매우 주의해야 합니다.

반면 공공재개발은 지정된 이후 토지거래허가제 대상이 되지만 2·4대책의 현금청산 같은 리스크와는 별로 관련이 없습니다. 주민 동의율이 10%만 넘으면 어디나 후보지 신청이 가능하지만 최종 구역으로 지정되려면 토지소유주의 3분의 2 이상이 동의를 해야 합니다. 권리산정기준일을 살펴보면 1차는 2020년 9월 21일이고, 2차는 2021년 12월 30일입니다. 이 권리산정기준일 이후에 지어진 신축이나 지분 쪼개기를 한 부동산에 대해서는 입주권이 생기지 않습니다.

이 두 가지 '공공' 정비사업 방식은 용적률, 1단계 종상향 등 인센티브를 받습니다. 공공재개발의 경우 분양가상한제가 면제되고, 공공임대 비율이 의무적으로 적용됩니다.

공공주도정비사업 하면 LH나 SH를 떠올리게 되는데요. LH나 SH가 지은 아파트라고 하면 왠지 고급아파트가 아닌 것 같은 느낌을 주는 것은 어쩔 수 없습니다(시공사는 민간 건설사가 맡게 되어 아파트 브랜드는 일반 아파트와 같이 결정됩니다.). 민간재개발은 토지거래허가구역으로 지정되어 실거주를 꼭 해야 할 필요도 없고, 공공주도정비사업처럼 현금청산 리스크도 없습니다. 점점 프리미엄 아파트 브랜드들이 인기를 끌고 있는 추세이기도 합니다. 따라서 핵심 입지에 있는 민간재개발, 민간재건축 구역은 상대적으로 선호도가 더욱 높아질 것으로 예상됩니다.

신속통합기획

신속통합기획은 '공공' 정비사업이 아닙니다. 주민이 주체가 되는 민간재개발·재건축이지만 서울시가 기본계획 기획 단계부터 참여해 정비구역까지의 시간을 2년으로 단축시킨다는 점이 핵심입니다. 일명 '오세훈표 패스트 트랙'이라고 불리는데요. 오세훈 시장의 2021년 주택정책 히트상품이라고 할 수 있겠습니다.

신속통합기획을 간략하게 설명하면 서울시가 민간재개발 사업의 서포터가 되어 정비계획 수립단계에서부터 신속한 사업추진을 지원하는 제도입니다. 복잡한 사업추진 절차를 간소화하고, 사업절차 각 단계에서 인센티브를 부여하는 공공지원계획이라고 보면 됩니다.

국토교통부는 8·16주택공급대책에서 2027년까지 5년간 전국에 주택 270만 가구를 공급하고, 서울에 50만 가구를 신규 공급하겠다고 밝혔습니다. 정말 엄청난 물량인데요. 이를 위해 서울시는 열심히 신규 재개발·재건축 정비구역을 지정하고 있고 오세훈 서울시장이 내놓은 '신속통합기획'과 '모아타운'이 적극 활용되고 있습니다. 특히 신속통합기획을 통해 재개발 해제 구역들이 속속 부활하였지요.

2021년 신속통합기획 예정지 모집에 102곳이 신청했는데 1차(권리산정기준일 고시, 2021년 9월 23일)로 용산구의 청파2구역, 종로구 창신동 23/숭인동 56 일대, 송파구 마천5구역 등 21곳이 선정됐습니다. 2차(권리산정기준일 고시, 2022년 1월 28일)로는 2023년 1월에 25개 구역이 선정되었습니다.

신속통합기획에서 꼭 알아두어야 할 것은 사업 최종후보지 선정 즉시 토지거래허가구역으로 지정된다는 점과 권리산정기준일입니다. 토지거래허가구역은 기간이 정해져 있긴 하지만 실거주 목적으로 장기투자할 사람이 아니면 투자하기 어렵습니다. 또한 신축빌라를 매수할 때는 권리산정기준일 이후에 지어진 것인지 꼭 확인해야 합니다.

| 신속통합기획으로 재개발 구역 지정 기간 단축 |

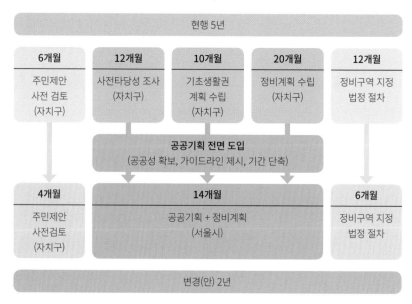

토지거래허가구역과 권리산정기준일

재개발·재건축이 된다는 소문이 돌면 부동산 시세가 폭등하거나 신축빌라를 건축하거나 다가구주택을 다세대로 변경하는 등 지분 쪼개기가 성행하는 현상이 발생합니다. 이를 막기 위한 도구로 이용되는 것이 바로 '토지거래허가구역'과 '권리산정기준일'입니다.

토지거래허가구역 – 일정 기간 실거주할 사람만 매수할 수 있다!

주거지역 6㎡, 상업지역 15㎡를 초과하는 토지를 취득하려면 사전에 토지 이용목적을 명시해 시·군·구청장의 허가를 받아야 합니다. 주택은 실거주, 상가는 직접 경영 등 허가받은 목적대로 토지를 이용해야 하므로 실거주나 직접 사업을 할 사람만 토지를 매수할 수 있습니다.

권리산정기준일 – 지분 쪼개기 금지!

권리산정기준일은 재개발·재건축 등 정비사업지에서 아파트 분양권을 받을 수 있는 권리를 부여하는 시점을 말합니다. 권리산정기준일 이후 신축빌라 건설, 지분 쪼개기 등을 하면 입주권을 얻지 못하고 현금청산 대상이 됩니다. 현금청산 산정액은 보통 시세보다 낮게 계산돼 투기 수요를 막는 규제 수단이 됩니다. 신속통합기획, 공공재개발, 공공주도재개발 등 정비사업 종류에 따라 권리산정기준일을 각각 따져봐야 합니다.

신속통합기획의 대상은 법령·조례상 재개발 정비구역 지정 요건에 맞으면서 토지등소유자 30% 이상이 구역 지정을 희망하는 지역입니다. 정비구역으로 지정되려면 노후도 동수 2/3 이상과 구역면적 10,000㎡ 이상 등의 요건을 맞춰야 합니다. 대상지 공모와 선정 절차 후 정비계획 수립 등 순으로 정비가 이루어집니다.

서울시는 신속통합기획 사업지에 다양한 혜택을 제공합니다. 3종주거지역 내 35층 규제를 적용하지 않고 주변 요구를 고려한 다양한 생활 SOC(사회간접자본)를 조성하는 게 대표적입니다. 서울시는 신속통합기획과 모아타운 참여 지역을 지속해서 공모 중입니다. 연 1회 모아서 신청을 받았는데 수시 신청으로 바뀌었습니다.

주거정비지수제 폐지와 주민동의절차 간소화

서울시는 2021년 신속통합기획 도입과 함께 정비구역 지정을 어렵게 만들었던 주거정비지수제를 폐지하고 주민동의절차를 간소화하였습니다.

1. 주거정비지수제 폐지

'재개발 차단' 방침으로 불렸던 주거정비지수제가 폐지되며 법적 요건만 충족하면 재개발을 추진할 수 있게 되었습니다. 폐지되기 전에는 법적 요건을 충족했어도 주거정비지수 기준점수 70점 이상, 노후도 연면적 60% 이상을 충족하는 곳만 구역으로 지정할 수 있었습니다.

	법적 요건 현행 유지	주거정비지수제 폐지
필수 항목	노후도(동수) 2/3 이상 + 구역면적 1만㎡ 이상	노후도(연면적) 60% 이상 + 평가점수 70점 이상
선택 항목	노후도(연면적) 2/3 이상 주택 접도율 40% 과소필지 40% 호수밀도 60세대/ha	주민동의(소유자, 면적) 40점 도로연장률 15점 노후도(동수, 연면적) 30점 세대밀도 15점

2. 주민동의절차 간소화

주민동의절차가 3단계에서 2단계로 간소화되었습니다. 대신, 사업 초기 단계인 주민 제안 단계에서는 동의율을 기존 10%에서 30%로 높였습니다.

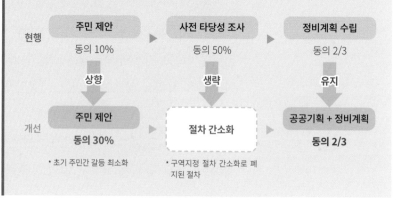

모아타운

모아타운은 무엇일까요? 말 그대로 소규모 개발을 '모아 모아서' 마치 대단지를 짓는 것 같은 효과를 얻자는 취지에서 나온 정책입니다. 사실 가로주택정비사업 등 소규모주택정비는 2018년에 만들어져 원래 있었던 제도입니다. 신축·노후주택이 혼재되어 재개발 등이 곤란한 지역에서는 가로주택정비사업이나 소규모 재개발 사업 등으로 작은 규모의 아파트를 짓는 방법을 택하기도 했지요. 아쉬운 점은 7층 이하로 층수가 낮고 지하주차장이나 생활시설을 넣을 수 없다는 것이었습니다. 그래서 이런 소규모 주택정비사업들을 한 그룹으로 모아서 층수 및 용적률을 완화하거나 용도지역을 상향해 층수를 높이고 공원이나 지하주차장 등 생활시설도 넣자는 목적으로 만들어진 것이 이 모아타운입니다. 다음 그림처럼 모아타운 지역 안에 여러 가지 소규모 재개발들을 개발하

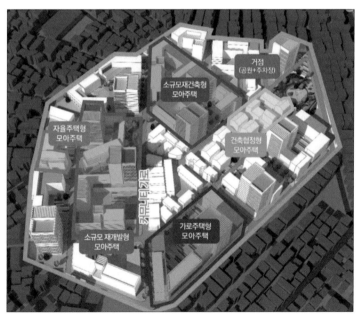

(출처: 서울시)

되 반대하는 곳들은 존치구역으로 남겨두는 방식입니다.

아무래도 모아타운의 가장 큰 매력은 노후도 기준이 50% 이상이라는 점일 것입니다. 그래서 노후도가 맞지 않아 대규모 재개발이 어려운 곳들은 관심을 보이고 있습니다.

대상지는 면적 100,000㎡ 미만인 곳으로 노후·불량건축물이 50% 이상인 일반주거지역입니다. 다만 대규모 재개발이 어려운 노후 저층 주거지를 정비하는 제도인 만큼 재개발 추진 지역 또는 재개발 예정 지역 등은 제외됩니다. 신속통합기획과 마찬가지로 건축 규제 완화와 기반시설 국비 지원 등 특례도 부여됩니다.

그러나 반대가 극심하여 일부 존치구역이 생기면 조합원들의 추가분담금이 높아질 수 있습니다. 기본적으로 소규모정비사업 특성상 재개발·재건축보다는 분담금이 클 수밖에 없긴 합니다. 존치구역이 여기저기 있고 도로가 사이사이에 있는 상태에서 정비를 해야 해서 한계는 존재합니다. 모아타운이 완성되어도 아파트 사이로 차가 지나게 된다는 점, 존치구역이 군데군데 있다는 것은 아쉬운 점입니다. 게다가 서울시는 예상되는 평균 사업기간을 2~4년 내외로 잡고 있지만 여러 개의 모아주택들이 협의를 이루는 일이 과연 순탄하고 빠르게 진행될지는 지켜봐야합니다.

서울시는 2023년 8월 현재까지 총 67개소의 모아타운 대상지를 선정해 구역 지정고시를 추진 중에 있으며 2026년까지 총 100개소의 모아타운을 지정고시할 예정입니다. 모아타운 1호 강북구 번동과 중랑구 면목동이 현재 시범사업으로 진행 중입니다.

특별히 다른 점은 신속통합기획이나 공공재개발의 경우 신축빌라는 권리산정기준일 이전에 완공 및 소유권 등기가 완료돼야 하는데 모아타운은 권리산정기준일 이전까지 '신축 착공신고'만 하면 됩니다. 모아타운 선정 직후 토지거래허가구역으로 묶이지도 않습니다.

신축빌라나 다세대주택인데 다가구주택으로 바뀐 물건 등 지분 쪼개기에 해당하는 물건은 건축물대장을 보고 꼭 확인해야 합니다.

소규모주택정비사업은 노후도 문턱이 낮아 동의율도 받기 쉬울 것 같지만, 인원이 적다고 해서 동의율을 맞추기가 쉬운 것은 아닙니다. 예를 들어 20세대 중 2명이 반대하여 사업을 진행하려다가 2명만 더 반대하여도 사업은 무산됩니다. 특히 초보 투자자라면 더더욱 소규모정비사업을 추천하지 않습니다.

| 소규모정비사업 비교 |

구분		사업 요건	주민동의	사업 주체		
				주민 (민간)	주민& 공공	공공 단독
자율주택정비사업		• 단독주택: 18호 미만 • 다세대, 연립: 36세대 미만 • 혼합: 36채 미만	• 100% 동의 필요 • 소규모주택정비 관리지역: 토지등소유자 80% 이상, 토지면적 2/3 이상	○	○	
가로주택정비사업		• 단독주택: 10호 이상 • 다세대, 연립: 20세대 이상 • 혼합(단독+다세대): 20채 이상	• (조합) 토지등소유자 80% 이상, 토지면적 2/3 이상 • (주민합의체) 100% 동의	○	○	
소규모재개발		• 역세권 및 준공업지역(승강장 경계 250m) * 3년 한시(2024년까지) 350m • 면적: 5,000㎡ 미만	• (조합·주민합의체) 토지등소유자 80% 이상, 토지면적 2/3 이상	○	○	
소규모 재건축 사업	민간	• 1만㎡ 미만의 주택단지 • 200세대 미만 • 노후불량건축물 2/3 이상	• (조합) 각 동별 소유자 1/2 이상, 토지등소유자 3/4 이상, 토지면적 3/4 이상 • (주민합의체) 100% 동의	○		
	공공		• (공공단독) 토지등소유자 2/3 및 토지면적 1/2 이상 • (주민+공공) 조합원 과반수 이상		○	○

첫째
마당

사기만 하면
오르는 물건
탐색하기

"사장님, 캐모마일 티 있나요?"

저는 부동산중개소에 들어가면 엉뚱한 질문을 하곤 합니다. 예를 들어 "사장님, 여기 캐모마일 티 있어요?" 같이 뜬금 없는 질문을 하면 공인중개사님의 반응은 두 가지입니다. '왜 부동산에서 캐모마일을 찾지? 뭐 이런 사람이 있어?' 하는 표정을 짓는 분이 있는가 하면 "캐모마일 티는 없고 어머니가 주신 매실액이 있는데 매실차 한번 마셔보실래요? 여름엔 시원한 매실차가 더 좋아요."라고 하는 분도 있습니다.

사실 저는 평소 캐모마일 티를 마시지 않습니다. 제가 알고 싶은 것은 그분의 친절도나 전문성입니다. 제가 친절한 응대를 받고 싶어서 그러는 것이 아닙니다. 나에게 친절한 사람은 매도자들에게도 친절한 사람입니다. 이런 분들은 좋은 매물을 가지고 있을 확률이 높습니다. 저는 그동안 몇천 군데의 부동산중개사무소를 가봤습니다. 이제는 그런 대응 하나만 봐도 어떤 공인중개사인지 알 수 있지요. 시원한 매실차를 타주신 그분과는 지금까지도 연락하고 있고 여러 건을 계약했습니다.

상계동의 한 공인중개사님 이야기를 해볼게요. 이분은 30대 중후반의 워킹맘입니다. 어느 날은 저와 얘기하다가 갑자기 "잠깐 어디 다녀올게요." 하고 일어나서 "얘기하다가 갑자기 어딜 가세요?" 하고 물으니 "할머니 미용실에 모셔다드려야 해요."라고 말하는 겁니다. 관리하는 부동산 주인 할머니가 다리가 불편해서 미용실에 모셔다드려야 한다고요. 이 할머니는 나중에 집을 팔 때 누구한테 매물을 내놓을까요? 당연히 미용실 갈 때마다 데려다주는 이 고마운 공인중개사에게 내놓을 겁니다. 이런 모습만 봐도 이 사람에게 좋은 매물이 들어올지 않을지 알게 됩니다.

공인중개사 스타일도 천차만별입니다. 매물만 소개하는 사람이 있고 컨설팅까지 해주는 사람이 있는가 하면 세금 상담까지 해주는 사람도 있습니다. 직업 마인드가 좋고 전문지식이 풍부한 것도 검증해야 합니다.

관심 지역 선택의 핵심 포인트

내게 딱 맞는 투자지역, 어떻게 찾을까?

서울 지도를 펼쳐놓고 전역에 펼쳐져 있는 재개발·재건축 구역들을 보고 있으면 더 이상 드라마틱한 개발은 없을 것 같은 서울이 매일매일 변화를 멈추지 않고 있다는 걸 느끼게 됩니다. 사실 재개발·재건축 구역은 그 하나하나가 큰 변화의 물결입니다. 낙후된 지역에 새 아파트가 들어서면 그 순간부터 분위기가 바뀌니까요.

재개발·재건축은 지역마다 특징이 모두 달라 각양각색입니다. 재개발을 기다리고 있는 금싸라기 땅의 낡은 빌라촌도 있는가 하면, 강남3구 한강변에는 30년이 지난 노후 아파트들이 재건축으로 새 아파트가 될 날을 열망하고 있습니다.

이 장에서는 저마다의 스토리를 가지고 있는 많고 많은 구역 중에 나의 상황에 맞는 곳을 고르는 법을 다루려고 합니다. 미래가치가 높은 지역을 찾고 그 동네의 새 아파트 대장주가 될 물건을 찾는 일은 그 하나하나를 인터넷에서 분석하는 일부터 시작됩니다.

첫 재개발 투자에 성공한 후로 저는 재개발 투자에 집중하기 시작했습니다. 먼저 핵심 입지부터 소액으로 접근할 수 있는 외곽까지 차례대로 조사하고 공부해 나갔습니다. 지역을 분석하다 보니 입지가 좋을수록,

재개발 단계가 후반부로 갈수록, 사업 속도가 빠를수록 프리미엄이 높게 형성돼 있음을 확인할 수 있었습니다.

두 번째로 재개발 투자를 했던 곳은 노원구로, 서울 외곽인 데다 진행 단계도 초기(조합설립 이후)라 가격이 저렴했습니다. 인근 창동역 일대 개발 계획과 동북선 경전철 개통, 4호선 연장 등 개발 호재가 많아 시간이 지나면 큰 이익을 낼 수 있으리라 판단했습니다. 상당히 저평가되어 있는 알짜배기 지역이라 서울에서 첫 번째 재개발 투자를 하기에 딱 맞는 지역이었습니다.

하루가 멀다 하고 재개발 구역 구석구석을 조사하면서 많은 공인중개사로부터 관련 정보도 얻고 투자 가치가 있는 매물도 많이 추천받았습니다. 그중에서 나름대로 비교하고 분석해서 최종적으로 투자를 결정한 매물은 다가구주택이었습니다.

두 번째 재개발 투자는 첫 번째와 많은 면에서 달랐습니다. 첫 번째 투자는 지인 추천으로 시작했고, 수도권이었으며, 빌라였습니다. 관리처분인가 이후 단계라 감정평가액이 정해지고 조합원 평형이 정해진 상태에서 매수하였으니 안전한 투자였습니다. 하지만 두 번째는 스스로 조사하고 공부한 투자였고, 서울이었으며, 다가구주택이었고, 조합설립 이후 단계에서 매수하였기 때문에 감정평가액이 정해지지 않았으며 조합원 평형 신청도 이뤄지기 전의 초기 단계 투자였습니다.

이때 스스로 재개발 구역을 검색하는 방법을 터득했고, 임장 방법을 익혔으며, 점점 공인중개사를 활용하는 전략도 늘었습니다. 또한 첫 번째 투자 때는 정해진 감정평가액으로 수익 분석을 했지만 두 번째는 추정 감정평가액을 구하는 방법을 공부하고 이를 투자에 적용하는 연습을 수없이 반복했습니다.

이어서 세 번째, 네 번째 투자를 거듭하며 지역을 보는 눈, 물건을 보는 눈도 생겼고 효율적으로 손품과 발품을 팔아 좋은 물건을 선택하는 방법을 알게 되었습니다.

그럼 지금부터 각자의 상황에 맞는 지역을 선별해, 입지를 분석하고, 임장하는 방법까지 자세히 살펴보겠습니다. 정비구역을 찾는 방법부터 어떤 기준으로 투자지역을 선정했으며, 임장은 어떤 방법으로 했는지, 공인중개사 활용은 어떻게 했는지 등 제가 직접 경험하며 쌓은 노하우를 이해하기 쉽게 차근차근 설명하겠습니다.

서울의 주요 재개발 구역

잠깐 서울의 주요 재개발 구역을 간략하게 살펴보겠습니다. 아래 지도는 서울의 주요 재개발 사업 지역을 표시한 지도입니다. 어느 지역이 저평가되어 있을까요? 미래의 랜드마크 아파트가 탄생할 구역은 어디일

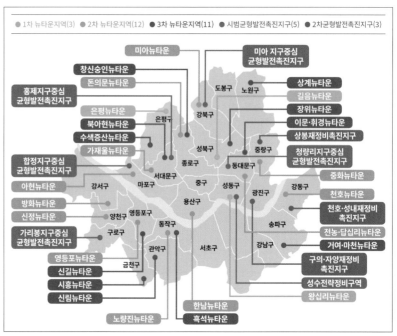

(출처: 서울시)

까요? 처음에는 복잡해 보여 눈에 들어오지 않을 텐데요. 중앙에서부터 단계별로 짚어나가면 서울의 재개발 구역들이 자연스럽게 머릿속에 들어올 것입니다.

먼저 서울의 가장 중심을 보면 용산구가 있습니다. 각종 지하철, 철도 등이 만나는 교통의 요지이자 대형 호재의 집결지이지요. 용산구에는 재개발의 대장주인 한남뉴타운이 자리하고 있습니다. 재개발 3대 구역으로 흔히 한남뉴타운, 성수전략정비구역, 흑석뉴타운을 꼽지요. 사실 서울에서 최고의 입지를 꼽으라면 서초구, 강남구이지만 서초구, 강남구에는 재개발 구역이 없고 재건축 단지만 있습니다. 그래서 재개발 지도에서는 한남뉴타운을 중심에 놓고 이해하면 편합니다.

용산구 바로 아래에 있는 동작구의 흑석동에는 흑석뉴타운이 자리합니다. 고개만 넘으면 반포여서 서반포라고 불리는 동네입니다. 여의도와 강남권의 진입도 편리하고 한강변이라는 큰 강점을 가지고 있습니다. 국립서울현충원, 반포한강공원 등이 가까워 자연환경을 누리기에 좋다는 점도 큰 매력입니다. 흑석뉴타운의 왼편에 있는 노량진뉴타운도 노량진역과 옛 노량진수산시장 개발, 장승배기종합행정타운 등 대형 호재들로 미래가치를 인정받는 구역입니다.

한강 남쪽에 노량진뉴타운이 있다면 한강 북쪽에는 북아현뉴타운이 있지요. 서대문구에 있지만 종로구와 가깝습니다. 강북의 랜드마크인 마포래미안푸르지오, 경희궁자이와 인접한 북아현뉴타운은 입지가 훌륭해 강북의 재개발 대장주로 불리고 있습니다. 강북에서는 한남뉴타운과 성수전략정비구역을 제외하고는 가장 시세가 높게 형성되어 있는 구역입니다. 한남뉴타운과 성수전략정비구역은 사실 강남 시세를 따라가고 있는 중이므로, 강북으로 구분 짓지 않고 따로 떨어뜨려 놓고 이야기합니다.

저는 편의상 서울의 재개발 구역들을 동북지역, 동남지역, 서남지역, 서북지역, 중부지역으로 나눕니다. 권역 안에서는 서울의 중심인 용산의 한남뉴타운을 가운데에 두고 바깥으로 갈수록 투자금이 적게 든다고 이해하면 편합니다.

중부권

중부권답게 한남뉴타운, 성수전략정비구역이 자리하고 있습니다. 말이 필요 없는 곳들이지요. 이 외에도 서울 중구의 청구역과 약수역 사이에 신당8구역, 신당9구역이 있습니다.

동남권

동남권에는 유일하게 송파구의 끝자락에 거여·마천뉴타운이 있습니다. 위례신도시와 붙어 있지요. 규제지역에서 해제되지 않고 남아 있는 강남3구와 용산구에서 재개발 구역은 거여·마천뉴타운과 한남뉴타운뿐입니다. 이 둘을 제외하고는 모든 재개발 구역이 규제지역에서 해제되었습니다.

동북권

동북권은 각종 대형 호재로 넘쳐나는 곳들이 즐비합니다. 교통의 중심지 청량리 재개발을 시작으로, 이문·휘경뉴타운, 장위뉴타운, 창동역 개발호재 수혜지역인 상계뉴타운이 자리하고 있습니다.

서남권

서남권은 향후 가치상승이 가장 크게 기대되는 흑석뉴타운, 노량진뉴타운이 자리잡고 있습니다. 상가 투자로 입주권을 받을 수 있는 영등포뉴타운과 한강 이남에서 가장 저렴한 투자금으로 투자할 수 있는 신림뉴타운, 봉천동 재개발이 자리하고 있는데 역시 외곽으로 갈수록 시세가 저렴합니다.

서북권

서북권에는 북아현뉴타운 다음으로 수색·증산뉴타운이 있습니다. MBC와 SBS, CJ E&M 등 이름만 들어도 알 만한 방송, 영화, 게임, IT 기업들이 빌딩숲을 이루고 있는 디지털미디어시티(DMC) 업무지구에서 길을 하나 건너면 수색·증산뉴타운이 나옵니다. 그야말로 '직주근접'이 탁월하지요. 더 위쪽으로 올라가면 은평뉴타운, 갈현1구역, 대조1구역 등이 있습니다.

투자금이 넉넉하면 중심부에 있는 곳부터 하나하나 공부해 나가면 됩니다. 비교적 적은 투자금으로 서울 재개발에 투자하고 싶다면 동북권 끝 상계뉴타운, 서북권 끝 은평뉴타운, 서남권 끝 신림뉴타운 등 지도의 외곽에 있는 구역을 살펴보세요.

부동산 가격을 결정짓는 입지 조건

같은 서울이라도 수요가 몰리는 곳은 따로 있습니다. 더 좋고 더 편리한 곳에서 살고 싶은 게 모든 사람의 마음이기 때문입니다. 선호도를 결정 짓는 입지 조건을 하나하나 따져봐야 부동산 시세의 흐름이 보일 것입니다. 미래에 새 아파트 단지가 될 지역들의 입지를 따져보고 분석하는 일은 재개발·재건축 투자의 가장 기본이 됩니다.

1. 일자리

오늘의 강남을 만든 일등공신은 바로 '일자리'입니다. 그만큼 입지에서 일자리만큼 강력한 요건은 없습니다.

좋은 일자리가 있는 곳의 부동산 가격이 오르는 건 당연합니다. 지방에서도 대기업이 있는 지역은 꾸준히 수요가 일어납니다. 좋은 일자리가 많다는 것은 그 지역의 소득 수준이 평균 이상이라는 것이고 상가나 제반환경 또한 그에 맞춰 올라간다고 보면 됩니다. 그러므로 꾸준히 살기를 원하는 사람이 나타나는 것입니다. 일자리가 많은 지역은 초고층 빌딩이 많다 보니 땅값이 비싸 주거지역이 많지 않습니다. 공급은 적은데 직장과 가까운 집을 원하는 사람들은 많으니 가격은 꾸준히 상승할 수밖에 없습니다.

2. 교통

일자리에 빠르게 갈 수 있는 교통과의 접근성이 좋은 곳의 수요는 늘 꾸준합니다. 예를 들어 강남으로의 출퇴근이 편리한 전철 2, 3, 7, 9호선이 통과하는 지역의 수요는 풍부할 수밖에 없습니다. 투자를 할 때 교통호재가 있는 곳에 투자하면 실패확률이 크게 줄어듭니다.

3. 교육 환경

아파트 가격을 좌우하는 가장 중요한 것이 학군입니다. 특히 명문 중·고등학교가 중요하며 더불어 학원가가 얼마나 형성되었느냐도 크게 좌우합니다. 강남으로 쏠리는 현상을 분석할 때도 항상 먼저 꼽는 것이 학군입니다.

4. 생활 환경

주변에 편의시설인 마트, 병원 등이 있는지도 중요합니다. 백화점을 슬리퍼 신고 갈 정도로 가깝게 있다는 의미로 '슬세권 프리미엄'이라는 말까지 생겨났습니다.

5. 자연 환경

선진국으로 진입할수록, 고령화가 심해질수록 건강이 중요시되고 가까운 곳에 자연이 필요합니다. 인공호수, 공원, 녹지 공간의 필요성이 앞으로 점점 높아질 수밖에 없는 이유입니다.

전 세계에서 가장 비싼 아파트가 있는 뉴욕의 맨해튼도 센트럴파크라는 대형 공원과 아름다운 허드슨강이 옆으로 흐르기 때문에 높은 가격을 형성하고 있는 것입니다. 우리나라 재개발 구역 3대장 역시 배산임수의 지형에 위치해 있습니다. 한남뉴타운은 옆으로 용산공원, 뒤로는 남산이 있고 앞으로 한강이 있습니다. 성수전략정비구역 역시 단지 옆에 서울숲공원이 있고 바로 앞에 한강조망권이 파노라마처럼 펼쳐집니다. 흑석뉴타운도 마찬가지로 뒤에 서달산과 국립현충원 공원이 있고 앞에는 한강공원이 연결됩니다.

대한민국 재개발·재건축의
축약판, 용산

용산에는 재개발의 황제 한남뉴타운이 있고 리모델링과 재건축을 앞두고 있는 전통부촌인 동부이촌동이 있습니다. 요즘은 제2의 두바이를 꿈꾸고 있는 용산국제업무지구가 조합설립인가를 받아 한창 화제를 모으고 있지요. 그리고 그 중앙에는 뉴욕 센트럴파크와 면적이 비슷해 한국판 센트럴파크라 불리는 용산민족공원이 들어설 예정입니다.

이렇게 모든 종류의 대규모 정비사업이 모여 있는 용산은 대한민국 재개발·재건축의 축약판으로 불립니다. 용산에 부동산을 살 수 있을지 없을지를 떠나서 대한민국에서 가장 화제가 되는 재개발·재건축, 리모델링 사례를 분석하고 싶다면 용산부터 분석하면 됩니다.

용산은 가장 많은 대형 호재가 집약된 곳으로, 아마 개발 호재만 얘기해도 하루 종일 걸릴 것입니다. 용산에 있는 정비구역이라면 용산에 밀려오고 있는 대형 호재들의 영향을 받을 수밖에 없습니다. 그래서 시야를 좀더 넓혀 용산 전체의 변화와 미래가치를 알아야 합니다. 제2의 강남이될 것이라는 용산, 왜 서울 부동산의 주인공이 되었는지 살펴볼까요?

용산 일대 주요 개발 사업 현황(출처: 네이버지도)

모든 교통이 지나는 곳

용산은 각종 지하철, 철도 등이 만나는 교통의 요지입니다. 현재 지하철 1, 4호선과 경의중앙선, KTX가 지나고 있고 앞으로 신분당선과 GTX-B선까지 지날 예정입니다. 신분당선 북부 연장은 신사역에서 끝나는 신분당선을 용산역까지 총 7.8㎞ 연장하는 사업으로 용산과 강남을 더욱 가깝게 이어줄 것입니다.

한국판 센트럴파크 '용산민족공원'

국방부 바로 옆에 들어설 이 거대한 공원은 기존의 미군기지가 평택으로 이전하게 되면서 남은 부지에 조성되는 국가 공원입니다. 부지 면적만 3,030,000㎡로 여의도공원보다 16배 이상 넓고, 미국의 뉴욕 센트럴파크와 비슷한 규모입니다. 서울 한복판에 센트럴파크급 공원이 생긴다니 용산의 호재 중의 호재라고 할 수 있습니다.

이 밖에도 효창공원, 전쟁기념관, 국립중앙박물관 등 자연과 문화생활 시설이 풍부하고 백화점, 이마트, CGV, 면세점까지 모두 이용할 수 있는 아이파크몰이 용산역에 있습니다.

'서울의 마지막 금싸라기 땅' 용산정비창 부지 개발

정비창 부지 개발 조감도. 용산국제업무지구에서 용산공원, 한강으로 뻗어나가는 방사형 녹지체계를 구축할 예정입니다. 추후 변경 가능합니다.(출처: 서울시)

용산은 지금 제2의 두바이를 꿈꾸고 있습니다. 용산정비창 부지(493,000㎡)는 여의도공원의 2배, 서울광장의 40배에 달하는, 서울에 남은 마지막 대규모 사업지입니다. 이렇게 넓은 서울 중앙의 금싸라기 땅이 오랫동안 텅 빈 나대지로 남아 있었던 것이 신기할 정도이지요.

가장 주목되는 부분은 용적률입니다. 서울시 최초의 입지규제최소구역으로 지정해 법적 상한 용적률 1,500%를 뛰어넘는 초고층 건물이 들어서도록 할 계획입니다. 용적률을 최대로 적용한다면 123층의 롯데월드타워보다 높은 빌딩이 들어설 수도 있습니다.

서울시 개발구상에 따르면, 용산정비창 일대는 글로벌 하이테크 기업이 모이는 '아시아의 실리콘밸리' 국제업무지구를 중심으로 일자리, 주거, 여가, 문화생활 등 모든 기능이 이루어지는 '직주 혼합' 도시로 조성될 예정입니다. 전체 부지의 70% 이상은 업무, 상업 등 비주거 용도로 채우고, 30%를 주거 용도(6,000가구 예상)로 채우겠다는 계획입니다.

용산정비창 부지 일대의 주요 재개발 사업장은 정비창전면1구역, 정비창전면3구역, 신용산역북측1구역, 신용산역북측2구역 이렇게 4곳입니다. 2023년 7월 용산정비창 부지를 용산국제업무지구로 개발하는 계획을 발표했고 4곳 모두 조합설립인가를 받았습니다. 서울시는 용산국제업무지구와 용산전자상가를 연계해 개발하는 계획도 발표해 그 규모는 더 커졌습니다.

이 밖에도 지하철 6호선 녹사평역 인근에 용산민족공원을 마주 보고 위치한 유엔사 부지에는 '더 파크사이드 서울'이 건설됩니다. 지하 7층, 지상 20층의 총 10개 동에 아파트 420세대와 오피스텔 723실, 로즈우드 호텔 등이 들어서며 2026년 완공을 목표로 하고 있습니다. 아파트 분양가가 역대 최고 수준인 평당 1억 2,000만 원으로 예상되어 벌써부터 주목을 받고 있습니다. 이 밖에 용산민족공원을 둘러싸고 있는 수송부 부지와 정보사 부지, 캠프킴 부지 개발도 그 자체로 대단한 호재입니다.

동부이촌동 재건축&리모델링

동부이촌동 개발 사업 현황(출처: 네이버지도)

용산에는 재개발·재건축 정비사업도 활발합니다. 용산공원 남측에는 동부이촌동 노후 아파트 재건축 사업이 활발히 진행 중인데요. 강남 부럽지 않은 용산의 대장주 아파트들은 동부이촌동의 노후 아파트들입니다. 한강이 훤히 내려다보이고 대표적인 서울의 부촌인 동부이촌동에 위치한 데다 재건축과 리모델링 호재를 업었기 때문이지요. 최근에는 재건축 예정지인 한강맨션이 68층으로 설계를 변경하면서 용산 한강변 스카이라인이 달라질 것이라는 기대로 관심을 모으고 있습니다. 변경안에 따르면 현재 이촌동에서 가장 높은 56층짜리 '래미안 첼리투스'보다 더 높아집니다. 서빙고동 신동아아파트도 2023년 3월 오세훈표 정비사업으로 불리는 '신속통합기획'에 선정됐는데 한강맨션과 마찬가지로 초고층 단지가 될 가능성이 높습니다.

동부이촌에는 리모델링을 앞두고 있는 단지들도 여럿 있습니다. 앞으로는 한강, 뒤로는 남산이 보이고 길 하나를 건너면 용산민족공원을 갈 수 있는 동부이촌동이 재건축과 리모델링으로 탈바꿈을 하면, 강남에 버금가거나 넘어설 수 있는, 탁월한 입지를 자랑하는 고급 아파트촌이 될 것입니다.

한남뉴타운

한남뉴타운 개발 현황(출처: 네이버지도)

서울 한강변 황금입지로 꼽히는 한남동 일대에 2~3층 높이의 노후 빌라들이 빼곡한 지역이 있습니다. 바로 재개발을 앞두고 있는 한남뉴타운입니다. 오른쪽으로는 연예인과 재벌가가 살고 있으며 100억 원이 넘는 시세로 사람들의 입에 자주 오르내리는 한남동·이태원동의 단독주택지역과 마주보고 있습니다. 왼쪽으로는 유엔사와 수송부가 개발을 앞두고 있지요. 한남뉴타운은 지금은 허름한 빌라 밀집 지역이지만, 재개발이 완료되면 한강뷰와 남산뷰라는 강점을 가진 최고급 주거지가 될 것입니다. 한남동, 보광동 일대에 총 5개 구역이 있는데 2017년 1구역이 해제된 후 4개 구역이 약 1만 2,000가구 규모로 뉴타운 사업을 추진 중입니다.

지금까지 용산의 교통과 문화시설, 자연, 그 자체로 호재인 용산국제업무지구와 재개발·재건축 지역들을 살펴보았습니다. 정비창 부지를 중심으로 용산국제업무지구가 개발되면 더욱 많은 '일자리'가 생길 것이고, 매머드급 호재인 용산민족공원이 들어서면 강남은 갖지 못한 한국판 센트럴파크라는 '자연환경'을 가지게 됩니다.

강남에 청담동이 있다면 용산에는 한남동이 있지요. 편리한 '상권'과 '생활환경'이 형성되어 있습니다. 무엇보다 유명 연예인부터 재벌 총수 일가 등이 사는 '유엔빌리지'를 비롯해 고급 주거지들이 형성되어 있다는 점도 용산의 강점입니다.

국제학교가 있긴 하지만 학군 면에서는 다소 아쉬운 면이 있습니다. 하지만 학군만 빼면 누가 뭐래도 나무랄 데가 없는 최고의 입지이죠. 고급 주거단지가 형성되면 그 일대에 학원가가 형성되면서 학군은 자연스럽게 좋아지게 되어 있습니다. 이렇게 각 입지 요건에 점수를 매겨 보면 왜 용산이 제2의 강남의 될 거라고 예견하는지 금방 알 수 있습니다. 관심이 가는 지역의 입지를 분석해 보세요. 제2의 강남, 제2의 용산이 될 곳은 어디일까요?

재개발·재건축 투자
무작정 따라하기

014

1기 신도시가 주목받는 이유

노태우 정부 시절에 추진한 '200만 가구 건설' 계획을 아시나요? 200만 가구라니, 실현 가능한 것인지 의심하는 사람도 많았지만 29만 2,000가구의 1기 신도시가 이 계획으로 뚝딱 생겨났습니다. 우리나라 최초의 신도시가 성남시 분당(9만 7,580호)·고양시 일산(6만 9,000호)·부천시 중동(4만 1,422호)·안양시 평촌(4만 2,047호)·군포시 산본(4만 2,500호)에 조성돼 총 117만 명이 거주하는 대단위 주거타운으로 탄생한 것입니다.

이렇게 한꺼번에 지은 아파트들이 이제 나이가 들어 재건축 연한을 채워가고 있습니다. '분당, 일산이 벌써 30년이나 됐다고?' 하는 생각도 들긴 하지만 1980년대 후반에 건설된 1기 신도시는 30년 즈음 되어 이제 신도시라고 부르기 무색합니다. 구도시가 되어버렸다고 하면 왠지 엄살인 것처럼 느껴지지만 노후배관이나 누수 등으로 골머리를 앓는 일들이 빈번하다고 합니다. 특히 1기 신도시 아파트단지 주차난은 어제오늘 일이 아닙니다. 1990년대 초 주차장 건설 기준은 세대당 0.5~0.8대였으니 현재 기준인 세대당 1.0~1.2대의 1/2밖에 되지 않았습니다. 요즘은 가구당 평균 자동차 등록대수가 1대를 넘어서지요. 당연히 1기 신도시 아파트 내 주차공간이 모자랄 수밖에 없습니다. 이러니 주민들의 새 아파트를 향한 열망이 높을 수밖에요.

그런데 1기 신도시 재건축에 뜨거운 관심을 모으는 계기가 생겼습니다. 바로 '1기 신도시 특별법'입니다. 부동산 시장을 떠들썩하게 한 1기 신도시 특별법은 무엇이고 어떤 점을 유의해야 할까요?

1기 신도시 특별법은 무엇일까?

윤석열 대통령이 후보시절 공약으로 '1기 신도시 특별법'을 내세워 재건축 연한인 30년을 막 넘긴 아파트와 이제 곧 30년이 되는 아파트들이 대부분인 1기 신도시 주민들과 투자자들의 기대감은 점점 높아져 갔습니다. 늙어가는 도시 5곳이 집중 조명을 받게 된 것이지요. 그러나 특별법의 추진 속도는 느리기만 했고, 뜨겁게 달아올랐던 열기는 '되긴 되는 거야?', '특별법 기다리다가 세월만 가는 거 아니야?' 하며 사그라들기 시작했습니다. 그러다 지난 2023년 2월 정부 발표 후 수개월째 국회서 표류하고 있던 '1기 신도시 특별법'이 '노후계획도시 특별법'으로 이름을 바꿔 2023년 6월 30일 국회에서 심의가 시작되었습니다. 또 다시 기대감은 커지게 되었지요.

많은 이들의 마음을 들었다 놓았다 하는 1기 신도시 특별법은 무엇일까요? 100만 명이 넘는 인구가 사는 1기 신도시는 재건축 연한이 비슷하게 도래하다 보니 정부의 큰 숙제가 아닐 수 없습니다. 조성한 지 30년이 된 계획도시를 정비한 사례는 세계 어디에도 없습니다. 2026년이면 모든 1기 신도시 아파트들이 재건축 연한을 모두 넘게 되는데 지금부터 서두른다 해도 단기간에 정비하는 것은 불가능합니다. 일단 30만 호가량 되는 규모를 정비하게 되면 당연히 대규모 이주 수요가 발생합니다. 전세가 폭등 사태가 생길 가능성이 크죠. 용적률을 파격적으로 높이지 않더라도 전부 새 아파트로 탈바꿈하면 세대수가 확 늘어날 텐데 그러면 서울 출퇴근길은 지옥이 될 수 있습니다. 인프라나 기반시설을 늘어나는 인구 수에 맞춰서 늘려야 하는데 뭐 하나 녹록한 사안이 없지요. 그래서 마스터플랜이 실제로 필요하긴 합니다. 워낙 대규모 정비사업이기 때문에 기준을 세워 체계적으로 정비하는 것이 가장 깔끔하고 효율적이겠지요.

어떤 내용을 담고 있을까?

가장 눈에 띄는 것은 아무래도 용적률입니다. '특별법으로 용적률을 최고 500%까지 높여 줄게!'라는 이야기가 나왔으니 관심이 높아질 수밖에 없습니다.

정부의 1기 신도시 계획도시 정비안은 큰 도로에 둘러싸인 아파트단지 여러 개를 통합하고 그 안에 있는 학교, 도로 등을 포함하는 블록을 지정해 개발하는 통합정비안입니다. 통합정비를 하는 블록, 즉 특별정비구역에서는 공공시설과 기반시설 위치를 바꿀 수 있고 아파트는 더 높게 재건축할 수 있습니다. 그 개발이익으로 여유 공간에 커뮤니티공간과 생활서비스 시설을 확보해 도시기능을 강화한다는 구상입니다. 이를 위해 특별법을 제정해 안전진단을 완화 또는 면제하고, 용적률을 최고 500%까지 높일 수 있게 한다는 안이 바로 '노후계획도시 특별법'의 핵심입니다. 신속통합심의로 속도를 몇 년 앞당기는 내용도 포함되어 있습니다.

국토부는 노후계획도시 특별법상 용적률 상한에 대해서 기존의 150% 이내에서 완화할 예정이라고 하였습니다. 이 이야기는 2종 일반주거의 법적상한 용적률이 250%라면 특별법을 통해 용적률을 최대 375%까지 높일 수 있다는 것입니다. 3종 일반주거지의 경우 300%에서 450%로 높일 수 있겠지요. 특별법은 용도지역을 여건에 따라 변경할 수 있도록 했기에, 2종 일반주거지역이 준주거지역으로 종상향된다면 용적률이 최대 500%까지 높아질 수도 있습니다.

노후계획도시 특별법 특별정비구역 개발 예시(출처: 국토교통부)

그런데 이 특별법이 몇 년째 안갯속이니 용적률을 높여주면 기부채납을 얼마만큼 해야 하는지 알 수 없습니다. 1기 신도시의 용적률은 170~200%입니다. 만약 용적률 인센티브를 받은 만큼의 70%를 기부채납하라고 하면 어떨까요? 개발이익을 많이 가져간 단지는 공공기여를 많이 해야 합니다. 용적률을 150% 더 높인다고 그만큼 이익을 가져오는 건 아닐 수도 있다는 이야기입니다.

재건축초과이익환수제도 중요한 사안입니다. 이 또한 어떻게 될지 모릅니다.

모두가 1기 신도시 특별법을 환영하는 건 아닙니다. 통합재건축은 규모가 큰 만큼 합의점을 찾는 데까지 시간이 소요되지요. 시간과의 싸움이 싫은 조합원들은 건축비가 오르고 있는데, 금융비까지 내가며 특별법을 기다려 통합재건축으로 진행하는 것이 달갑지 않을 수 있습니다. 예를 들어 준공사용승인일이 5~6년 차이 나는 단지와 통합재건축을 하게 되면 의견 합치가 쉽지 않겠지요.

잠깐만요

1기 신도시 특별법이 노후계획도시 특별법이 된 이유

국토교통부가 '1기 신도시 특별법'이 아닌 '노후계획도시 정비 및 지원에 관한 특별법'(이하 노후계획도시 특별법)으로 명칭을 바꾸었습니다. '노후계획도시'로 이름이 바뀐 이유는 뭘까요? 서울에도 노후 아파트가 넘쳐나는데 1기 신도시에만 특혜를 준다는 불만이나 지방 균형 발전에 역행한다는 비판을 고려해 범위를 넓힌 것인데요. '노후계획도시'는 택지조성사업 완료 이후 20년 이상 경과한 100만㎡ 이상의 택지 규모로 확대한 개념입니다. 보통 재건축 연한인 30년에서 20년 이상으로 기준을 변경해 도시 노후화 이전에 체계적인 계획수립과 대응이 가능토록 하겠다는 것인데요. 또한 택지지구를 분할 개발해 하나의 택지지구가 100만㎡에 미치지 못하더라도, 인접하거나 연접한 2개 이상 택지 면적의 합이 100만㎡ 이상이거나 동일한 생활권을 구성하는 연접 노후 구도심이어도 가능하다고 합니다. 이에 따라 전국의 택지지구 내 20년차 이상 아파트라면 이번 특별법을 적용하여 재건축 사업을 추진할 수 있습니다. 이 기준에 따르면 1기 신도시뿐 아니라 전국 49개 택지지구가 특별법을 적용받습니다. 서울에선 목동, 상계, 중계, 개포, 고덕, 신내, 수서지구 등이 적용 대상이 될 수 있겠습니다.

노후계획도시 특별법이 난항을 겪고 있는 이유

특별법 자체가 언제 국회를 통과할지 알 수 없으니 아직 확정된 게 아무 것도 없긴 합니다. 지지부진 시간은 가고 '정말 특별법으로 재건축이 될 수 있을까?'라는 의문을 갖는 사람들도 많습니다. 노후계획도시로 바뀌며 판도 커졌습니다. 안 그래도 1기 신도시 재건축의 쟁점이 너무나 많은데 더욱 조율해야 할 사항이 많아진 것이지요.

여기는 해주고 저기는 안 해줄 수 없으니 지역간 형평성 문제가 발목을 잡을 수도 있습니다. 용적률 인센티브를 전부 다 적용해줄 수는 없으니 일부 단지만 해주게 되면 나머지 단지들의 거센 반대가 있겠지요. 거의 같은 시기에 지어진 아파트들을 줄을 세워 순서대로 정비하게 되면 어디는 먼저 해주고 어디는 나중에 해주게 되니 이 또한 불만의 목소리가 커질 수 있습니다. 아예 '노후계획도시'에 포함되지 않은 곳들은 또 얼마나 억울하겠습니까?

분당신도시(출처: 성남시청)

게다가 1기 신도시 주민들은 재건축과 리모델링을 두고 계산기를 두드리고 있습니다. 특별법을 기다렸다가 재건축과 리모델링 중 더 좋은 것을 선택하려는 것이지요. 잘 추진되던 리모델링마저 진행이 느려지게 되었습니다.

도시를 깔끔하게 정비하기 위해서는 마스터플랜이 필요하긴 하지만 수요가 워낙 다양해 이를 모두 포괄하는 특별법이 빠르게 진행될지는 아직 알 수 없습니다.

장기전이 될 수 있다

먼저, 장기전이 될 수 있다는 생각을 해야 합니다. 특별법도 통과되어야 하고, 특별법의 적용을 받아 구역이 지정되고 아파트가 들어서기까지는 10년, 15년이 걸릴 수도 있습니다.

무엇보다 30만 호의 1기 신도시에서 이주자가 단기간에 몰려나오면 전세난으로 부동산 시장이 과열될 수밖에 없습니다. 정부는 부동산 시장에 영향을 주지 않는 선에서 순차적으로 정비사업을 허가하려고 할 것입니다. 이 이야기는 후순위로 밀린 단지들은 무한정 기다릴 수도 있다는 것입니다.

그래서 '선도지구'로 지정받기 위한 움직임이 발 빠릅니다. 특별법으로 우리 구역부터 더 빠른 속도로 한꺼번에 재건축을 하게 해달라는 것이지요. 1기 신도시 단지들은 어디든 재건축 선도지구로 지정되기를 원하므로 단지별 경쟁을 해야 합니다. 예를 들어 분당에서 통합재건축과 노후계획도시 특별법 등을 적용해 정비를 추진하겠다는 블록이 15곳입니다(2023년 상반기 기준). 특별법은 언제 통과될지도 모르는데 누가 가장 먼저 재건축에 들어가는 선도지구로 지정될지는 벌써부터 초미의 관심사입니다.

이러니 장기전이라는 사실을 납득하고 1기 신도시를 바라봐야 합니다. 단기간에 새 아파트에 입주하고 싶다면 적합하지 않지요. 1기 신도시가 인프라나 학군이 이미 잘 갖추어져 있는 건 맞습니다. 생활이 편리하니 내 집 마련을 하고 싶다면 거주하며 장기투자를 하고 싶은 분에게는 현실적인 방법이 될 수 있겠습니다.

재건축이냐? 리모델링이냐?

"특별법을 제정해 제도적으로 재건축 용적률 제한을 400~500%까지 높일 수 있게 해줄게요."라고 정부가 운을 띄우자 리모델링을 추진 중인 1기 신도시 단지들은 깜짝 놀랐습니다. 새 정부 들어서 재건축 안전진단이라는 관문을 통과하기도 쉬워졌는데 용적률을 500%까지 높여주는 특별법이 제정된다고 하니 '이제라도 재건축으로 바꿔야 되는 게 아닌가?', '우리만 용적률 인센티브 못 받고 소외되는 거 아니야?', '이대로 리모델링을 진행했다가 분담금이 많이 나오면 어쩌지?' 하는 마음이 드는 것도 이해가 됩니다. 리모델링은 세대수를 15%까지만 늘릴 수 있으니까요. 최근 특별법으로 1기 신도시 리모델링 세대수를 21%까지 늘리도록 규제를 완화할 것이라는 발표도 있긴 했지만 이 당근책은 효과가 없었습니다. '재건축은 세대수를 1.5~2배 늘리는 걸 목표로 하고 있는데 1.2배는 너무 미미한 것 아니야?'라는 불만들이 생겨난 것이지요. 그나마 법을 바꿔야 하는 문제라 21%도 가능한 것인지는 의문입니다.

문재인 정부 시절에는 안전진단 통과의 허들을 높여 재건축이 활성화되지 못했습니다. 안전진단만 통과해도 시세가 오를 정도였으니까요. 그에 비해 윤석열 정부는 재건축에 상당히 호의적입니다. 2023년 초 재건축 안전진단 기준을 완화한 이후 목동 신시가지의 단지 대부분이 재건축 안전진단을 줄줄이 통과했습니다. 1998년 서울 올림픽 당시 지어진 올림픽선수기자촌(5,540세대)과 올림픽훼미리타운(4,494세대)에 이어 아시아선수촌아파트(1,356가구)까지 서울 송파구 '올림픽 대단지 3인방' 모두 재건축 안전진단을 통과해 재건축 진행을 확정 지어 화제를 모았지요. 굵직한 대규모 노후 단지들이 안전진단을 통과하고 재건축 사업에 속도가 붙은 것입니다. 이렇게 더 이상 안전진단이 재건축을 가로막는 장애물이 아닌 상황이 되자, 리모델링을 추진하려던 곳들은 선택을 뒤로 미루게 되었습니다. 1기 신도시에서 2023년 6월 기준 리모델링 조합 개수는 평촌 9곳, 분당 9곳, 산본 7곳, 일산 2곳입니다. 분당과 평촌이 리모델링 추진 단지가 가장 많고 사업성도 좋은 편입니다.

그럼, 정말 실거주자, 투자자에게 재건축이 확실한 답일까요? 1기 신도시 재건축에 정부가 혜택을 확실히 주는 경우, 재건축의 수익성이 높다는 것은 두말할 필요가 없습니다. 용적률 인센티브를 차치하더라도 재건축은 깔끔하게 허물고 새로 지으니 리모델링보다 일반분양 물량을 많이 늘릴 수 있습니다. 그런데 500%까지 용적률 인센티브가 거론되고 있으니 사업성이 높을 수밖에 없습니다. 문제는 속도입니다. 만약 리모델링은 6년 만에 할 수 있고 재건축은 14년 걸린다면 어떤 선택을 하시겠습니까?

특히 1기 신도시 주민들 중에는 연세 드신 분들도 많은데 이분들 중에는 하루라도 빨리 쾌적한 새 아파트에 살기를 원하는 분들이 많겠지요. '나는 오래 기다리더라도 큰돈을 벌기를 원해.' 하는 분들도 있을 것입니다. 이런 분들은 재건축에 동의하실 겁니다.

리모델링을 앞두고 있는 분당 정자동 느티마을3·4단지   정자동 느티마을3·4단지 리모델링 조감도(출처: 성남시)

리모델링된 아파트를 본 적이 있으신가요? 뼈대만 남긴 채 모두 부수고 다시 지으니 아파트 외형부터 내부까지 눈에 보이는 모든 게 싹 바뀝니다. 평수도 이전에 비해 더 넓어집니다. 예를 들어 방 2개, 화장실 1개의 25평형 집을 리모델링하여 방 3개, 화장실 2개의 34평형 아파트로 탈바꿈시킬 수 있습니다. 땅을 파 지하주차장을 넣고, 조경도 새로 하지요. 하지만 전부 부수고 맨땅에 새로 짓는 재건축에 비해서 내력벽을 그대로 유지해야 하는 리모델링은 평면도가 요즘 트렌드에 맞게 나오지 않는다는 단점이 있습니다.

언제까지 기다릴지 모르는 재건축에 비해 리모델링은 현실적인 선택입니다. 재건축처럼 재건축초과이익환수제의 대상도 아니고, 임대주택 의무도 없습니다. 기부채납도 안 해도 됩니다. 조합원지위 양도 금지 대상도 아니지요. 속도도 빠를 수밖에 없습니다. 그냥 조합원들이 선택만 하면 척척 진행할 수 있다는 이야기입니다.

원래는 1기 신도시의 여러 단지가 리모델링 분위기로 가고 있었는데, 특별법을 제정하겠다고 하는 바람에 선택을 미루고 있는 단지들이 생겨나고 있습니다. 리모델링이 정책적으로 소외되어 있다는 인식이 점점 커지면 리모델링 조합들은 반발이 세질 것입니다. '수직증축을 더 높이 할 수 있도록 허용해 달라', '내력벽을 철거할 수 있도록 해달라' 등의 요구를 관철시키려는 목소리가 커질 수밖에 없겠지요.

제가 조합원으로 있는 분당 정자 느티마을4단지(1,149세대, 포스코건설)는 성남시 리모델링 시범단지로 지정된 후 순조롭게 리모델링 사업이 진행되어 이주를 마치고 철거에 들어갈 예정입니다(2023년 10월 기준). 입주 예상 시기는 2026년입니다. 저는 현재 28평 아파트를 소유하고 있지만 리모델링 후에는 34평 아파트를 갖게 됩니다.

[느티마을4단지 리모델링주택조합 공고 제2023-10회]

조합원 및 세입자 등 이주개시 공고

느티마을 4단지 리모델링주택조합은 조합원 및 세입자(임시거주자 포함)의 이주개시를 아래와 같이 공고하오니 조합원 여러분께서는 정해진 기간 내에 자질 없이 이주계획서 제출과 신탁등기 및 이주비 대출신청 등을 완료하시어 불이익을 받는 일이 없도록 적극 협조하여 주시기 바랍니다.

- 아 래 -

1. 이주 대상 : 당 사업구역 내 거주 중인 조합원 및 세입자 등 전원

2. 이주비 대출신청 대상 : 조합원에 한함

3. 이주계획서, 신탁등기, 이주비대출 신청 접수기간 :
   2023년 5월 2일(화) ~ 2023년 5월 11일(목) (10일간)
   [기간연장 불가]

4. 접수 장소 : 느티마을3,4단지아파트 관리사무소 2층
   ①이주계획서 ▶ ②법무법인 ▶ ③법무사 ▶ ④은행
   [반드시 순차적으로 접수, 이주비대출을 받지 않는 경우 ④은 제외]

5. 이주 기간 : 2023년 5월 26일(금) ~ 2023년 9월 27일(수) (약 4개월간)
   [기간연장 불가]

6. 참고 사항 : 이주계획서 및 신탁등기 접수기한 내 미접수 시에는 [신탁등기 이행 청구소송] 절차가 즉시 진행될 예정이며, 이주기간 내에 미이주 조합원 및 세입자는 미이주에 따른 [명도소송], [명도단행가처분] 등과 더불어 [손해배상책임] 등 불이익이 발생할 수 있으므로 이주 및 신탁등기에 적극적인 협조를 당부드립니다.

2023년 4월 18일

느티마을 4단지 리모델링주택조합
조합장 서 은 신

느티마을3·4단지 이주 개시 공고문

1기 신도시도 결국 입지다!

"특별법이 제정되면 용적률 500%를 받을 수 있어요!"

"여기 통합재건축이 이루어지면 이 일대가 전부 고급 새 아파트로 바뀔 거예요."

아직 무엇도 확정되지 않은 상황에서 이런 말들을 믿고 1기 신도시라고 하면 일단 좋은 투자처라고 생각해서는 안 됩니다. 1기 신도시 특별법 제정의 불확실성은 그 자체로 리스크입니다.

1기 신도시 특별법이 제정이 되든 안 되든, 용적률을 올려주든 주지 않든 입지가 좋고 사업성이 좋은 물건을 고르는 게 우선입니다. '특별법'이라는 것을 아예 떼고 봐도 투자 가치가 높은 곳을 골라야 합니다. 예를 들어 일자리가 많고, 강남과 가까운 분당은 가장 비싸고 학군도 좋습니다. 이런 곳은 오를 때 더 빨리 많이 오릅니다. 특별법이 꼭 아니더라도 새 아파트로 탈바꿈하면 눈부시게 업그레이드 될 곳입니다.

신도시 중에서도 고르고 고른 다음은 사업성을 높일 수 있는 요건들을 하나하나 따져봐야 합니다. 입지를 제외한다면 재건축은 철저하게 대지 지분과 용적률 게임입니다. 특히 서울이 아니라면 더욱 꼼꼼하게 따져보지 않으면 안 됩니다. 1기 신도시의 평균 용적률은 평촌 204%, 산본 205%, 분당 184%, 일산 169%입니다. 기존에 용적률이 낮았던 단지가 추가 상승 용적률의 범위가 커지기 때문에 사업성이 더 좋습니다. 쉽게 말해 엘리베이터가 없는 5층짜리 아파트 단지가 재건축 사업성이 제일 좋다는 이야기입니다. 대표적인 예로 강남의 개포주공아파트 재건축 단지들이 있습니다.

대지지분이 높고 용적률이 낮으며 소형 평수 비율이 높아 사업성이 좋은 곳은 사업이 빨리 진척될 수밖에 없습니다. 용적률 인센티브까지 받으면 금상첨화겠지요. 지금 말씀드린 조건의 재건축 아파트에 투자하면 실패할 확률이 굉장히 낮습니다.

재건축 완료 후 인구가 늘어나면 서울 출퇴근길이 지옥이 될 수도 있으니 지하철, GTX, 경전철의 유무도 매우 중요합니다.

아직 초기 단계이니 서두를 필요는 없습니다. 냉정하게 입지와 가치분석을 한 다음 리스크가 어느 정도 사라질 때 투자해도 늦지 않습니다. 서울의 속도가 빠르고 진행이 많이 된 재개발·재건축과도 비교해 보아야 합니다. 만약 노후계획도시 특별법이 통과된다면 서울의 목동, 상계, 중계, 개포, 고덕, 신내, 수서지구 등이 포함될 수 있습니다.

사전 조사 1 – 정비사업 정보몽땅

재개발·재건축 투자의 시작은 손품 활동!

부동산 투자를 할 때 현장에 직접 가서 지역과 물건에 대해 조사하는 것을 임장이라고 합니다. 임장은 투자 과정에서 아주 중요한 활동입니다. 임장을 꼼꼼하게 하면 투자에 실패할 확률이 줄어듭니다. 본격적으로 현장에 나가기 전에 정보를 얻는 과정도 중요한데요. 손품 활동(사전 임장)으로 사전조사 하는 방법을 살펴보겠습니다.

인터넷으로 알아볼 수 있는 정보는 미리 조사한 뒤 현장에 가는 것이 좋습니다. 대략적인 정보를 숙지하고 부동산중개소나 조합 사무실을 방문해야 시간 낭비 없이 필요한 사항을 빠르게 확인할 수 있고 현장에서만 얻을 수 있는 정보를 파악하기가 수월합니다.

정비사업은 해당 지자체의 승인을 전제로 하기 때문에 지자체 홈페이지나 지자체에서 운영하는 별도의 사이트를 통해 관련 정보를 제공하고 있습니다. 예를 들어 서울시는 정비사업 정보몽땅, 경기도는 경기도 홈페이지에서 확인합니다.

다음으로 네이버 검색창에 관심 있는 재개발 구역을 입력하면 해당 구역에서 중개소를 운영하는 공인중개사들의 블로그를 쉽게 발견할 수 있습니다. 해당 구역에 대해 자세하게 설명해 놓은 블로그 몇 개만 집중적으로 숙지해도 매물 현황, 가격 등 기본적인 정보를 알 수 있습니다.

이때 확인할 정보가 입지, 진행 상황, 개발 호재와 악재, 조합원 수, 전체 세대수, 구역별 프리미엄 시세, 매물 현황 및 시세, 인근 신축 시세 등입니다. 여기서 특히 중요하게 체크해야 할 부분은 입지와 전체 세대수 대비 조합원 수, 현 진행 단계와 향후 계획입니다.

재개발·재건축 투자에서 가장 중요한 세 가지는 입지, 사업성, 사업 속도입니다. 이 세 가지 조건이 훌륭하면 투자가치가 있다고 판단해도 됩니다. 따라서 교통, 직주 근접성, 학군 등의 요소가 포함된 입지를 꼼꼼히 조사해야 합니다.

또한 가장 쉽고 정확하게 사업성을 파악할 수 있는 전체 세대수 대비 조합원 수를 확인해야 합니다. 일반분양이 많아야 사업성이 높기 때문입니다. 그리고 현재 진행 단계를 확인하고 사업 속도를 예측할 수 있는 향후 계획을 파악하는 데 중점을 둬야 합니다.

그렇다면 정확한 정비구역 정보는 어디에서 확인할 수 있는지 하나씩 살펴볼까요?

정비사업 정보몽땅

관심이 가는 구역이 생기면 '이 구역은 어느 단계지?', '조합설립은 됐나?', '조합원은 몇 명일까?', '배치도나 조감도는 나왔나?' 등 그 구역에 대한 여러 가지 질문이 생기는데 여기저기 찾아볼 필요 없이 한꺼번에 해결할 수 있는 아주 고마운 사이트가 있습니다. 바로 서울시에서 직접 운영하는 정비사업 정보몽땅 홈페이지입니다. 서울시의 모든 재개발·재건축, 리모델링, 소규모 정비사업 등을 이곳에서 확인할 수 있습니다. 그래서 서울에서 진행되는 재개발·재건축 구역을 찾고 사전조사를 할 때는 정비사업 정보몽땅 홈페이지에서부터 시작하면 됩니다.

정보몽땅만 잘 살펴도 '이 구역은 조합설립인가가 2015년도에 났고 사업시행인가는 2017년도에 났으니 진행이 빠른 편이구나. 투기과열지구인데 사업시행인가가 2018년 1월 3일 이전에 났으니 거래가 가능하겠네? 평면도를 보니 45평이 포베이로 완벽하게 나오는구나.' 하고 사업 속도, 평면도 등 많은 정보를 파악할 수 있습니다. 이 밖에도 몇 세대로 지어지는지, 얼마나 지하철역에서 가까운지, 조감도는 어떻게 생겼는지 등 요긴한 정보가 풍성하니 자주 들어가 손에 익혀야겠지요? 단, 최신 업데이트가 빠르게 안 되는 경우가 있으니 이 부분은 감안해서 봐야 합니다.

잠깐만요

정보몽땅에서 조합원만 볼 수 있는 정보

정비사업 정보몽땅에서 일반인에게 공개되는 자료는 현재 진행 단계와 조감도 등 기본적인 정보입니다. '이 사람은 우리 조합원입니다.' 하고 해당 조합이 신청을 하여 서울시 정보몽땅에서 승인을 해주면 로그인하여 이사회회의록 등 조합원만 볼 수 있는 자세한 정보를 볼 수 있습니다. 조합원이 상단 메뉴의 정보공개를 클릭하면 해당 사업장이 뜹니다.

정보몽땅! 나에게 맞는 구역을 찾아줘!

정비사업 정보몽땅에서 여러 가지 방법으로 나에게 맞는 물건을 검색해 볼 수 있습니다. 화면 중간에 있는 검색창을 통해 서울시의 한 구를 선택해 정비구역을 검색할 수도 있고, 진행 단계를 선택해서 구역을 검색할 수도 있습니다. 예를 들어 원하는 지역의 구역을 사업시행인가, 관리처분인가 등 단계별로 검색할 수 있는데요. 동작구의 사업시행인가 단계에 있는 재개발 물건을 같이 한 번 찾아볼까요?

먼저 첫 화면의 지도에서 동작구를 클릭하고 사업시행인가를 선택한 다음 '검색' 버튼을 누릅니다.

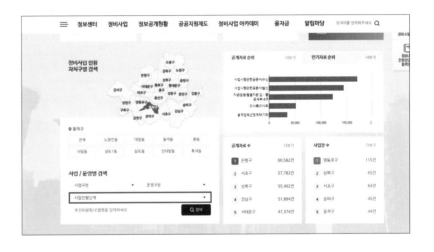

동작구의 노량진뉴타운에 있는 사업시행인가 단계의 구역을 확인할 수 있습니다. 위에 검색 요건을 필요한 만큼만 체크해 범위를 축소할 수도 있습니다. 각 조합의 오른쪽 사업장 버튼을 누르면 해당 조합의 사이트로 이동합니다.

사업장 페이지로 들어가면 '조합 안내' 메뉴로 들어가서 현장에 갈 때 참고할 조합의 위치와 연락처를 알 수 있습니다.

정보몽땅으로 물건 분석!

이번엔 정보몽땅에서 각 구역의 자세한 정보를 알아보겠습니다. 먼저 '사업 현황' 메뉴에서 사업개요와 위치도, 조감도, 배치도, 추진 경과 등을 살펴봅니다.

사업개요

조합 페이지로 들어가면 오른쪽 주요 추진경과 박스에서 그동안의 주요 경과를 확인할 수 있습니다. 노량진뉴타운 4구역은 2015년 조합설립인가를 받았고 2022년에 관리처분인가를 받았네요. 이렇게 개별 조합 페이지에는 주요 추진 내용의 날짜가 표시돼 있어 진행 단계별로 걸린 시간을 토대로 사업 속도가 빠른지 지연되는지를 파악할 수 있습니다.

상단 메뉴 '사업현황'에서 '사업개요'를 클릭하면 맨 처음으로 사업개요가 나옵니다.

사업개요를 보며 조합원 수와 분양하는 세대수를 파악합니다. 조합원 수 대비 일반분양 세대수가 많아야 사업성이 높습니다. 이것으로 사업성이 좋은 구역인지 아닌지 1차로 파악할 수 있습니다. 노량진4구역의 면적은 약 4만㎡이고 조합원 수와 토지등소유자 수는 417명이군요. 용도지역은 1종 일반주거지역과 2종 일반주거지역이 혼재되어 있네요.

토지이용계획을 보면 기반시설로 공원이 들어서는 것을 확인할 수 있습니다. 다음으로 건축 대지면적과 건축면적, 건폐율, 용적률, 최고높이, 층수가 보입니다. 지상 30층, 지하 5층의 단지가 지어지게 되는군요. 주택공급계획을 보면 총 11동 중 분양은 8동에 총 699세대이고, 임대는 3동에 145세대인 것을 알 수 있습니다.

위치도, 조감도 등

사업현황의 위치도로 들어가면 다음과 같이 구역의 위치와 범위를 확인할 수 있습니다.

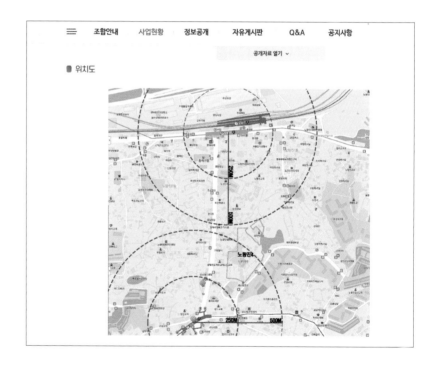

사업현황의 조감도를 클릭하면 다음처럼 조감도를 확인할 수 있습니다.

사업현황의 배치도로 들어가면 대지에 어떻게 건물이 배치되는지를 한눈에 확인할 수 있습니다.

사업현황의 추진경과로 들어가면 이 조합의 지나온 역사를 좀더 구체적으로 확인할 수 있습니다. 각 단계를 클릭하면 세부적인 일정이 보이는데요. 노량진4구역의 시공자는 2020년 9월에 현대건설로 정해졌고, 2022년 12월에 관리처분인가 고시가 이루어졌네요.

특히 '추진경과'에서 단계별 기간을 자세히 볼 필요가 있습니다. 해당 구역의 사업이 어느 단계에서 속도가 지연됐는지, 현재 단계에는 얼마나 머물러 있는지, 향후 남은 단계는 무엇인지 등을 파악해서 사업 속도와 진행 단계를 알 수 있기 때문입니다. 사업 속도 역시 해당 구역의 사업성을 판단하는 데 중요한 요소입니다.

자, 이제 노량진4구역에 대해 꽤 많은 정보를 알게 되었습니다. 다음과 같이 물건별로 이런 사항들을 요약하면 한눈에 보기 좋고 다른 물건과 비교하기가 편합니다.

- 구역명: 노량진4구역
- 대지 및 건물 면적: 31,541㎡ / 7,196㎡
- 조합원 수: 417명
- 총 분양 물량: 844세대
- 일반분양: 699세대
- 임대: 145세대
- 시공사: 현대건설
- 현재 단계: 관리처분인가(2022년 12월 22일)
- 건폐율: 23%
- 용적률: 247%
- 동/층: 11개동 / 지하 5층~지상 30층

잠깐만요

서울 외 지역의 정비구역 확인하는 방법

지자체 홈페이지나 지자체에서 운영하는 정비사업 시스템 홈페이지에서 현재 재개발이나 재건축을 추진하고 있는 구역을 확인할 수 있습니다.

- 경기도: 경기도청 홈페이지(www.gg.go.kr)
- 인천광역시: 인천광역시 추정분담금 정보시스템(renewal.incheon.go.kr)
- 부산광역시: 부산광역시 정비사업 통합홈페이지(dynamice.busan.go.kr)
- 대전광역시: 대전광역시 정비사업관리시스템(hreas.daejeon.go.kr)
- 대구광역시: 대구광역시 정비사업 추정분담금 정보시스템(hreas.daegu.go.kr)
- 울산광역시: 울산광역시 홈페이지(www.ulsan.go.kr)

무작정 따라하기

경기도의 정비구역 확인하기

경기도에서 진행되는 재개발·재건축 사업 정보는 '경기도 홈페이지'에서 확인할 수 있습니다. 분기별로 진행 상황이 엑셀 파일로 올라옵니다. 잘 정리된 엑셀 파일에서 관심을 두고 있는 구역과 지역을 검색하면 됩니다.

① 경기도청 홈페이지(www.gg.go.kr)의 상단 메뉴 '정보공개'에서 '사전정보공표'를 클릭합니다.

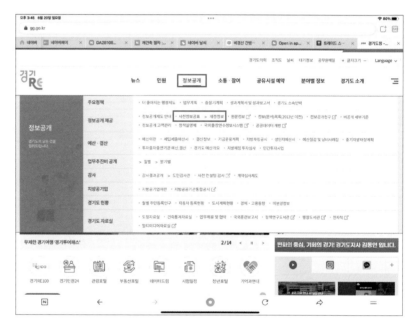

② '공표목록' 검색창에 '정비사업'을 검색한 다음 리스트 중 '도시정보사업 추친현황'을 클릭합니다.

③ 분기별로 업로드된 경기도 정비사업 추진 현황에서 가장 최근인 2023년 2분기를 클릭합니다.

④ 첨부파일의 엑셀파일을 다운로드합니다.

⑤ 엑셀파일을 열어 관심 있는 구역의 세부내역을 확인해보세요.

연번	시군	사업단계	사업유형	정비구역명	위치	구역면적 (㎡)	기존주택 준공연도	동수	계	~40㎡	40~60
				454개 구역		24,086,353		60,100	377,551	127,543	109,14
1	수원시	예정구역	재건축	염통 3구역(원천 주공)	영통구 원천동 35번지	48,248	1987	8	1,320		8
2	수원시	예정구역	재건축	파장1(삼익아파트)	장안구 파장동 212-5일원	10,737	1978	3	220		
3	수원시	예정구역	재건축	원천1(아주아파트)	영통구 원천동 71-1일원	10,494	1983	9	228		1
4	수원시	예정구역	재건축	우만1(우만주공1,2단지)	팔달구 우만동 28일원	82,433	1988	25	1,484		5
5	수원시	예정구역	재건축	망포1(청와아파트)	영통구 망포동 291일원	15,305	1988	21	353		2
6	수원시	예정구역	재건축	세류4(미영아파트)	권선구 세류동 1147일원	28,654	1999	11	600		2
7	수원시	예정구역	도시환경	팔달2B산(성매매집결지)	매산로1가 1일원	22,662			93		
8	수원시	예정구역	재건축	구운1(삼화아파트)	권선구 구운동 462일원	67,751	1991	15	1,680		3
9	수원시	조합설립	재개발	염통1구역	영통구 매탄동 173-50일원	52,200	1980-2011	157	907	45	3
10	수원시	관리처분	재개발	115-3	고등동 94-1일원	63,233		231	543	29	1
11	수원시	사업시행	재건축	권선 1구역(동남아파트)	권선구 서둔동 361	16,525	1987	8	380		
12	수원시	조합설립	재건축	권선 2구역(성일아파트)	권선구 서둔동 361-1	16,524	1987	7	370		
13	수원시	관리처분	재건축	염통 2구역(매탄주공 4,5단지)	영통구 매탄동 897	222,842	1985	65	2,440		1,1
14	수원시	사업시행	재건축	115-12구역	팔달구 인계동 319-6 일원	44,549	1983	12	1,185		4
15	수원시	사업시행	재건축	팔달 1구역(현대아파트)	영통구 우만동 129-1	58,773	1985	43	404		
16	수원시	관리처분	재개발	111-3	장안구 영화동 93-6일원	28,863	1942-2006	108	355	18	
17	수원시	착공	주거환경개선	113-7구역(평동지구)	권선구 평동 35-6 일원	153,215	1900-1980	363	916	916	
18	수원시	착공	재개발	115-10	팔달구 지동 349-1일원	83,207	1984-2005	369	1,018	51	3
19	수원시	관리처분	재개발	113-6	팔달구 세류동 817-72일원	126,336	1978-2005	494	1,378	69	4
20	수원시	착공	재개발	111-1	장안구 정자동 530-6일원	138,401	1950-2005	441	1,406	70	4
21	수원시	착공	재개발	115-9	팔달구 인계동 847-3일원	171,786	1978-2005	696	2,061	103	6

인천의 정비구역 확인하기

인천광역시 추정분담금 정보시스템(renewal.incheon.go.kr)은 자세한 구역별 정보를 담고 있지는 않지만, 인천의 모든 구역을 일목요연하게 정리해두어 한눈에 살펴볼 수 있습니다.

① 인천광역시 추정분담금 정보시스템에 접속해 첫 화면 '새소식'의 최신 인천광역시 도시정비사업 추진현황을 클릭합니다.

② 도시정비사업 추신현황 엑셀파일을 다운로드합니다.

③ 현재 추진 중인 정비사업 리스트와 사업 진행 단계를 확인할 수 있습니다.

④ 사업개요를 확인하고 싶다면 인천광역시 추정분담금 정보시스템 첫 페이지의 지도 검색에서 지역명을 클릭하세요. 미추홀구를 클릭해볼까요?

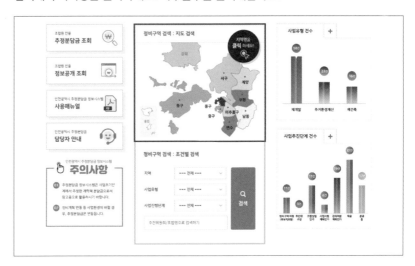

⑤ 미추홀구의 정비사업 리스트 중에서 관심 있는 구역의 사업개요를 클릭합니다.

⑥ 각 구역의 면적과 동수, 세대수 등을 확인할 수 있습니다.

사업개요	
구역명	학익1구역
위치	학익1동 220번지 일원(77,464)
구역면적(m²)	71,349.5
건축면적(㎡)	9,022.3
동수	14
세대수	1,581
건폐율(%)	16.06
용적율(%)	249.73
조감도	

사전 조사 2 - 포털사이트 활용하기

정보몽땅(또는 지자체 홈페이지)을 통해 관심 있는 정비구역에 대한 정보를 대략 알았다면, 이제는 더 자세한 정보를 포털사이트에서 조사해야 합니다. 포털사이트에 해당 구역의 지역명을 입력하면 블로그 등에 올라온 임장 후기, 투자 후기 등을 발견할 수 있습니다.

해당 구역의 공인중개사들이 운영하는 블로그에 들어가면 재개발·재건축 구역에 대한 설명뿐 아니라 매물 정보를 알 수 있습니다. 매물 정보에는 매물 유형, 매매가, 프리미엄, 감정평가액, 평형 배정, 실투자금 등이 나와 꽤 도움이 되는 정보가 많습니다. 여러 블로그에 들어가서 괜찮은 매물을 메모합니다. 부동산중개소 전화번호도 메모해 두고 전화 임장 시 활용합니다.

예를 들어 성수4지구를 검색하면 다음과 같이 여러 부동산중개소에서 올린 글들을 확인할 수 있습니다. 보유 매물이 많고 사업장 설명이 잘 되어 있는 공인중개사를 선별하여 방문 예약합니다.

재개발·재건축 관련 블로그 활용

손품 파는 법만 제대로 알아도 현장 임장이 두 배로 쉬워집니다. 구역이나 물건을 검색하다 보면 정보의 양이나 질이 아쉬울 때가 많은데요. 제가 자주 활용하는 관련 블로그를 소개합니다.

투미부동산컨설팅(blog.naver.com/core_tumi)

투미부동산의 블로그입니다. 서울 및 수도권의 재개발·재건축 구역에 대한 상세한 정보를 일목요연하게 정리해 놓았습니다. 투미TV 유튜브 영상은 재개발·재건축 구역에 대한 대략적인 공부를 하기에 좋습니다. 특히 김제경 소장의 친절한 안내와 해박한 지식은 투자자들에게 큰 도움을 줍니다.

하우징포스트(blog.naver.com/housingpost)

서울 및 수도권의 재개발·재건축 구역에 대해 상세한 정보를 잘 정리해둔 블로그입니다. 조감도, 추진절차, 구역 지도, 개발 호재, 사업 개요, 예상 분양가, 인근 시세 등을 보기에 편리합니다.

호두네부동산(blog.naver.com/mika6769)

서울 및 수도권의 재개발 구역 정보를 자세히 설명하고 있는 블로그입니다. 해당 구역에 대한 설명과 함께 실제로 필요한 투자금이나 현시점에서의 프리미엄 등을 알려주기 때문에 투자하는 데 많은 도움이 됩니다.

사전 전화 임장

현장으로 임장을 가기 전에 공인중개사 블로그에 나온 연락처를 이용해 전화 임장을 먼저 하면 시간을 단축할 수 있어 좀 더 효율적입니다.

"○○구역에 관심이 있어 방문하려고 하는데 현재 분위기는 어떤가요?"
"현재 거래 가능한 매물은 어떤 것들이 있을까요?"
"최근 프리미엄의 가격 흐름은 어떤가요?"
"재개발 물건이 매매되는 속도는 어떤가요?"
"투자금이 ○○ 정도인데 이 금액에 맞는 매물이 있나요?"
"○○일 ○○시쯤 방문해도 될까요?"

이처럼 전화를 해서 사전에 손품을 팔아 조사한 내용을 확인하고 현재 시장 분위기도 물어보는 것을 전화 임장이라고 합니다. 한 번 임장을 갈 때 최소한 세 군데 이상의 중개소는 방문한다고 마음먹고, 서너 군데 정도는 전화 임장을 하여 구체적인 방문 일정을 잡는 것이 좋습니다.

사전 예약은 중요합니다. 네이버 지도에서 보면 그 동네 부동산의 위치를 쉽게 파악할 수 있습니다. 최소 3곳 이상 시간차를 두고 예약합니다. 예를 들어 미리 동선을 따져보고 여기는 2시 반, 여기는 3시에 예약을 해놓습니다. 무턱대고 가면 공인중개사님이 매물을 보러 나갔을 수도 있고 지나가는 뜨내기 손님이라는 인식도 줄 수 있습니다. 뜨내기 손님에게는 대하는 태도도 다르고 급매물을 소개할 확률은 더더욱 적습니다.

조합 사무실에 방문할 때도 사전에 전화하고 가는 것이 좋습니다. 운영 시간과 위치를 미리 파악하고 조합 직원에게 문의 가능 시간을 전화로 알아봅니다. 인근 조합 사무실도 연계해서 방문하는 것이 좋습니다.

효율적인 임장 동선 짜기

효율적으로 현장조사를 하기 위해서는 우선 동선을 잘 짜야 합니다. 예를 들어 노량진뉴타운 임장 계획을 한 번 세워볼까요? 일단은 노량진뉴타운의 현재 진행 상황을 파악해야 합니다. 1~8구역별로 진행 상황, 세대수, 시공사 등을 미리 정리하고 파악해 둡니다. 그리고 방문할 중개소의 위치를 네이버 지도 등을 통해 파악하고 조합 사무실에도 전화해서 운영 시간과 위치 등을 문의합니다. 그리고 중개소와 조합의 거리, 지하철역이나 버스정류장과의 거리 등을 고려해 최적의 동선을 짭니다. 그렇지 않으면 현장에서 우왕좌왕하며 시간을 낭비할 수 있으니까요. 1~8구역의 현재 상태를 파악하기 위해 모든 구역을 지나게 동선을 짜고 도보로 이동할 수 있는 거리만큼 정비구역 방문을 계획합니다.

중간중간 맛집을 미리 검색해 두는 것도 좋습니다. 그 동네 맛집에서 체력도 보충하고 에너지도 충전하면 임장이 두 배로 즐거워집니다.

예를 들어 흑석뉴타운은 주변에 오래된 맛집이 많습니다. 특히 흑석시장 안의 할머니 두 분이 하시는 칼제비집, 수제돈까스집 등은 가성비도 좋고 맛있어 요즘에도 갈 때마다 꼭 들러서 먹곤 합니다.

해당 지역의 신축 아파트 시세 조사

현장으로 직접 가기 전에 꼭 해야 하는 것이 또 있습니다. 바로 시세 조사입니다. 재개발·재건축 투자는 미래가치를 현재가치로 미리 사는 것이기 때문에 미래의 새 아파트 가격을 예측할 수 있어야 합니다. 현재 형성돼 있는 인근 신축 아파트 시세를 기준으로 재개발·재건축 구역 물건이 새 아파트가 됐을 때의 수익이 얼마 정도일지 파악하는 과정입니다. 해당 지역의 신축 아파트 시세를 알아보려면 네이버 부동산(land.naver.com)과 호갱노노(hogangnono.com)를 동시에 활용하면 효율적입니다. 네이버 부동산은 현재 거래되는 매물의 가격을 파악하기 쉽고 호갱노노는 입주 시기, 세대수, 전세가율, 전세가와 매매가의 차액 등 여러 가지 조건으로 검색할 수 있습니다. 이 밖에도 아실, 리치고, 부동산 플래닛 등 다양한 사이트에서 시세를 파악할 수 있습니다.

시세는 연식이나 세대수, 역과의 거리 등을 감안해서 종합적으로 판단합니다. 특히 연식은 중요합니다. 평균적으로 부동산은 물가상승률과 연동해서 1년에 2.5% 정도 상승합니다. 만약 연식이 2년 정도 차이가 나면 5% 정도 차이가 난다고 유추해 볼 수 있습니다. 예를 들어 현재 시세가 10억 원이면 4년 후에는 10%가 오르게 되니 11억 원이 될 것이라고 예상할 수 있습니다.

인근에 신축이 없다면 입지가 비슷한 옆동네의 신축 시세를 참고하면 됩니다.

인근 신축 아파트의 시세 확인하는 법

재개발·재건축 구역 임장을 간다면 인근 신축의 시세를 미리 알아보아야 합니다. 이를 기준으로 사전에 수익률을 계산해 보고 기대치와 맞지 않으면 현장 임장은 가지 않아도 되니 현장 임장 전에 인근 신축 시세를 통해 수익을 꼭 파악하세요.
네이버 부동산에서 시세를 확인하는 법을 알아볼까요?

① 흑석9구역으로 임장을 갈 예정이라면 인근의 비슷한 신축 아파트로는 흑석7구역이 재개발되어 2019년 12월에 입주한 아크로리버하임을 꼽을 수 있습니다. 네이버 부동산에서 아크로리버하임을 검색해 '단지정보' 메뉴로 들어갑니다. 아크로리버하임은 1,073세대이고 DL이엔씨의 하이엔드 브랜드 아파트이지요. 흑석9구역은 1,536세대이고 현대건설의 하이엔드 브랜드인 디에이치를 달게 됩니다. 이 정도면 입지나 아파트 브랜드, 세대 등 여러 가지를 비교해 보았을 때 흑석9구역이 아크로리버하임보다 좋으면 좋았지 뒤쳐지는 부분이 없으니 적당한 비교 대상입니다.

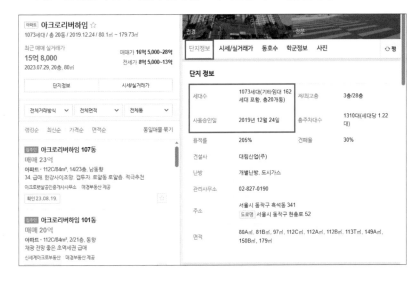

② '시세/실거래가'를 클릭하면 여러 면적과 타입이 뜹니다. 전용 84㎡의 시세를 알아볼까요? 네이버 부동산에는 공급면적으로 되어 있으니 112㎡의 시세들을 확인하면 됩니다. 112㎡는 A, B, C타입이 있는데 가장 거래가 많이 되는 타입을 확인하세요. 물건 하나가 실거래될 때마다 그래프에 빨간 점이 하나씩 찍히니 빨간 점이 많을수록 거래가 많이 되는 타입입니다. A타입이 가장 거래가 많이 되었네요. 우리는 가장 인기가 좋은 타입의 실거래가를 알아야 합니다.

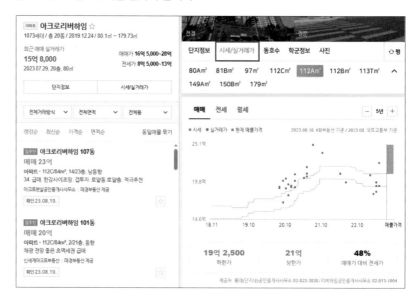

③ 그래프 아래 '매매 실거래가'를 보면 112A㎡(34평)는 최근 22억 5,000만 원, 19억 3,000만 원에 실거래된 것을 확인할 수 있습니다. 왼쪽에 '매매', '112A㎡'를 선택하면 매물들이 보이는데요. 23억 원, 25억 원에 매물이 나와 있습니다.

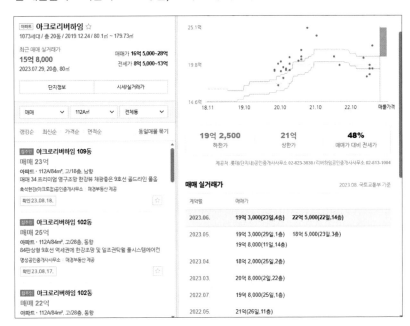

프로처럼 현장답사하는 법

이제 직접 발로 뛸 차례입니다. 제가 현장에서 경험하며 쌓은 현장 임장 노하우들을 정리해 보았습니다. 재개발·재건축 투자의 성패는 공인중개사 활용과 성실한 현장 임장에서 결정되니 임장 가기 전에는 꼭 다음 내용을 활용하세요.

해당 구역 방문

저는 임장 시 반드시 대중교통을 이용합니다. 먼저 지하철부터 단지 입구까지 도보로 얼마나 걸리는지 직접 걸어서 확인하기 위해서입니다. 도보 5분이라고 하는데 실제 걸으면 20분이나 걸리는 황당한 경우를 종종 겪게 되기 때문인데요. 특히 재개발 구역은 언덕인 경우가 많습니다. 인터넷 지도로 거리를 따져 보면 5분 거리인데 가파른 언덕인 경우 실제로 걸어보면 15분이 걸리는 데도 있습니다. 이런 것은 현장에서만 파악할 수 있는 정보이지요.

구역의 골목골목을 걸어 다니며 다세대주택이 많은지 단독주택이 많은지도 파악합니다. 구역 내에 가장 많은 유형의 주택을 소유한 이들의 의견이 조합에 반영될 확률이 높기 때문입니다.

종교시설이나 상가가 얼마나 있는지도 파악합니다. 종교시설은 대체시설이나 높은 이전비를 요구하는 경우가 많아 조합에서 어려움을 겪는 일이 잦습니다. 또한 상가는 감정평가를 할 때 권리금을 인정하지 않는데, 이로 인해 이주할 때 장애가 될 수 있습니다.

부동산중개소 방문

저는 현장에 한 번 갈 때 서너 군데 이상의 중개소를 방문합니다. 미리 전화 예약을 했던 곳은 물론이고, 구역을 걸어 다니다가 발견하는 토박이(로컬) 중개소에 반드시 들어갑니다. 겉모습이 허름해 보인다고 그냥 지나치면 안 됩니다. 해당 구역에서 오랫동안 영업해온 곳일수록 주민들과 유대관계가 돈독해 원조합원의 매물을 많이 보유하고 있을 가능성이 높으니까요. 일반 아파트 중개와 달리 정말 좋은 재개발·재건축 매물은 공동중개를 하지 않는 편이어서 되도록 여러 중개소를 방문해 매물을 비교하고 다양한 시각의 정보를 듣는 것이 좋습니다.

부동산중개소에 방문할 때는 지나가는 뜨내기 손님이 아니라는 이미지를 주는 것이 중요합니다. 실제 투자금이 있든 없든 '나는 살 사람이다'라는 이미지를 주어야 부동산중개소에서도 방문 전에 준비를 잘 해둡니다. 요령은 전화로 예약할 때 구체적인 수치를 주는 것입니다. 예를 들어 '투자금 5억 원이 있고 84㎡를 받을 수 있는 매물이면 좋겠다.' 등의 구체적인 조건을 제시하는 것이 좋습니다. 별것 아니지만 좋은 매물을 소개받을 수 있는 환경을 만들어줍니다.

부동산중개소에 가서 무엇을 물어볼까?

어렵게 부동산중개소에 직접 찾아가 "매매가 얼마예요?", "프리미엄 얼마예요?"라고 물어보고 나오는 분들도 있는데요. 이 정도는 그냥 전화하거나 인터넷으로 알아보면 됩니다. 현장까지 가는 이유는 현장에서만 얻을 수 있는 정보가 있기 때문입니다.

"최근에 사업 속도가 빠른가요? 느린가요?"

"이 구역의 특징이나 단점은 뭔가요?"

"조합에 내분은 없나요?"

"중개사님이 보시는 입주 시 84㎡의 가격은 얼마인가요?"

"무상지급품목은 뭔가요?"

"최근 2년간 프리미엄 가격 흐름은 어떤가요?"

"최근 프리미엄이 얼마에 거래됐나요?"

이처럼 그곳에서 오래 영업을 해온 부동산중개사를 통해서만 들을 수 있는 생생한 이야기를 들을 수 있도록 질문을 해야겠지요.

이제 막 재개발·재건축 투자에 관심을 갖게 된 투자자는 중개소에 들어가서 무엇을 물어봐야 하는지, 어떤 모습을 보여야 하는지 궁금할 것입니다. 우선 "해당 구역에 대해서 조사했는데 가진 투자금과 맞고 전망이 좋아 보여 방문했어요."라고 말하면서 자연스럽게 대화를 시작합니다. 그리고 현재 진행 단계, 재개발·재건축 사업에 대한 주민들의 호응 정도, 이주할 때까지 남은 예상 기간, 총세대수 대비 조합원 비율, 최근 프리미엄과 가격의 흐름, 매물 유형별 프리미엄 차이와 가격, 예상되는 조합원분양가, 일반분양가, 평형별 세대수, 조합원 혜택, 이주비 대출 조건, 인근 신축 시세, 입주 시 예상 가격 등 전체적인 정보를 차근차근 물어봅니다.

그다음으로는 현재 나와 있는 매물에 대한 정보를 듣고 각각의 매물을 비교하는 데 중점을 둡니다. 매물의 가격, 감정평가액 또는 예상 감정평가액과 그 근거, 임차 현황, 대출 가능 여부, 적정 임대가, 수리 상태, 예상 분담금, 분담금 납부 조건을 파악하려고 노력하고, 다른 물건과의 프리미엄, 초기 투자금 및 총투자금을 비교해봅니다.

관리처분계획총회 책자를 가지고 있는 곳이라면 더 좋습니다. 공인중개사가 조합원인 경우도 있고 조합을 통해 구해서 비치해 놓는 곳들이 있는데요. 관리처분계획총회 책자는 인터넷에서는 얻을 수 없는 자세한 정보들이 가득한 아주 중요한 책입니다. 찬찬히 살펴보고 꼭 사진으로 찍어두세요.

조합 사무실을 반드시 방문하라

해당 구역의 사업 진행 상황이나 향후 계획을 듣기 위해서는 조합 사무실에 방문해야 합니다. 공인중개사와 조합에서 말하는 정보가 다를 때도 있으니 둘 다 방문해서 크로스체크를 하는 것이 좋습니다. 조합 사무실에서 파악해야 할 정보는 예상 비례율, 사업 단계별 예상 달성 시기, 예상 일반분양가, 예상 조합원분양가, 비대위 활동 상황, 현재 진행 단계, 향후 일정 및 계획, 이주비 및 이사비 파악 등이 있습니다. 가능하면 조합 관계자(조합장, 조합이사)와의 면담을 통해 해당 사업 진행에 대한 의지를 파악하는 것도 좋습니다.

조합은 진행 속도나 이주시점 등을 보수적으로 말하는 경향이 있고, 중개사들은 재개발 매물 중개를 위해서 공격적으로 말하는 경향이 있기 때문에 양쪽의 의견을 종합해서 합리적으로 판단해야 합니다.

예를 들어 "이 구역은 언제 입주할 수 있을까요?"라고 물으면 부동산중개소에서는 "2024년에는 입주할 수 있지요."라고 하고 조합 사무실 직원에게 질문하면 "2026년 중순은 되어야 하지 않을까요?"라고 보수적으로 얘기할 수 있습니다. 부동산중개사는 빨리 입주할 수 있다고 얘기해야 매수를 유도하기 용이하니 좀더 빠르게 얘기하는 경향이 있습니다. 반면에 조합은 보수적으로 얘기합니다. 2025년 상반기에 입주할 수 있을 것 같아도 2025년 하반기라고 얘기하는 경향이 있습니다. 안내한 것보다 빨리 입주하면 조합원들이 고마워하지만 예상보다 늦게 입주하게 되면 조합원들의 불만이 터져나올 수 있으니 책임지지 못할 말은 하지 않으려는 것입니다.

그럼 우리는 누구의 말을 믿어야 할까요? 조합이 꼭 사실이라고 생각해도 안 되고 부동산중개소의 말을 사실로 받아들여도 안 됩니다. 양쪽 입장을 다 듣고 내가 중립적인 입장에서 판단하는 게 좋습니다.

임장보고서 작성 및 활용

| 임장 시 조사 항목 |

재개발·재건축 구역	재개발·재건축 물건
1. 개발 호재와 악재 2. 현재 진행 단계 3. 향후 사업 단계별 예상 달성 시기 4. 총세대수(조합원 세대수+일반분양 세대수+ 　임대주택수) 5. 예상 비례율 6. 평형별 예상 조합원분양가와 예상 일반분양가 7. 평형별 세대 평면도 8. 평형별 세대 구성 9. 서비스 제공 품목 10. 인근 신축 아파트 시세 11. 이주비 대출 조건 등	1. 매물 현황 2. 감정평가액(추정감정평가액) 3. 프리미엄 4. 프리미엄의 가격 흐름 5. 임차 현황 6. 대출 가능 여부 7. 초기 투자금 8. 총투자금 9. 추가분담금 10. 입주 시 예상 시세 등 11. (예상) 분양평형

사전 임장과 현장 임장을 통해서 조사해야 하는 항목을 정리한 것입니다. 해당 구역에 직접 가서 필요한 정보를 취합하고 시장의 흐름을 파악했다면 이제 임장보고서를 작성합니다. 조합에서 들었던 이야기와 여러 공인중개사가 준 정보를 나만의 자료로 바꾸는 것입니다.

투자 여부를 더 정확히 판단하기 위해서라도 임장보고서는 꼼꼼히 작성하는 것이 좋습니다. 현장에서 매물을 소개받았을 때는 A라는 매물이 더 매력적이었지만, 집에 와서 여러 매물을 놓고 투자금이나 레버리지 등을 비교해서 수치화하면 B라는 매물의 투자가치가 더 높은 경우도 많습니다. 형식에 맞게 빈칸을 채우면서 임장보고서를 작성하는 동안 해당 구역과 접했던 매물에 대한 생각을 정리할 수 있습니다.

제가 현장에 다니며 만들어 지금도 활용하고 있는 임장보고서 양식을 공유하니 임장 후 꼭 활용해보기 바랍니다.

임장보고서 양식

재개발·재건축 임장보고서	
	임장 일시: 년 월 일
	작성자:
1. 물건 개요	
재개발·재건축 구역명	
매물 구분	
주소(연식)	
대지 및 건물 면적	
공시지가(㎡당)	
매도계획	
2. 시세 분석	
매매가/감정가/프리미엄	
인근 신축 시세	
조합원분양가/일반분양가	
입주시 예상 시세(평형별)	
예상 배정평형	
임대보증금(전세/월세)	
대출/이주비 대출	
(예상)추가분담금	
기타비용(재건축초과이익환수 등)	
3. 구역분석	
현재 진행 단계	
향후 단계별 예상 달성 시기	
입주까지 예상 기간	
조합 방문 시 얻은 정보	
매물 현황	
프리미엄 흐름 및 현 시세	
예상비례율	
조합원비율	
총분양세대/ 일반/조합원분양세대 (평형별 세대구성)	
서비스 제공품목	
4. 호재 및 악재	
지역 호재	
지역 악재	
5. 종합평가	
구역평가	
물건평가	
투자가치평가	

임장보고서 예시

재개발·재건축 임장보고서

임장 일시: 2023년 5월 4일

작성자: 아이언키

1. 물건 개요	
재개발·재건축 구역명	○○2구역
매물 구분	빌라 / 연립주택 / 다가구주택 / 단독주택 / 상가주택 / 상가 / 도로 / 아파트
주소(연식)	
대지 및 건물 면적	
공시지가(㎡당)	
매도계획	조합설립 후 / 사업시행인가 후 / 이주 시 / 입주 시 / 입주 후 / 전세 2년 후

2. 시세 분석	
매매가/감정가/프리미엄	
인근 신축 시세	
조합원분양가/일반분양가	
입주시 예상 시세(평형별)	
예상 배정 평형	
임대보증금(전세/월세)	
대출/이주비 대출	
(예상)추가분담금	
기타비용(재건축초과이익환수 등)	

3. 구역분석	
현재 진행 단계	사업시행인가 전단계, 2020년 6월 예상(조합 의견)
향후 단계별 예상 달성 시기	2020년 6월 사업시행인가 2022년 하반기 관리처분인가 2023년 상반기 이주, 철거 2027년 상반기 입주 예상
입주까지 예상 기간	7년
조합 방문 시 얻은 정보	
·매물 현황	
프리미엄 흐름 및 현 시세	2년 전(조합설립 전): 2,000만 원 1년 전(조합설립 후): 4,000만 원 현재: 5,000만 원
예상비례율	
조합원비율	40%(총 1,000세대, 조합원 400세대)
총분양세대/ 일반/조합원분양세대 (평형별 세대구성)	총 1,000세대 = 일반분양 500세대 + 조합원분양 400세대 + 임대주택 100세대 총 1,000세대 = 84㎡ 500세대 + 74㎡ 200세대 + 59㎡ 300세대

서비스 제공품목	발코니 확장, 거실 시스템에어컨, 50인치 TV, 세탁기, 식기세척기
4. 호재 및 악재	
지역 호재	예) 노량진뉴타운 서부선 경전철, 노량진수산시장 현대화, 장승배기 종합행정타운
지역 악재	예) 문정동136재건축 분양가상한제 적용, 재건축초과이익환수제 적용 2025년 인근 송파동 입주물량 2,000세대 예정
5. 종합평가	
구역평가	
물건평가	
투자가치평가	초투(초기 투자비용) = 소유권이전등기할 때까지 필요한 자금 초투 = 매매가 – 레버리지(임대보증금, 대출금액) 총투(총투자비용) = 미래의 새 아파트를 구입하는 데 필요한 총비용 총투 = 매매가 + 추가분담금 = 조합원분양가 + 프리미엄 예상수익 = 입주 시 예상시세 – 총투 매도시기 = 어느 단계에 매도할지 결정 (예: 조합설립인가 후, 관리처분인가 후, 입주 시기, 입주 후 전세 2년 후) 투자기간 = 매도까지의 기간 투자수익률 = 초투 대비 수익률, 총투 대비 수익률 * 초투, 총투, 투자기간, 투자수익률 내용 포함

수익률을 올려주는
공인중개사 활용 전략

부동산중개소에 가면 조건을 제시하라

공인중개사가 일하는 가장 큰 목적은 중개수수료입니다. 중개수수료를
받으려면 일단 거래가 성사되어야 합니다. 따라서 중개소에 들어가는
순간부터 나올 때까지 '좋은 매물을 소개해 주면 언제든 바로 거래가 가
능하다'는 인상을 남기는 것이 중요합니다. 그래야 공인중개사도 급매
물이 나왔을 때 가장 먼저 연락하겠지요.

"좋은 물건 있어요?" 이것은 아무 의미 없는 질문입니다. "좋은 매물이
있으면 언제든지 투자할 수 있습니다."라는 말은 두루뭉술하지요. "현재
투자금이 1억 원이 있는데 다음 달에 아파트가 팔리면 3억 원까지 투자
할 수 있어요."라든지 "5,000만 원 전후로 전세를 끼고 살 수 있는 빌라
가 있을까요?", "임대가 잘 맞춰져 있는 월세 나오는 다가구주택이 있을
까요?", "1+1 물건을 받을 수 있는 감정평가액이 큰 매물이 있을까요?",
"준공되면 거주할 생각이에요. 34평을 배정받을 수 있는 매물로 추천해
주세요.", "최근 거래된 프리미엄 시세보다 많이 저렴한 매물 있으면 추
천해주세요." 등 구체적인 조건을 알리는 것이 중요합니다. 그래야 중개
사도 '이 사람은 정말 매수 의사가 있구나.'라고 생각하고 조건에 맞는
매물을 적극적으로 소개합니다.

저는 부동산중개소에 가면 종종 조건을 제시합니다. 예를 들어 첫 번째 임장을 했더니 프리미엄이 3억 원에 형성되어 있다는 것을 알았다면 두 번째 임장 갔을 때 "프리미엄 2억 5,000만 원에 나온 매물 있으면 바로 연락 주세요. 프리미엄 2억 미만인 매물 중개해 주시면 제가 수수료 2배 드릴게요."라고 제안을 합니다. 그러면 부동산중개소에서는 원조합원에게 "프리미엄 2억 원에 파세요."라고 권유할 수 있습니다. 그리고 이렇게 적극적으로 권유하면 꼭 파는 사람이 있게 마련입니다. 이런 조건을 제시하는 것만으로도 시세보다 5,000만 원 싼 물건을 얻을 수 있습니다. 수수료 2배를 준다고 하고 프리미엄이 1억 원이나 싼 물건을 사게 되면 수수료로 1,000만 원을 준다 해도 9,000만 원 이익입니다.

이렇게 공인중개사를 활용하는 방법만 잘 알고 있어도 좋은 물건을 찾는 일이 훨씬 쉬워집니다. 부동산중개소에 가면 물건을 찾기보다 조건을 제시해보세요.

저는 첫 번째 임장에서 생각이 잘 맞고 도움이 될 것으로 판단되는 중개사를 만나면 두 번째 방문할 때 빈손으로 가지 않고 반드시 음료수를 사서 갑니다. 작지만 성의를 표시할 때 돌아오는 정보와 매물의 질이 크게 달라지는 경험을 여러 번 했기 때문입니다.

능력 있는 공인중개사 찾는 법

재건축이나 재개발 공인중개사를 결정할 때 가장 중요하게 봐야 할 것은 원조합원과의 좋은 유대관계를 유지하고 있느냐입니다. 재개발이나 재건축 매물은 가격차가 큰 경우들이 있습니다. 여기는 프리미엄이 5,000만 원인데 저기는 1억 원인 경우도 비일비재하니까요. 그러다 보니 원조합원과 유대감을 잘 형성하고 있는 부동산중개사는 좋은 매물을 저렴한 가격에 공급할 수 있습니다. 이런 중개사에게 매물을 매입할 때 좋은 매물을 싸게 살 수 있는 확률이 높아지니 능력 있는 공인중개사를 찾는 일은 매우 중요합니다.

본인이 조합원이면서 중개하는 분들도 있습니다. 그 동네에서 오래 산 중개사분들이 많으니까요. 중개사무소 상가로 입주권을 받는 경우도 있고요. 이렇게 해당 구역의 조합원인 중개사라면 조합원 단톡방에서 나누는 고급 정보들까지 알고 있으니 훨씬 좋습니다. 정보몽땅 사이트의 조합원들만 볼 수 있는 회의록 정보 등 중요 내용까지 모두 알고 있을 테니까요. 조합원이면서 해당 구역의 매물을 중개하는 중개사들은 조합의 이사 등을 겸직하고 있을 수도 있습니다. 그럼 더욱 고급 정보를 얻을 수 있겠지요?

재개발·재건축 투자에서 투자자와 중개사의 관계는 투자를 성공으로 이끄는 아주 중요한 요건입니다. 능력 있는 중개사를 만나 나의 투자 상황에 맞는 도움을 받을 수 있는지 없는지에 따라 투자의 성패가 갈리기도 합니다. 저도 능력 있는 중개사에게 급매물을 소개받아 투자한 경험이 여러 차례 있습니다. 조합에서 대의원으로 활동하는 중개사에게 고급 정보를 얻기도 합니다. 재개발·재건축 물건의 임대관리를 맡아서 해주는 중개사도 있습니다. 중개사와 서로 발전할 수 있는 관계를 맺는 것이 이렇게 많은 것을 좌우합니다. 그래서 임장을 할 때 가장 신경 써야 하는 부분 중 하나가 현장에서 좋은 중개사를 찾는 것입니다. 최종적으로는 중개사를 내 편으로 만들고 중개사가 가진 좋은 매물과 정보를 투자로 연결해야 합니다.

정비구역을 다니다 보면 여러 유형의 중개사를 만날 수 있습니다. 중개사의 유형별 장단점과 유의점을 알아볼까요?

SNS 활동에 특화된 공인중개사

해당 구역의 정보를 발 빠르게 블로그에 올리는 중개사는 이웃 신청을
하여 주기적으로 업데이트되는 정보를 얻으세요.

조합과 관련 있거나 대의원 등 조합 활동을 병행하는 공인중개사

이런 중개사에게서는 조합의 최신 소식을 들을 수 있습니다. 이 정보를
통해 사업의 진행 상황을 빠르게 알고 대응할 수 있죠. 중개소에 주기적
으로 방문하거나 종종 전화해 관계를 꾸준히 유지하는 것이 좋습니다.

원주민들과 유대관계가 돈독한 토박이 공인중개사

중개소는 오래돼 허름해 보여도 토박이 중개사로부터 의외의 급매물을
소개받는 경우가 많습니다. 이런 중개사와 돈독한 유대관계를 맺고, 급
매물이 나오면 바로 사겠다는 의사 표시를 확실하게 해둡니다.

적극적으로 투자를 권유하는 공인중개사

"내 말 듣고 이 매물을 사면 돈 번다."라고 호언장담하는 유형의 중개사
는 투자 경험도 있고 다양한 매물을 보유하고 있을 때가 많습니다. 이때
는 중개사의 다양한 매물을 안내받고 이를 비교하는 쪽으로 활용하세
요. 단, 적극적으로 투자를 권유한다고 비교나 분석도 하지 않은 채 중개
사의 말만 믿고 섣불리 투자해서는 안 됩니다.

해당 구역의 사업에 이해도가 떨어지는 공인중개사

가끔 '어떻게 나보다 더 모를 수 있지?'라는 생각이 들 만큼 해당 구역에
대한 관심과 이해가 부족한 중개사도 있습니다. 이런 중개사를 만나면
정중히 인사하고 바로 다음 부동산중개소로 발길을 돌려야 합니다. 굳
이 시간을 낭비할 필요가 없겠지요.

공인중개사 활용 팁

- 능력 있는 공인중개사를 찾아 내 편으로 만들라.
- 공인중개사에게 질문할 때는 구체적인 조건을 말하라.
- 얼마의 투자금이 있는지 알리고, 조건이 맞으면 바로 매수하겠다는 의사를 적극적으로 표현하라.
- 능력 있고 매물도 많이 보유한 공인중개사를 알게 됐다면 두 번째 방문할 때 음료수라도 들고 가서 좋은 관계를 유지하라. 정보와 매물의 질이 달라진다.

재개발·재건축 투자 무작정 따라하기

사업 단계별
매수·매도 포인트

매수 후 3개월 만에 프리미엄이 5,000만 원 오르다

조합설립인가 매수 포인트를 더욱 쉽게 이해할 수 있도록 제가 영등포 1-12구역 재개발 구역을 매수했을 때의 이야기를 해보려고 합니다. 당시 영등포1-12구역의 상황은 추진위원회가 설립되었고 조합설립이 되기 직전이었습니다. 75% 동의를 이미 받았고 조합설립총회를 앞두고 있었지요. 마침 아주 좋은 매물을 찾았고 조합설립총회 전날에 계약했습니다.

사실 이 물건은 이후 조합장이 된 영등포1-12구역 추진위원장님에게 소개받은 물건이었습니다. 막걸리 몇 번 사드린 덕에 얻게 된 좋은 기회였지요. 추진위원장 중에는 조기축구회나 상가번영회 회원, 회장 등 그 동네에서 오래 산 유지들이 많습니다. 인맥도 좋고 평판도 좋은 분들이지요. 그래서 그 구역의 할머니, 할아버지들이 부동산에 안 내놓고 "우리 집 좀 팔아줘."라고 부탁하는 경우도 종종 있습니다.

잔금을 안 치렀으니 조합원은 아니었지만 저는 총회에 참석하고 싶었습니다. 추진위원장님에게 "이 물건 샀는데 내일 총회에 참석해도 돼요?"라고 여쭤보았는데 다행히 허락해 주셔서 참석하게 되었고 그 자리가 아니면 들을 수 없는 고급 정보를 얻게 되었습니다.

계약을 하고 석 달 후 잔금을 치렀는데 잔금 치르기 한 달 전에 이미 조합설립인가가 나서 프리미엄이 5,000만 원 올랐습니다. 불과 석 달 만에 일어난 일입니다.

조합설립총회는 총회 개최일 2주 전에 조합원들에게 우편으로 통보를 합니다. 요즘은 네이버밴드나 인터넷카페로 미리 알려주고 문자로도 보내줍니다. 임장하다가 곧 조합설립총회를 한다는 정보를 듣고 그 구역에 투자한다면 계약일로부터 2~3개월 후에 잔금을 치르니까 잔금 치르는 시점에는 이미 인가가 나는 경우가 대부분입니다.

이런 때가 바로 매수 타이밍입니다. "여기 건축심의 통과했어요."라는 정보를 얻으면 사업시행인가를 앞두고 있다는 이야기입니다. 이때도 조합 등에 사업시행인가 예정일을 잘 알아보고 사업시행인가 직전에 계약한 후 사업시행인가 나고 잔금을 치르면 좋습니다.

대체 언제 사고
언제 팔아야 하나요?

재개발·재건축 단계마다 숨어 있는 핵심 매수·매도 포인트를 알면 내 상황에 맞는 최적의 투자 타이밍을 찾을 수 있습니다. 재개발·재건축 투자에 관한 가장 큰 편견이 투자 기간이 길다는 것인데, 사업이 진행되는 단계에 따라 매수·매도 타이밍을 잘 활용하면 단기투자도 가능합니다. 초기에 투자해서 장기간 보유하며 입주 때까지 기다릴지, 상승분에 대한 차익을 실현하고 팔아서 입지가 더 좋은 지역에 다시 투자할지는 온전히 투자자 본인의 선택에 달려 있습니다.

잘 알다시피 기대수익과 리스크는 비례합니다. 감당해야 할 리스트가 클수록 기대수익도 커지지요. 리스크가 적은 안전한 물건은 그만큼 기대수익도 상대적으로 작아집니다. '나는 기다릴 수 있어. 좀 오래 걸리더라도 적은 돈을 투자해서 큰돈을 벌고 싶어.'라는 생각으로 언제 조합설립인가가 날지 알 수 없는 불투명한 시점에 덥석 투자하는 것은 정비사업의 전체 과정과 각각의 단계를 이해하지 못해서인 경우가 많습니다. 기본 중의 기본이라 할 만한 단계별 투자 포인트조차 공부하지 않고 투자를 한다는 것은 내 소중한 자산을 위험한 상황에 휙 던져놓는 것과 같습니다. 투자 경험이 많은 사람이나 전문가들은 단기간에 수익을 낼 수 있고 안전마진이 확실한 물건에 투자해 자산을 지키는 투자를 합니다. 모든 투자에서 가장 중요한 것은 '잃지 않는 투자'입니다. 목돈이 장기간

묶이기라도 하면 그 기회비용은 너무나 크고 문제라도 생기면 다시는 투자를 하지 않겠다는 결심까지 하게 됩니다.

참을성 있게 지켜봐야 할 시기, 빠르게 집중해서 움직여야 할 시기만 알아도 투자가 2배로 쉬워집니다. 여기서 소개하는 몇 가지 단계별 매수·매도 타이밍을 잡는 요령을 잘 익히고 활용하면 평생 재개발·재건축 투자에 두고두고 도움이 될 것입니다.

'종전자산평가'를 기준으로 나뉘는 초기 투자와 안전 투자

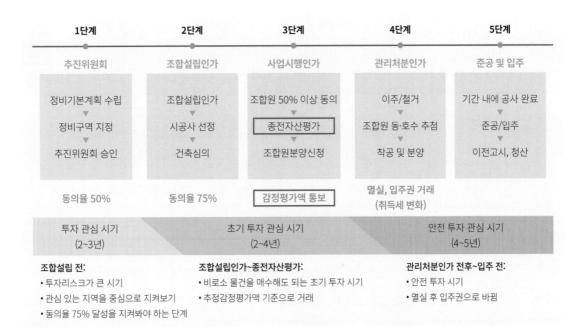

결론부터 먼저 이야기하면, 매수 포인트의 기준이 되는 지점은 종전자산평가입니다. 앞서 사업시행인가 이후에 종전자산평가를 한다고 배웠

습니다. 종전자산평가를 해야만 조합원들이 가진 부동산의 감정평가액을 알 수 있고 이 감정평가액을 알아야만 권리가액, 분담금 등의 계산을 할 수 있기 때문에 종전자산평가 이후부터는 '계산이 서는' 투자를 할 수 있습니다. 터무니없이 높은 프리미엄을 주고 비싸게 물건을 살 위험이 사라지는 것입니다. 그래서 투자도 훨씬 쉬워집니다.

따라서 종전자산평가가 이루어졌는지 여부를 기준으로 '초기 투자'와 '안전 투자'로 나눠보겠습니다. 지금부터는 조합설립 전후부터 사업시행인가까지를 초기 투자로, 종전자산평가 이후, 특히 조합원분양가와 비례율 등이 더욱 명확해지는 관리처분인가 이후의 투자를 안전 투자로 나눠 설명할 것입니다.

황토색으로 표시한 부분이 안전 투자 관심시기입니다. 종전자산평가 이후에 화살표를 사선으로 자른 이유는 무엇일까요? 당연히 투자자는 기대수익은 크지만 리스크는 최대한 없는 물건을 매수하고 싶습니다. 저는 기대수익과 리스크의 적당한 접점이 만들어지는 시기가 종전자산평가 이후라고 생각합니다. 감정평가가 이루어지고 분담금과 프리미엄이 정해지니 추정감정평가를 안 해도 되기 때문입니다. 비싸게 살 수도 있는 가능성, 가장 큰 리스크가 없어지는 것이지요. 복잡하게 추정 감정평가액을 계산하고, 따지고 할 필요 없이 인근 신축 시세를 기준으로 안전마진이 얼마인지만 따져보면 되니 초보자도 큰 어려움 없이 투자할 수 있는 단계이기도 합니다.

1단계에서는 관심만 갖고 지켜봅니다. 실제 투자는 적어도 2단계부터 하는 게 좋습니다. 초기에 투자하고 싶으면 2~3단계, 안전하게 투자하고 싶다면 3단계 후반, 또는 4~5단계에서 투자하면 됩니다. 이것은 투자자의 선택입니다.

프리미엄을 결정짓는 감정평가와 평형신청

감정평가로 얼마를 내야 새 아파트를 받는지 계산이 서는 단계로 들어선 상태에서 평형까지 결정되면 투자는 본격적인 안정기로 들어섭니다. 그래서 감정평가와 평형신청을 중심에 두고 프리미엄의 단계별 흐름을 나누어서 살펴보면 큰 흐름에서 매수·매도 포인트를 좀 더 쉽게 이해할 수 있습니다. 거의 정확한 프리미엄을 계산할 수 있는 '감정평가 통보', 평형을 정확히 알 수 있는 '조합원분양신청' 전후로 프리미엄의 흐름이 달라지기 때문입니다.

감정평가 전

감정평가 전에는 프리미엄을 추정해야 합니다. 아파트, 빌라는 공동주택 가격으로, 단독주택은 공시지가와 건물연한으로 추정하여 판단합니다.

감정평가 후~평형신청 전

종전자산평가 이후에는 감정평가액을 기준으로 거래됩니다. 언뜻 생각하기에는 감정평가액이 큰 매물일수록 선호도가 높을 것 같지만, 실제로는 실투자금이 적은 매물에 수요가 몰려 감정평가액이 높은 매물보다 감정평가액이 낮은 매물의 프리미엄이 더 비싸게 형성됩니다. 실투자금 2억 원이면 살 수 있는 10평의 빌라 물건과 실투자금 5억 원이 있어야 살 수 있는 단독주택이 있다면, 5억 원보다는 2억 원이 있는 사람들이 많을 테니, 2억 원의 빌라 물건을 찾는 사람도 많은 것이지요. 물론 감정평가액이 낮은 매물이 무조건 좋은 것은 아닙니다. 감정평가액이 낮은 매물은 이주비 대출 후에 실투자금이 늘어날 수 있고 원하는 평수를 배정받지 못할 수도 있습니다.

평형신청 후~일반분양 전

이때부터 시장에서는 신청한 평형과 타입 기준으로 거래가 됩니다. 조합원분양가와 예상되는 일반분양가의 차이를 기준으로 프리미엄이 형성되는 시기이지요. 최근 대형 평형의 희소성으로 일반적으로 대형 평형일수록 프리미엄이 높게 형성됩니다. 지역마다 다르겠지만 49㎡, 59㎡, 74㎡, 84㎡, 110㎡ 등 각 평형이 한 단계 올라갈수록 프리미엄이 억 단위로 차이가 나기도 합니다.

한 장으로 보는 재개발·재건축 투자 흐름표

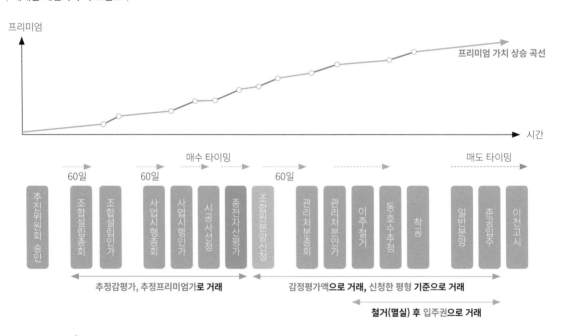

| 재개발·재건축 투자 흐름표 |

이 도표를 이해하면, 언제가 집중 매수 타이밍이고 언제가 매도 타이밍인지 한눈에 보일 겁니다. 프리미엄 가치 상승 곡선은 사업이 끝날 때까

지 꾸준히 우상향합니다. 그런데 자세히 보면 주요 포인트에서 프리미엄이 급상승하는 것을 볼 수 있습니다. 빨간색 라인의 왼쪽 동그라미는 조합설립인가, 사업시행인가 등 중요한 리스크가 하나씩 사라지는 중요한 순간들입니다. 파는 사람은 빨간 라인의 오른쪽 동그라미, 사는 사람은 왼쪽 동그라미 시점에서 사는 것이 유리하겠지요. 즉, 빨간색 선 왼쪽은 매수 타이밍, 오른쪽은 매도 타이밍입니다. 예를 들어 조합설립인가 직전, 사업시행인가 직전에 매수하면 리스크가 사라지기 직전이므로 단기간에 프리미엄 상승분을 기대할 수 있습니다.

매도자는 단기투자라면 조합설립인가 후나 사업시행인가 후, 관리처분인가 후 등 다음 단계로 진입하여 수요자들이 몰릴 때 파는 것이 좋겠지요. 그러나 역시 가장 큰 수익을 내는 방법은 입주 때까지 가져가는 것입니다. 따라서 핵심 매도 시기는 주로 일반분양 이후로 살펴보도록 하겠습니다.

조합설립인가

매수 포인트, 조합설립인가 직전

조합설립인가 직전은 '이제 이 사업은 진행된다!'라고 인지하게 되는 시점입니다. 동의율 75%라는 높은 허들을 뛰어넘고 투자자들이 본격적으로 주목하는 시기로 들어선 것이지요. 그래서 조합설립총회 직전부터 조합설립인가일 사이 60일은 황금 매수 타이밍입니다. 초기 투자를 하려는 투자자의 첫 번째 매수 포인트이기도 합니다.

추진위원회가 결성되고 토지등소유자의 동의율이 75%를 넘어야 조합을 설립할 수 있는데, 75%라는 숫자는 절대 만만하지 않습니다. 재개발 구역으로 지정된 후에도 동의율이 75%에 못 미쳐 사업이 몇 년씩 표류하고 있는 곳도 많습니다.

그래서 조합설립인가 전후에 매수할 때 가장 주의해야 할 점이 주민동의율입니다. 동의율이 75% 이상이 될지, 75% 이상이라면 정확히 몇 퍼센트인지 확인해야 합니다. 75%를 겨우 넘은 사업장보다 여유 있게 넘은 사업장이 향후 사업 진행 속도에 더 탄력을 받을 수 있으니까요.

그렇다면 동의율은 어떻게 알 수 있을까요? 추진위원회 사무실에 문의하면 알 수 있습니다. 추진위원회에서는 조합원과 비조합원을 포함해 사람들의 관심을 얻는 것이 중요하기 때문에 방문하면 대부분 친절하게 설명해 주니 두려워 말고 문을 두드리세요. 구체적인 수치도 참고해야 하지만 추진위원회 사무실을 방문해 추진위원장이나 직원들의 태도와 사업에 대한 의지 등을 파악하는 것도 중요합니다. 주변 부동산중개소 서너 군데에 가서 공인중개사들의 의견을 들어보는 것도 필요합니다. 인근에서 오랫동안 중개업을 해온 토박이 공인중개사들은 주민들과 유대관계가 좋고 인맥이 넓어서 주민들의 기대나 적극성을 잘 대변하기도 합니다.

이렇게 수집한 자료를 근거로 조합이 무난하게 설립되겠다고 판단되면 주민동의율이 75% 이상 되어 조합이 설립되기 직전에 매수하는 것도 좋은 기회가 될 수 있습니다.

입지가 좋고 빠른 진행이 예상되는 구역이라면 이 단계에서 진입하는 것이 좋습니다. 입지가 좋은 구역일수록 초기 프리미엄이 비싸긴 하지만 초기 투자 시기를 놓치면 다시 살 기회를 잡기가 쉽지 않습니다.

매도 포인트. 시공사 선정

이촌현대아파트(현대맨숀) 리모델링 사업에 선정된 롯데건설의 르엘 이촌 입찰참여제안서

시공사가 선정되는 시점도 프리미엄이 오르는 때입니다. '아, 여기는 ○○아파트가 되겠구나!', '여기 ○○○아파트가 들어선다고?' 이렇게

머릿속에 이미지가 그려지면 수요가 확 늘어납니다. 좋은 시공사일수록 프리미엄의 크기가 커지는 것은 당연하겠지요.

시공사가 선정되고 난 직후는 단기투자자들에게 첫 번째 매도 타이밍이 될 수 있습니다. 시공사 선정은 단연 홍보 효과가 큰 이벤트이니까요. 시공사 선정 시에 건설사들은 본인들만의 특화 설계를 내세운 멋들어진 설계도와 조감도 등을 담은 홍보 책자를 조합원들에게 돌리고 이는 각종 언론과 온라인 커뮤니티 등에 뿌려지면서 관심이 집중됩니다.

삼성물산(래미안), 현대건설(힐스테이트), DL이엔씨(e편한세상), 포스코건설(더샵), 지에스건설(자이)과 같은 '1군 건설사'가 각축전을 벌인다면 그 구역의 사업성은 검증된 것이나 마찬가지입니다. 최고의 전문인력이 철저하게 사업성을 검증하고 적극적으로 뛰어든다는 것은 사업성이 좋다는 가장 확실한 증거입니다. 이렇게 시공사 선정이 마무리되면 해당 구역의 홍보 효과는 최대치가 되어 매수자들이 몰리게 됩니다. 이때가 좋은 가격에 매도할 타이밍이 될 수 있습니다.

단, 투기과열지구, 즉 강남3구와 용산구의 재건축 물건이라면 조합설립 이후부터 새 아파트 준공까지 조합원지위 양도가 금지되니 유의해야 합니다. 물론 예외사항에 해당되면 거래가 가능하기도 합니다(예외사항은 추후에 자세히 설명하겠습니다.).

화가들의 출몰?

서울시가 신속통합기획을 처음 발표했을 때 오세훈 시장이 가장 먼저 방문한 곳은 신림1 구역이었습니다. 오랫동안 사업이 정체되었던 신림1구역은 신속통합기획에 참여해 속도에 박차를 가하고 있습니다. 4,000세대의 대규모 구역이기도 하고 2022년에 경전철 신림선이 개통되어 여러 가지로 주목을 받을 수밖에 없었지요. 신림선 서울대벤처타운역에서 가까워 신림뉴타운 중 유일하게 역세권 구역인 데다 규모가 어마어마하니까요.

근래에 화가들이 가장 많이 등장했던 구역은 이 신림뉴타운 1구역 근처입니다. 개발호재가 생기면 그 근처의 노후도를 살펴 분위기를 띄우고 시세를 올린 뒤 되팔고 사라지는 이들을 부동산 업계에서는 시쳇말로 '화가'라고 부릅니다.

신림1구역 위로는 빌라들이 많습니다. 이쪽저쪽에 화가들이 나타났고 2021년 2~3억 원의 빌라를 전세보증금 1억 2,000만 원~1억 5,000만 원을 끼고 7,000만~8,000만 원의 실투자금으로 매수했던 사람들은 다음 사람들에게 모두 팔고 나온 상태입니다. 떠들썩했던 이 동네들은 결국 구역지정조차 되지 못하였습니다.

이러한 이유로 조합설립인가 전에 투자하는 것은 위험하다고 하는 것입니다. 화가들은 추진위원회 승인이 나기 전부터, 또는 아무 계획도 없는 상태에서 나타납니다. 이런 시기에는 관심을 갖고 지켜보다가 조합설립인가가 나면 그때부터 투자하는 것이 좋습니다.

구역이 지정되어 추진위가 구성되고 나서도 조합을 설립하는 것은 쉬운 일이 아닙니다. 특히 할아버지, 할머니들이 많이 사시는 재개발 동네는 "재개발? 난 그런 거 몰라. 몇십 년을 살았는데 그냥 여기 살 거야." 하는 분들이 25%가 넘을 수 있다는 사실을 간과하면 안 됩니다.

재개발·재건축 투자
무작정 따라하기

021 사업시행인가

정비사업이 본궤도에 올라 안정권에 들어서는 단계가 바로 사업시행인 가입니다. 이 단계에서는 단지 면적, 분양 세대수, 조합원분양가도 거의 확실하게 알 수 있고, 평면도와 배치도도 확인할 수 있습니다.

매수 포인트 1. 사업시행인가 직전

사업시행인가가 나면 정비사업의 구체적인 그림이 나오기 때문에 투자 자들의 관심이 증폭됩니다. 따라서 사업시행총회 직전부터 사업시행인 가일 사이 약 60일은 황금 매수 타이밍입니다. 그럼 사업시행인가가 곧 나는지는 어떻게 알 수 있을까요?

사업시행인가 전 거쳐야 하는 주요 단계는 건축심의입니다. 교통영향평 가 등 여러 절차가 있지만 사업시행을 앞두고 넘어야 할 가장 까다로운 절차로 꼽히지요. 그래서 건축심의를 통과했다는 정보를 듣는다면 '아, 사업시행인가가 코앞이구나.'라고 짐작할 수 있습니다. 건축심의란 재개 발·재건축 사업이 주변 지역에 미치는 영향, 도시 미관 향상 및 공공성 확보 등을 지자체가 따져보는 단계입니다.

저는 상계2구역의 물건을 건축심의 직전에 계약하였습니다. 잔금을 치를 때 건축심의가 통과되었지요. 추정감정평가액은 5억 원이었는데 사업시행인가가 나고 나서 실제 통보받은 감정평가액은 7억 원으로, 플러스 프리미엄이 되었습니다.

건축심의 완료 후 사업시행인가를 신청하면 지자체장은 60일 이내에 인가 여부를 결정해 통지해야 합니다.

매수 포인트 2. 감정평가 통보 직후

재정비촉진구역 관리처분계획을 위한 종전자산 가격 및 추정 분담금 내역 통지문

- 사 업 명 : ○○○재정비촉진구역 주택재개발정비사업
- 정비구역의위치 : ○○○ 번지 일원(2구역 17블럭 1롯트 일대)
- 시행구역의면적 : 100,842.00㎡
- 건 축 규 모 : 아파트 22개동 및 부대복리시설(지하8층 ~ 지상25층), 건축연면적 337,457.1088㎡

72 ○○○ 님 외 조합원 번호 : ○○

□ 분양대상자별 기존의 토지 또는 건축물의 명세 (감정평가 2개법인의 산술평균 평가액)

총 종전자산평가금액(A)		736,951,995									

종전자산 평가금액

구 분						토 지		건 물		종평가금액(원)	비 고
소유자	대표자선임	종전지번	최종지번	용도지	호별	최종지번면적(㎡)	금액(원)	허가유무	건축물연면적 면적(㎡) / 금액(원)		
○○○		○○○	○○○	분양 완료		163.80	583,128,000	무허가	367.27 / 153,823,995	736,951,995	
소 계						163.80	583,128,000		367.27 / 153,823,995	736,951,995	

□ 신축예정 건물 및 대지의 평균분양가 및 추정 분담금

TYPE	신축 예정 건물 및 대지의 분양가 평균조합원분양가(B)	추정비례율(C)	추정 권리가액(D) (A×C)	추정 환급 / 분담금 (B-D)	
43㎡	360,000,000			환급	364,423,811
49A㎡	410,000,000			환급	314,423,811
49B㎡	420,000,000			환급	304,423,811
49C㎡	410,000,000			환급	314,423,811
59A㎡	550,000,000			환급	174,423,811
59B㎡	560,000,000	98.30%	724,423,811	환급	164,423,811
59C㎡	550,000,000			환급	174,423,811
74A㎡	660,000,000			환급	64,423,811
74B㎡	650,000,000			환급	74,423,811
84A㎡	760,000,000			분담	-35,576,189
84B㎡	770,000,000			분담	-45,576,189

1. 추정분담금은 조합원 분양신청에 따른 관리처분계획에 따라 분담금이 결정되며, 추후 사업진행 과정에서 동·호수 추정 결과 건축규모의 변경, 분양변경, 관계법령의 변경 등으로 변경될 수 있습니다. 따라서 입주 후 청산 시 최종 확정됩니다.
2. 상기 분양가는 각 평형별 평균 금액으로 추정 분담금을 계산하였으며, 추후 동·호수 결정에 따라 부담하여야 할 분담금이 확정됩니다.
3. 본 통지는 분양신청을 위한 종전가격 통지문으로 분양신청 후 관리처분 총회개최 전 종후가격확정 및 비례율 산정, 신청 평형에 따라 추정 분담금이 변경될 수 있으며, 기타 사항은 추후 조합에서 통지하여 드리는 관리처분 기준(안)를 참조하시기 바랍니다.

○○○재정비촉진구역 주택재개발정비사업조합 조합장 김남현 [직인생략]

감정평가액 통지문으로 감정평가액과 평형별 분담금이 정리되어 있습니다.

사업시행인가를 받으면 조합원분담금을 추정하기 위해 종전자산평가를 진행하고, 감정평가가 완료되면 조합원의 평형 신청, 즉 조합원분양 신청이 진행됩니다. 조합원이 소유한 부동산의 가치를 평가하는 감정평가는 조합이 두 곳의 전문감정평가업체에 의뢰해 평가하며 최종 감정평가액은 두 업체에서 나온 감정평가액의 평균으로 결정됩니다. 나의 물건이 얼마의 가치를 지니고 있는지 정해지는 시간이지요.

내가 사는 물건의 가치를 정확히 알고 투자할 수 있다면 어떤 투자도 실패하지 않을 겁니다. 감정평가 통보라는 것은 해당 부동산의 가치를 알려주는 단계입니다. 그래서 감정평가액 통보 이후에 투자하면 초보자도 프리미엄을 터무니없이 비싸게 얹어서 사는 실수를 하지 않게 됩니다.

그래서 초보 투자자가 초기 단계 리스크는 피하면서 그나마 '상당한 안전마진이 남아 있는' 단계에서 매수할 수 있는 단계는 감정평가 직후, 또는 조합원 평형 신청 직후입니다. 이 시기는 재개발·재건축 물건의 거의 정확한 감정평가액과 프리미엄, 평형까지 파악할 수 있으니 불확실한 중요 변수가 사라져 안정권에 들어선 물건에 투자할 수 있는 좋은 시기입니다. 만약 사업시행인가가 이미 이루어졌다면, 종전자산평가를 기다렸다가 매수하는 것이 좋습니다. 감정평가 직전에 추정감정평가를 잘 해두었다가 저평가된 물건을 매수하는 것이 가장 효과적이지만 이는 고수의 영역이기도 하고 변수도 많습니다.

감정평가 결과가 조합원들에게 통보된 후에는 본격적인 프리미엄이 붙기 시작합니다. 초기에는 아직 프리미엄이 구체적으로 형성되기 전이기 때문에 시세보다 저렴한 '눈먼 매물'이나 본인 부동산의 감정평가액에 실망해 내놓는 '실망 매물'들이 시장에 나오게 되니 이런 물건들을 적기에 잘 매수하면 좋은 투자를 하게 됩니다.

유의할 점은, 사업시행인가 단계에서 계산되는 비례율과 분담금은 모두 예상되는 액수라는 점입니다. 이 숫자들은 관리처분인가 시 다시 좀 더 정확해지고 최종 비례율과 분담금은 일반분양이 끝나고 입주할 시점에 확정됩니다.

눈먼 매물과 실망 매물을 노려라!

감정평가액 통보 직후는 '눈먼 매물'과 '실망 매물'들이 시장에 나오는 중요한 시기입니다. 투자자는 이 시기를 기회로 삼아야 합니다.

종전자산평가 전의 프리미엄은 말 그대로 '추정' 프리미엄입니다. 감정평가액이 통보되고 나면 조합원들 간에 희비가 엇갈립니다. 누구는 5,000만 원, 누구는 2억 원 등 감정평가액은 천차만별입니다. 이때 분담금이 생각보다 커서, 또는 생각보다 감정평가액이 낮아서 등 이런저런 이유로 매물을 내놓는 조합원들이 나타납니다.

여기서 잠깐, 프리미엄 가격은 어떻게 형성되는지 이야기해 보겠습니다. 감정평가액이 본인이 예상했던 것보다 금액이 훨씬 낮아 낙담한 김○○ 조합원은 부동산을 팔기로 합니다. 그런데 감정평가 통보를 받은 지 얼마 안 되어 내 부동산의 프리미엄이 얼마인지 판단이 안 섭니다. 부동산 중개소에서 "요새 옆의 3구역은 프리미엄 1억 원에 거래됐으니 프리미엄 1억 5,000만 원에 파세요."라고 하여 내놓았더니 누군가 얼른 사갔습니다. 김○○ 조합원이 프리미엄 1억 5,000만 원을 붙여서 팔았다고 하니 박○○ 조합원은 프리미엄을 1억 7,000만 원으로 올려서 팔기로 합니다. 그런데 또 누군가 금방 매수하였습니다. 최○○ 조합원은 '그럼 나는 프리미엄 2억 원 붙여서 팔아야지.' 하고 마음먹습니다. 그런데 선뜻 사려는 사람이 나타나지 않습니다. 이때 빨리 부동산을 처분해야 하는 이○○ 조합원은 프리미엄 1억 8,000만 원에 부동산을 내놓습니다.

프리미엄은 누가 얼마인지 정해주는 게 아니라 이처럼 시장에서 형성되는 가격입니다. 몇 번의 거래가 있어야 시장가격이 형성됩니다. 물론 시장 상황에 따라 오르고 내리고 할 수는 있겠지요.

이렇게 프리미엄의 시장가격이 형성되기 전, 초기 거래시장에 나온 매물을 '눈먼 매물'이라고 합니다. 감정평가 직후 그 구역의 프리미엄이 얼마인지 모를 때 내놓은 매물이지요. 그럼 실망 매물은 무엇일까요?

또 예를 들어볼까요? 차○○ 조합원은 감정평가액을 1억 7,000만 원으로 예상하고 59㎡를 받을 수 있다는 재개발 구역의 빌라를 3억 원에 샀습니다. 즉 추정 프리미엄 1억 3,000만 원을 준 것이지요. 그런데 감정평가액 통보를 받아보니 1억 7,000만 원이 아니라 1억 2,000만 원입니다. 차○○ 조합원이 예상한 것보다 5,000만 원이나 적은 금액입니다. 감정평가액에 실망한 차○○ 씨는 분담금을 내기가 부담스러워 결국 매도하기로 합니다. 이런 물건을 '실망 매물'이라고 부릅니다.

감정평가 통지서에는 감정평가액도 적혀 있지만 그 밑에 몇 평형을 신청할 시 분담금이 얼마인지까지 표로 정리되어 있습니다. '당신의 부동산은 감정평가액은 2억 원이라서 59㎡의 경우 아파트 조합원분양가는 3억 원이니 1억 원을 추가로 납부해야 합니다. 34평 아파트의 조합원분양가는 5억 원이라서 3억 원을 추가로 납부해야 합니다.' 이런 내용을 표로 한눈에 확인할 수 있지요.

조합원들은 감정평가 통보를 받아보면 실제로 돈이 구체적으로 얼마가 필요한지를 처음으로 알게 됩니다. 그러면 한바탕 동네가 시끄럽습니다. 감정평가를 낮게 받았다고 이의를 제기하는 조합원들도 있습니다. 결국 얼마를 더 내야 새 아파트를 받는지 알게 되면 그 돈을 어떻게 마련할지 고민해보고 마련할 방법이 없다면 파는 사람들이 생깁니다. 그 물건이 우르르 시장에 나오게 되는 겁니다. 감정평가액에 실망해서 나온 매물이라고 해서 이 매물을 '실망 매물'이라고 합니다. 이때는 매도자가 많으니 시세가 다소 저렴합니다. 그래서 감정평가가 나왔을 때는 발빠르게 움직이는 것이 좋습니다.

매수 포인트 3. 조합원분양신청 직후

요즘은 큰 평형을 선호합니다. 코로나 이후로 집에 거주하는 시간이 늘어나며 그 경향은 더욱 짙어졌습니다. 그래서 큰 평형일수록 프리미엄이 훨씬 많이 붙습니다. 단계별로 몇천만 원씩도 차이가 나니, 해당 물건이 어떤 평형을 받을 수 있는 물건인지는 수익과 직결되어 있습니다.

감정평가 결과를 통보하고 나면 조합원분양신청을 실시합니다. 조합원분양신청이라고 하지만 사실 평형 신청으로, 평형만 이때 결정되고 동·호수 추첨은 철거 후 착공 들어갈 때 합니다. 본인이 원하는 평형을 3지망까지 신청하고 권리가액순으로 배정받게 됩니다.

감정평가 통보 후 조합원평형신청까지 마친 단계라면 내가 원하는 평형을 골라서 매수하면 되기 때문에 실거주까지 염두에 둔 투자자에게 가장 좋은 매수 타이밍이 될 수 있습니다. 종전자산평가가 끝나고 조합원분양신청까지는 사실 6개월이 안 걸립니다. 종전자산평가는 분양신청을 하기 위해 하는 것입니다. 조합원분양신청이 끝나고 매수하면, 즉 평형을 알고 투자하면 관리처분인가보다는 빨리 투자하는 것이지만 평형에 대한 리스크를 피해갈 수 있으므로 이때도 좋은 투자 시기입니다.

"이 물건은 84㎡를 받을 수 있는 물건이에요."라고 부동산중개소에서 얘기했다 하더라도 단독주택처럼 권리가액이 아주 크지 않은 다음에야 평형은 신청해봐야 알 수 있습니다.

만약 종전자산평가가 이루어져서 감정평가액이 2억 원인 물건을 프리미엄 1억 원을 더해 3억 원에 샀다고 가정해봅시다. 공인중개사는 84㎡를 받을 수 있다고 했는데 실제 조합원분양신청 시 권리가액 순위에서 밀려 84㎡를 받지 못하여 59㎡를 받게 되었다면 이런 낭패가 없습니다. 특히 4인가족이 실거주하려고 했다면, 이러지도 저러지도 못하는 상황에 처할 수도 있지요. 이렇게 된다 해도 공인중개사는 책임을 지지 않습니다. 더구나 작은 평형을 받게 되면 투자수익도 적어집니다. 59㎡보다 84㎡의 프리미엄이 서울 핵심지 재개발 구역의 경우 몇천만 원씩 비싸기도 하니까요.

해당 재개발·재건축 물건이 몇 평을 받을 수 있느냐는 이렇게 중요합니다. 그런데 조합원분양신청 전이라면 평형이 불확실합니다. 권리가액이 애매한 물건을 "34평 받을 수 있는 물건이에요."라는 공인중개사의 말만 믿고 투자하는 것은 리스크가 있다고 봐야 합니다.

그래서 실거주 목적이라면 조합원분양신청 단계가 합리적인 매수 포인트입니다. 새 아파트에 입주하기 위해 돈이 얼마나 더 필요한지, 몇 평인지 알고 투자하는 것과 추정하여 투자하는 것은 전혀 다릅니다. 이 시기에 본인이 원하는 평형을 배정받은 매물을 매수하면 평형에 대한 불확실성에 불안해 하지 않고 투자할 수 있고 관리처분인가 이후보다는 저렴하게 살 수 있습니다.

다만 감정평가가 이뤄지고 평형 신청까지 마치고 나면 본격적으로 프리미엄이 형성되고 가격이 상승합니다. 따라서 관심 있는 구역의 매물을 꾸준히 체크하면서 매수 타이밍을 엿보다가 발 빠르게 움직여서 조금이라도 프리미엄이 적게 형성된 시기에 저평가된 매물을 매수해야 합니다.

조합원분양신청 직후에는 84㎡나 59㎡의 프리미엄 가격에 차이가 별로 없습니다. 그냥 59㎡ 프리미엄에 얼마 정도 더 얹어서 파는 식이죠. 그런데 시간이 지나면서 평형에 따른 프리미엄 가격차가 벌어집니다. 따라서 평형에 따른 프리미엄 차이가 형성되기 전에 사는 것이 중요합니다.

이렇게 조합원분양신청 직후는 감정평가액 통보 직후에 사는 것과 똑같이 정보의 비대칭성을 활용한 저가매수가 가능한 시기입니다. 평형에 따른 프리미엄 차이가 형성되기 전에 살 수 있는 마지막 단계이기도 합니다.

조합원분양신청을 한 다음에는 바로 관리처분총회를 준비합니다. 전문가들이 "안전한 투자를 하고 싶다면 관리처분인가 단계에서 투자하세요." 이런 말을 하는 것을 많이 들어보셨을 텐데요. 관리처분인가가 나면 프리미엄이 또 한 단계 상승하므로 그 직전인 종전자산평가나 조합원분양신청 이후에 투자하는 것이 유리하지만 복잡한 이유를 구구절절 설명해야 합니다. 사실 이러한 긴 설명은 사람들이 알아듣기도 애매하고 이해하기도 어려워하지요. 그래서 그냥 "관처 이후에 사세요."라고 간단하게 얘기하는 것뿐입니다.

관리처분인가

매수 포인트. 관리처분총회 전후 시기

관리처분인가가 나면 드디어 이사를 가고, 철거하여 비워진 땅 위에 아파트를 짓습니다. 이주가 생각보다 오래 걸리는 경우도 있긴 하지만 관리처분인가가 났다면 '이제 5~6년 뒤에 신축 아파트가 들어서겠구나.'라고 생각해도 됩니다. 관리처분인가가 난 시점부터는 구역 내 모든 물건은 도로든 상가든 상관없이 '입주권'으로 불리며 거래됩니다.

관리처분인가 단계에 이르면 사업시행인가 단계에서 어느 정도 윤곽이 드러났던 조합원분양 세대수와 조합원분양가, 일반분양 세대수와 일반분양가, 비례율 등 사업의 중요한 요소가 결정되었다고 보면 됩니다. 이런 내용을 토대로 초기 투자금이 얼마나 드는지, 분담금 등을 포함해서 새 아파트를 받는 데 들어가는 총투자금은 얼마인지 거의 정확히 계산할 수 있습니다. 확정 수익률 계산이 가능해지는 것이지요.

관리처분인가총회 책자를 보면 '돈'에 관련한 사항들이 대부분 결정되어 정리되어 있습니다. 조합원분양가, 일반분양가, 예비비, 추정비례율 등이 모두 적혀 있지요. 평형은 물론 분담금까지 알고 투자하는 데다 5년 정도 기다리면 새 아파트에 입주할 수 있으니 매우 안정적인 투자이며 오래 기다리지 않아도 되니 실거주할 분들에게 적합합니다. 관리처분인가가 났다는 것은 사업의 위험성이 대부분 해소되고 사업의 80%가 진행됐다는 것을 의미합니다. 따라서 안전한 투자를 하고 싶다면 관리처분인가가 나기 직전, 관리처분총회를 전후한 시기가 최적의 매수 시기가 될 수 있습니다. 즉 관리처분총회부터 관리처분인가일 사이 약 60일이 재개발·재건축 투자에서 가장 안전한 황금 매수 타이밍입니다. 관리처분인가가 난 후에 또 한 번 가격이 상승하기 때문입니다. 이는 투기과열지구의 경우 관리처분인가 이후에 조합원입주권 양도가 금지되는 것과 관련이 깊습니다.

"관리처분인가 단계에 사면 기대수익이 너무 적지 않나요? 초기에 사야 큰 시세차익을 누릴 수 있는 것 아닌가요?" 이런 질문을 하는 분들도 많습니다. 저는 흑석9구역, 문정 136 재건축 물건을 관리처분인가 이후에 매수했는데 두 물건 모두 최소 안전마진이 5억 원 이상이었습니다. 흑석9구역은 2023년 8월 현재 철거 중이며 송파구 문정동 136번지 일원을 재건축한 단지 '힐스테이트e편한세상 문정'은 2024년 6월에 입주가 예정되어 있습니다. 입주가 얼마 남지 않았는데 확실한 안전마진이 최소 5억 원 이상이라면 기대수익이 절대 적다고 얘기할 수는 없지요.

잠깐만요

투기과열지구라면 관리처분인가 직전을 주목하라

해당 재개발 물건이 현재 투기과열지구로 남아 있는 강남3구, 용산에 있다면 관리처분인가 직전이 중요합니다.

투기과열지구 내 재개발 구역 중 2018년 1월 24일 이후에 사업시행인가 최초 신청을 한 재개발 구역에 대해서는 관리처분인가 이후 조합원지위 양도가 금지됩니다(단, 2018년 1월 24일 전에 사업시행인가를 신청한 재개발 구역의 매물을 매수하면 입주권을 받을 수 있습니다.). 따라서 투기과열지구 재개발 구역 물건을 매수했다면, 관리처분인가 직전에 매도하지 못했을 때 이 시점부터 입주까지 평균 4년 이상 동안 매도할 수 없습니다. 그러므로 관리처분인가 이전이 단기투자를 할 수 있는 마지막 기회입니다.

역으로 매수자 입장에서는 이런 매물을 노려볼 수 있습니다. 실제로 이 시기에는 이주비 대출을 활용할 수 있기 때문에 초기 투자금이 줄어들어서 투자자나 실수요자가 많이 몰립니다.

투기과열지구의 경우 관리처분인가 이후에 유의해야 할 또 한 가지는 바로 관리처분인가가 나면 그때부터 5년간 다른 정비사업의 조합원분양 또는 일반분양을 받을 수 없다는 점입니다. 단, 관리처분인가를 받은 물건을 매수한 투자자는 재당첨 금지 조항에 해당되지 않습니다.

이주·철거

프리미엄은 이주·철거를 할 때도 오릅니다. 모두 이주한 후 철거할 때 높은 팬스를 올리는 것을 보신 적이 있을 텐데요. 그러면 동네 사람은 물론이고 옆 동네 사람들도 '여기 아파트 지어지나?', '여기 ○○아파트 들어서네?' 하며 관심이 높아집니다. 착공 들어갈 때 일반분양을 하면 '아, 여기 ○○아파트 분양하는 데구나?' 하며 더 많은 관심을 받게 되지요.

철거 이후라면 세금을 줄일 수 있어 특히 종부세로 고민이 많은 다주택자들에게 유리한데요. 관리처분인가 이후에 멸실되고 나서 매수하면 토지에 대한 재산세만 내면 되고, 종부세는 내지 않아도 되니 보유세를 줄일 수 있습니다. 단, 해당 구청에 멸실 등기가 되어 있어야 하니 꼭 확인하세요.

동·호수 추첨

동·호수 추첨 이후에도 매수할 수 있습니다. 평형, 구조, 동·호수가 정확히 결정된 후에 매수하는 것이니 실물 아파트를 사는 것과 다름없습니다. "나는 무조건 남향이어야 돼!", "나는 무조건 조망이 시원하게 뻥 뚫려야 돼!" 이렇게 기호가 확실한 사람들은 이때 투자하면 됩니다.

동·호수 추첨 이후에 매수해도 괜찮다고 하는 것은 이때 사도 안전마진이 있기 때문입니다. 또한 관리처분인가 이후에는 이주비 대출을 활용해 초기 투자금을 줄일 수 있습니다. 관리처분인가를 신청하고 이주할 때 이주비 대출 신청을 받습니다. 다만 매도자가 신청한 이주비 대출을 매수자가 승계할 수 있는지의 여부는 각 개인마다 주택수나 소득, 금융 조건이 다르고 조정지역 여부에 따라 다르기 때문에 조합과 금융기관에 알아봐야 합니다.

늘 예외는 있다

지금까지 사업 단계별 매수 포인트를 살펴보았습니다. 그러나 언제나 예외는 있게 마련입니다. 입지가 아주 좋은 매물은 이런 일반적인 단계 별 매수 시기를 적용하기 어렵습니다. 입지도 좋고 빠른 진행이 예상된 다면 빨리 선점하는 것이 우선입니다. 예를 들어 서울 중심의 더블 역세 권에 한강조망이 제일 잘 나오는 구역이라면, 단계가 지날수록 프리미 엄이 급격하게 오르므로 투자금이 충분하다면 초기에 들어가는 게 좋은 선택일 수 있습니다.

시장이 흔들리는 시기에도 단계별 프리미엄 상승 법칙이 깨질 수 있습 니다. 보통의 상황이라면 단계가 지날수록 프리미엄이 오르겠지만 전체 부동산 시장에 조정이 오면 프리미엄도 하락하게 됩니다. 시장 상황이 같다는 가정하에 이런 단계별 매수 포인트 전략이 성립하는 것입니다. 그래서 재개발·재건축 투자도 큰 흐름에서 시장을 판단할 줄 아는 눈이 필요합니다. 상승장에서 큰 시세차익을 누리려면 조정장에서 상승세로 돌아서기 전에 기회를 잡아야 하니까요.

관리처분인가 이후에 투자해 100% 수익을 내다

저의 첫 번째 재개발 투자 물건 이야기를 다시 해보겠습니다. 인천 미추홀구의 재개발 구역에 있었던 이 빌라는 인근에 인천지방법원과 큰 공원이 있었습니다. 새 아파트가 지어지면 수요가 풍부하리라 예상하고 수차례 임장을 했고 2018년 6월, 관리처분인가 이후인데도 비교적 프리미엄이 저렴한 물건을 찾아 투자했습니다.

- 초기 투자금=매매가-레버리지

  =8,700만 원-3,720만 원(이주비 대출)-500만 원(이사비)

  =4,480만 원

- 분담금=조합원분양가-권리가액

  =2억 6,000만 원-6,200만 원

  =1억 9,800만 원

- 총투자금=조합원분양가+프리미엄

  =2억 6,000만 원+2,500만 원

  =2억 8,500만 원

  =매매가+분담금

  =8,700만 원+1억 9,800만 원

  =2억 8,500만 원

- 예상 수익=입주 시 예상 가격-총투자금

  =3억 7,500만 원-2억 8,500만 원

  =9,000만 원

매매가는 8,700만 원이었고 감정평가액은 6,200만 원이었습니다. 이사비 500만 원도 매수인인 제가 받는 조건으로 계약했기 때문에 매매가를 500만 원 낮추는 효과도 얻었습니다. 이주비 대출로 감정평가액의 60%를 이미 신청한 물건이었는데 이때는 조정지역이 아니었기 때문에 무이자 이주비 대출 승계가 가능했습니다. 이렇게 이주비 대출도 승계받고 이사비도 받아 초기 투자금은 4,500만 원 정도 들었습니다.

59㎡를 신청할 물건으로, 59㎡의 조합원분양가는 2억 6,000만 원이었고 주변 신축 아파트 시세를 참고했을 때 예상 시세는 3억 7,500만 원 정도였으니 예상 기대수익은 9,000만 원 정도였습니다.

관리처분인가 이후라 안전한 투자였고, 임차인이 이미 이사 간 상태였기 때문에 남향인지, 도배 상태는 어떤지 등 집의 구조나 상태를 볼 필요도 없었습니다. 이런 물건은 곧 철거에 들어갈 거니 물건을 직접 가서 보는 수고를 들이지 않아도 됩니다. 뿐만 아니라 임차인이 없어 임차인 관리를 안 해도 되지요.

지금까지 투자한 모든 물건이 역세권이었는데 이 물건만큼은 예외였습니다. 이유는 워낙 대단지였고 인천지방법원 바로 옆이어서 판사, 변호사, 법원과 변호사 사무실 직원 등이 출퇴근하기에 매우 좋은 곳이었기 때문입니다. 근처에 신축 아파트도 없어 법원 일자리 수요만 해도 충분하다고 판단했습니다. 추정비례율도 140%가 훌쩍 넘어 수익성도 좋았지요.

입주 시까지 기다리지 않고 1년 6개월 뒤 일반분양 시기에 매도하였는데, 4,500만 원의 시세차익을 보았습니다. 단기간에 100%의 수익률을 올렸으니 꽤 만족스러운 투자였지요.

이 사례에서 보듯이 관리처분인가 이후 이주된 상태, 즉 리스크가 대부분 사라진 시기에 투자해도 높은 시세차익을 볼 수 있습니다.

일반분양·입주·이전고시

매도 포인트 1. 일반분양

이제 입주가 코앞으로 다가왔습니다. 일반분양 시기부터는 매도 포인트를 잘 잡는 것이 중요합니다. 물론 끝까지 가져가는 것이 수익률이 가장 높으니 투자금 회수가 급하지 않은 투자자들은 입주 이후 추가 상승까지 기다려 수익을 극대화하는 것이 좋습니다. 그러나 개인마다 상황이 다르니 매도 시기도 각자의 요건에 맞추어 선택하면 됩니다.

앞서 살펴본 인천 재개발 투자는 처음부터 일반분양 때 매도하려고 계획한 투자였습니다. 저는 보통 처음부터 매도할 시기를 정하고 투자합니다. 꼭 계획대로 되지는 않지만 처음부터 매도 시기를 정해 놓고 자금 계획을 세워 놓으면 여러 가지 변수에 당황하지 않고 대처할 수 있으니까요.

일반분양 시기가 매도 포인트인 이유는 무엇일까요? 이 시기에는 청약에 떨어진 사람들이 분양권을 사려고 합니다. 분양에 당첨된 사람의 매물을 사려는 수요가 생기는 시기이죠. 그런데 입주권이 분양권보다 좋은 점이 많으니, 분양권에 눈을 돌린 사람들이 입주권을 사게 되는 경우도 많습니다.

보통 입주권은 발코니 확장을 무료로 해주는 것은 물론이고 시스템에어컨, TV 등 고급 가전제품 수십 개를 그냥 줍니다. 제일 중요한 건 로열층, 로열동일 가능성이 크다는 점이죠. 이런 장점들로 입주권에 수요가 몰리면 공급이 한정되어 있으니 가격이 오르게 됩니다.

저는 인천 재개발 물건을 일반분양 시기에 매도하였고 높은 수익률을 달성했습니다. 입주 시까지 가져가면 더 높은 시세차익을 낼 수 있었지만 수익실현을 빨리 해서 서울 재개발 물건으로 갈아타려는 계획이 있었기 때문이지요. 매도자가 항상 유념해야 하는 것은, 수익을 남겨두지 않으면 내 물건을 살 사람이 없다는 점입니다. 내 물건을 살 사람의 안전마진도 남겨놔야 내 물건을 팔 수 있습니다.

매도 포인트 2. 입주 이후

입주 시기가 다가오면 바로 매도할지, 본인이 직접 입주할지, 아니면 임대를 할지 선택해야 합니다. 어떻게 하는 것이 수익성 면에서, 효율성 면에서 더 좋을까요?

실거주 할까? 전세 줄까?

바로 매도하는 경우에는 입주하자마자 매도하기보다는 3~6개월 공실로 두더라도 신축 시세가 안정될 때까지 기다렸다가 팔면 더 높은 가격을 받을 수 있습니다. 바로 매도하지 않는다면 두 가지 중 선택을 해야 되는데요. 여러분이 이제 곧 입주를 앞두고 있다면, 직접 입주하시겠어요? 전세를 놓으시겠어요? 고민이 되시나요? 그럼 좀 더 구체적인 상황을 드려보겠습니다. 입주할 때 이주비 대출은 상환해야 합니다. 소위 '빵빵백' 조건이라 분담금도 입주할 때 전액을 모두 내야 한다고 해볼까요? 자금이 넉넉하지 않다면 입주할 때 담보대출을 받아서 내거나 전세를 주어 전세보증금으로 내게 됩니다. 전세보증금을 받아서 해결하면 이자는 내지 않아도 되지요. 전세보증금은 무이자대출이나 마찬가지이니까요. 다시 묻겠습니다. 실거주와 전세임대 중 무엇을 선택하시겠어요?

이렇게 질문하면 "전세요!"라고 답하는 분들이 대부분입니다. 실제로 '대출 받으면 매달 이자 내야 되니까 전세를 주고 그동안 돈 모아서 들어가자.' 이런 생각으로 전세를 주는 분들이 많습니다. 과연 옳은 선택일까요?

이 중요한 선택을 하기 전에 꼭 알아야 할 내용이 있습니다.

아직 조정대상지역인 강남3구, 용산구라면 1가구 1주택 비과세를 받기 위해서는 2년 실거주를 해야 합니다. 갑자기 남편이 해외로 발령이 났다던가 부모님이 편찮으시다던가 하는 이유로 급히 팔아야 해서 비과세 혜택을 못 받는 경우가 있으니 비과세 요건을 충족시켜 놓는 것은 매우 중요합니다. 1주택자라면 실거주 2년을 하면 언제든 비과세를 받고 팔 수 있으니까요. 언제 팔아도 비과세 혜택을 받을 수 있다는 사실에서 오는 심리적 안정감은 금액으로 환산할 수 없는 값진 보험을 드는 것과 마찬가지입니다. 마음이 한결 편안하니 현명한 투자 결정을 할 가능성도 높습니다.

게다가 입주 시기에는 전세매물이 동시에 쏟아져 나옵니다. 뭐든 흔해지면 가치가 떨어지는데, 부동산도 마찬가지입니다. 전세 공급량이 많으니 전셋값은 당연히 시세보다 확 낮게 거래됩니다. 예를 들어 인근 시세대로라면 전세보증금 8억 원은 받아야 되는데 5~6억 원으로 내려야 임차인이 나타나는 것이지요. 임대차법으로 2년 후에도 5%밖에 못 올립니다.

그러나 입주하고 실거주 2년을 한 후에 전세를 주면 전세보증금 8억 원에 시작할 수 있습니다. 2년 후 전세보증금을 5% 올리더라도 시작점이 달라지는 것이지요. 이렇게 따져보면 대출금 이자보다 얻을 수 있는 이득이 훨씬 큽니다. 따라서 조정대상지역이라면 입주 시기에 일단 실입주를 해서 양도세 비과세 요건인 실거주 2년을 채우고 전세를 놓게 되면 양도세 비과세 요건도 미리 충족하면서 전세가도 처음부터 높게 받을 수 있는 일석이조의 효과를 누릴 수 있습니다.

입주 후 수익 실현 시기

입주를 하고 나면 새 아파트에 전세로 살고 싶은 사람이 늘어나 입주하고 나서도 4~5년 동안은 시세가 오릅니다. 실거주를 하지 않고 전세를 준다면 4년, 즉 전세 2바퀴를 돌리고 나서 팔고, 실거주하겠다면 4~5년은 살고 파는 게 좋습니다. 이때가 수익을 가장 많이 낼 수 있는 매도 시기입니다. 과거에는 입주 시기에 아파트 가격이 한 번 상승했다면, 요즘은 입주 후 4~5년이 지날 때까지 상승세가 이어지는 경우가 많습니다. 신축 아파트를 원하는 사람들이 많기 때문입니다.

잠깐만요

신축? 준신축? 구축?

보통 입주하고 5년까지 신축이라고 합니다. 5년에서 10년 사이는 준신축이라고 하고 10년이 넘으면 구축이라고 하지요. 그리고 25년이 지나면 재건축 대상 아파트로 바라봅니다. 리모델링은 15년만 지나도 가능하지요. 15년이 된 아파트도 주차장 같은 시설이 불편할 수 있습니다.

이전고시와 청산

'이전고시'라는 단어가 생소한 분들도 많을 텐데요. 만약 재개발 구역에 빌라가 100개 있었는데 모두 허물고 아파트를 지으면 원래 있던 100개의 지번이 다 없어지고 하나의 지번이 됩니다. 이렇게 여러 개의 지번을 하나로 통합 이전하고 고시하는 것을 바로 이전고시라고 합니다. 그냥 행정적인 절차이지요.

그러면 이전고시일은 어떤 의미를 가질까요? 기준일이 됩니다. 예를 들어 '1+1'을 받는 사람이 입주할 때 아파트를 매도하려고 하면 원래 신청한 아파트는 매도가 가능하지만 '+1'로 받은 작은 평형의 아파트를 매도하고자 한다면 이전고시일로부터 3년이 지나야만 매각할 수 있습니다. 만약 84㎡와 49㎡를 받았다면 84㎡는 입주하자마자 팔 수 있지만 49㎡는 이전고시일로부터 3년이 지나야 팔 수 있습니다.

청산의 의미는 뭘까요? 재개발 또는 재건축이라는 사업을 진행하여 입주를 하고 이전고시까지 다 끝나면 청산을 하게 됩니다. 사업을 마치고 결산을 하면 수익이 날 수도 있고 손해가 날 수도 있습니다. 예를 들어 보류지 매각 등으로 수익이 추가로 날 수도 있고, 추가비용이 발생해 손해가 발생할 수도 있지요.

만약 비례율이 110%여서 100억 원이라는 수익이 남았다면, 수익금을 조합원에게 나누어줍니다. 반대로 손해가 나면 조합원이 추가분담금을 낼 수도 있습니다.

실제로 가락시영아파트를 재건축한 헬리오시티는 입주하고 나서 추가적인 비용이 발생했다는 이유로 조합에서 조합원에게 1인당 500만~1,000만 원의 추가분담금을 요구했습니다. 이로 인해 소송과 보류지 처분에 시간이 걸리며 해산 일정이 4년 가까이 지연됐고 2023년에 비로소 조합 해산이 이루어졌습니다.

이렇게 남는 돈은 조합원에게 나누어주고, 손해 난 부분은 추가분담금을 걷은 다음 조합은 해산됩니다. 법인이 없어지는 것입니다. 이것이 청산입니다. 청산이 되어야 사업이 끝났다고 할 수 있습니다.

보류지

보류지는 정비사업에서 조합원 물량이 누락되는 등 만일의 사태에 대비해 분양하지 않고 여분으로 남겨두는 물량입니다. 예비로 남겨둔 조합 소유분이지요. 사업이 완료되면 서울시 조례에 따라 조합이 공개 입찰로 일반분양한 뒤, 조합원들에게 수익을 나눠주도록 되어 있는데요. 보류지는 왜 생겨났을까요?

옛날에는 동·호수 추첨을 할 때 바구니 안에 동과 호수를 써놓은 볼을 넣고 조합원이 직접 뽑았습니다. 그런데 방법 자체가 어설프다 보니 조합 내 비리가 발생하기도 했습니다. 그 다음으로는 컴퓨터로 추첨을 하였는데요. 지금이야 그런 일이 없지만 초기에는 컴퓨터 오류로 중복으로 당첨되는 경우도 있었습니다. 그래서 이런 사고에 대비하기 위해 보류지를 두게 된 것이지요.

지금은 기술의 발달로 컴퓨터 오류는 발생할 일이 없습니다. 그래서 만약 보류지가 2개 있으면 항상 2개를 팝니다. 보류지를 팔 때는 경제신문에 '보류지매각공고'가 게재됩니다. 일반분양가 또는 시세보다 약간 싸게 내놓으므로 서울의 보류지 경쟁률은 대단합니다. 단, 현찰 100%가 있어야 살 수 있어 주로 현금 부자들의 각축전이 되지요.

지금까지 살펴본 단계별 매수·매도 포인트를 간략하게 요약하면 다음 표와 같습니다.

단계	매수·매도 포인트
정비기본계획 수립–정비구역 지정–추진위원회 설립	관심지역 탐색: 투자 리스크가 큰 시기
조합설립인가–시공사 선정	매수 시기: 입지가 좋고 빠른 진행이 예상되는 곳 탐색 및 선점
사업시행인가–종전자산평가–분양신청	공격적 매수 시기: 높은 수익률과 안정성을 모두 가져갈 수 있는 시기
관리처분계획인가–이주·철거–동·호수 추첨–착공	안전투자: 안전하며 이주비 대출 활용하여 초기 투자금을 낮출 수 있음
일반분양–준공 및 입주–이전고시 및 청산	실수요자와 분양권 투자자들의 관심이 증폭되는 시기로 매도 타이밍을 정해 수익을 실현하기 적당함 입주 후 최소 5년간 보유하고 매도할 때 수익률 극대화할 수 있음

조합원분양신청 하기 전에
꼭 알아야 할 것들

조합원분양신청으로 각자의 평형이 결정되면 조합원들의 희비가 엇갈립니다. 59㎡, 84㎡, 펜트하우스 등 평형도 다양하고 포베이 평면도의 아파트를 분양받은 사람, 투베이 평면도의 아파트를 분양받은 사람 등 평면구조도 다르므로 원하는 대로 당첨된 사람은 청약당첨된 것처럼 기쁠 것이고 그렇지 않은 사람은 실망할 수밖에 없습니다.

권리가액에 따라 결정되는 평형 신청은 치열한 눈치싸움입니다. 대학입시지원을 방불케 하지요. 인기 있는 평형의 세대수는 정해져 있는데, 분담금을 조금 더 내면 한 단계 넓은 평형도 가능하므로 84㎡ 같은 인기 있는 평형에는 신청자가 몰릴 수밖에 없습니다. 한편 다음 같은 이유로 큰 평수를 선택할 수 있는데도 적은 평수를 선택하는 분들도 있습니다.

"나는 큰 평수 필요 없어. 25평이면 충분해."

정비구역에 오래 산 조합원들 중에는 이런 분들이 꼭 있습니다. 단독주택 같이 평수가 넓은 물건이라 권리가액이 높아서 42평은 물론이고 펜트하우스도 거뜬히 받을 수 있는데도 "애들 다 결혼하고 우리 둘이 사는데 25평이면 충분해." 하며 25평을 신청하는 분들이지요. 참 안타까운 일입니다.

입주 시기가 됐다고 꼭 그 집에 내가 살아야 하는 건 아닙니다. 34평을 신청하고 입주 시 전세를 준 다음 그 전세보증금으로 25평에 전세를 살아도 됩니다. 34평을 언제든 팔고 25평을 사도 되고요. 이렇게 하면 더 큰 수익을 낼 수 있습니다. 수도권의 경우 25평을 신청한 물건과 34평을 신청한 물건의 프리미엄 차이가 몇천만 원씩 나는 경우도 있습니다. 새 아파트의 25평과 34평 가격 차이는 이보다 훨씬 크지요. 번거롭고 머리 아프다고 포기하기에는 매우 큰 금액입니다.

같은 평형 안에서 타입(평면도)도 신중하게 선택해야 합니다. 내가 선호하는 타입보다는 대중(대다수)이 선호하는 타입을 고르는 것이 좋습니다. 타워형보다는 판상형, 판상형 중에서도 알파룸이 있는 타입, 쓰리베이보다는 포베이를 선택해야겠지요.

"34평은 분담금이 너무 부담되니 내 상황에는 25평이 적당해."

자신의 물건이 감정평가액 1억 원이고 25평은 분담금 2억 원을 내면 되는데 34평 받으려면 분담금 3억 원을 내야 해서 분담금이 1억 원 적은 25평을 신청해야겠다고 생각하는 분들도 있습니다. 그런데 분담금 3억 원은 당장 내는 돈이 아닙니다. 분담금의 계약금 3,000만 원만 일단 내면 입주 시까지 잔금을 치르지 않아도 되는 경우도 많으니 꼭 조합 사무실에 알아봐야 합니다. 입주 시 전세를 주거나 주택담보대출을 받아 잔금을 치르는 방법을 구체적으로 알아보면 이런 실수를 하지 않게 됩니다. 34평을 일단 신청한 다음 25평보다 훨씬 큰 시세차익을 보고 입주 시에 팔아도 되니까요.

권리가액이 애매해 불안하다면

조합원분양신청, 즉 평형 신청은 실제로 어떻게 하는지 궁금하시지요? 보통 1~3순위를 조합원분양신청서에 표기해 제출하는데, 신청자 수가 미달되었다면 당연히 1순위로 신청한 평형에 당첨됩니다. 그런데 초과하면 어떤 순서로 결정될까요? 바로 권리가액에 따라 우선순위가 정해집니다. 그래서 권리가액이 애매한 조합원들은 고민이 많을 수밖에 없습니다.

이럴 때는 전략이 필요합니다. 무턱대고 원하는 평형에 원하는 타입을 선택했다가는 낭패를 보는 경우가 생기니, 다음 사례를 꼭 기억해 두세요. 제 수업을 들은 수강생들이 실제로 많은 도움이 됐다고 얘기하는 아주 유용한 지인의 사례입니다.

| 조합원 각 타입별 분양 신청 결과 및 최소권리가액(추산액) |

타입	건립 세대수	분양신청 내용		미달/초과	다액순에 의거 분양대상 권리가액 (단위: 원)
		1순위	1+1		
43	67	5	10	-62	
59	1,572	243	189	-1,329	
74	622	792		170	153,200,000
84	593	900		307	274,000,000
84P	24	63		39	761,000,000
84E	16	6			
84T	127	134		7	97,000,000
99	293	327		34	114,000,000
99E	6	6		0	
114	32	65		33	546,000,000
114P	9	39		30	1,043,000,000
114E	3	0		-3	
124	121	136		15	85,680,000
149E	11	9		-2	
계	3,496	2,725	199		

이 표는 어느 구역의 실제 조합원분양신청 결과입니다. 첫 번째 줄의 타입부터 살펴볼까요? 가장 적은 43㎡부터 펜트하우스인 149㎡까지 다양한 평형이 있는데 중요한 건 세대수입니다. 소득수준이 높은 곳은 아니라 모집하는 3,496세대 중 59㎡가 무려 1,572세대입니다. 다음으로는 74㎡가 622세대이니 작은 평형이 주를 이루고 있는 것을 알 수 있습니다.

오른쪽을 보면 '다액순에 의거 분양대상 권리가액'이 보입니다. 신청이 완료된 사람들의 권리가액 중에 가장 낮은 권리가액을 적어 놓은 것인데요. 이 권리가액은 왜 써놓은 것일까요? 만약 593세대 모집에 900명이 신청했을 때 권리가액 순위 593등의 액수를 써놓으면 떨어진 307명이 왜 떨어졌냐고 조합 사무실로 문의전화 하는 일이 없어지죠. 떨어진 307명은 '권리가액 2억 7,400만 원까지만 붙었구나. 내 물건의 권리가액은 2억 5,000만 원이라 떨어졌구나.' 하고 보자마자 알게 되니까요.

지인의 물건은 권리가액이 4억 8,000만 원 정도였습니다. 1순위로 114㎡ 일반형, 2순위로 84㎡ 일반형, 3순위로 59㎡를 신청했는데 결과는 어땠을까요?

1순위로 신청한 114㎡ 일반형을 보면 건립세대수는 32세대인데, 65명이 신청하여 초과하였고, 권리가액 5억 4,600만 원까지만 신청되었으니 안타깝게도 1순위에서 떨어지고 말았습니다. 다음으로 2순위를 확인해 보면, 84㎡ 일반형은 593세대를 모집하는데 900명이 신청하였으니 2순위 신청에도 탈락했습니다. 최소 권리가액은 2억 7,400만 원이지만 1순위로 신청한 사람들에게 우선권을 주니까요. 그래서 이분은 59㎡로 결정되고 말았습니다. 114㎡를 원하여 권리가액 4억 8,000만 원의 물건을 매수했는데, 59㎡가 되었으니 기대수익은 확 줄었고 실패한 투자가 되고 만 것이지요.

이렇게 작은 평형의 세대수는 많은데 본인이 원하는 114㎡의 물량은 적은 상황이라면 어떻게 해야 했을까요?

표에는 적혀 있지 않지만 84㎡ P타입과 84㎡ E타입은 복층형이고, 84T 는 테라스가 있는 타입입니다. 99㎡도 일반형과 복층형인 E타입이 있네 요. 114㎡도 일반형과 복층형인 P타입이 있습니다. 149E는 펜트하우스 입니다. 일반적으로는 가장 선호하는 타입은 테라스형이고 그 다음으로 는 일반형을 선호합니다. 제일 인기 없는 것이 복층형 구조이지요.

그럼 아파트가 지어지고 나서 114㎡ 복층형과 테라스형, 일반형은 가격 차이가 많이 날까요? 사실 그렇게 많이 차이 나지 않습니다. 가격 차이 가 미미한 수준이니 만약 어린 자녀가 있어 복층형이 불편하면 복층형 은 전세를 주고 나는 일반형에 전세를 살면 된다는 이야기입니다.

저라면 114㎡를 가장 원하는 경우, 1순위로 비인기 타입인 114㎡ E타 입(복층형)을 신청하고 2순위는 펜트하우스, 3순위는 84㎡ P(복층형) 또 는 E(복층형)를 신청했을 것입니다. 복층형을 원하는 사람은 많지 않으니 까요.

실제로 114㎡ E타입은 아무도 신청하지 않았습니다. 그런데 만약 같은 복층형인 114㎡ P타입을 신청했으면 떨어졌겠지요. 그러면 2지망인 펜 트하우스를 볼까요? 149E타입 펜트하우스는 11명을 모집하는데 9명이 신청하였으니 미달입니다. 펜트하우스는 귀한 물건입니다. 이렇게 되 면 원했던 것보다 더 수익성이 높은 평형에 당첨된 것이지요. 만약 펜트 하우스에 떨어졌다 해도 84E타입이 되었을 것입니다. 아주 오래전에는 '어차피 떨어질 거 서울대 쓰자.' 하는 마음으로 서울대 농대, 체대에 지 원했는데 미달되어 합격되는 경우들이 있었다고 합니다. 이 경우와 아 주 유사하지요?

권리가액이 높을 때는 원하는 평형과 타입을 신청하면 됩니다. 그러나 권리가액이 애매할 때는 원하는 평형의 비선호 평면도에 지원하고, 2순 위는 대형 평형의 비선호 타입이나 펜트하우스에 지원하는 것을 추천합니다. 149㎡ 복층형은 없어서 못 파는 귀한 매물입니다. 희귀평형이니 되기만 하면 아주 운이 좋은 것이죠. 3순위는 미달이 될 것 같은 평형을 신청하면 되는데, 이는 동네마다 다릅니다. 강남 같은 곳에서는 작은 평형이 미달이 날 수 있으니까요. 이 구역의 124㎡를 보면 최소 권리가액이 8,568만 원입니다. 이만큼 이 동네는 대형 평형 수요가 없다는 것을 의미하지요. 펜트하우스도 미달되었는데, 이것은 가치를 모르기 때문입니다. 이런 황금평형은 강남이라면 미달될 일이 없습니다. 펜트하우스의 가치를 아는 사람도 많고, 직접 살고 싶은 수요도 많으니까요.

재개발·재건축 투자
무작정 따라하기

024

현금청산되지 않으려면
꼭 알아야 할 조합원 자격

이제 재개발·재건축 초보자들이 꼭 알아야 하는 가장 중요한 내용을 살펴보려고 합니다. 바로 조합원 자격입니다. 투자에 실패하지 않기 위한 가장 핵심적인 내용이지요.

재개발·재건축 투자의 가장 큰 리스크는 무엇일까요? 바로 조합원 자격을 취득하지 못하는 것, 즉 입주권이 나오지 않는 것입니다. 아무리 좋은 매물을 사도 현금청산이 되어 새 아파트를 받지 못하면 의미가 없습니다. 현금청산이 되면 새 아파트를 받을 수 없을 뿐만 아니라 프리미엄을 주고 매수했기 때문에 큰 손해를 입게 됩니다.

조합원의 분양 자격은 '도시 및 주거환경 정비법(도정법)'에 명시되어 있습니다. 재개발·재건축 같은 정비사업을 위한 절차법인 도정법에서 정하는 조합원분양 자격은 다음과 같습니다.

재개발과 재건축의 조합원 자격은 다르다

| 재개발과 재건축의 조합원 자격 조건 |

재개발	재건축
• 토지와 건축물 모두 소유한 자 • 토지 소유자(별도 자격요건 있음) • 건축물 소유자(별도 자격요건 있음) • 지상권자(별도 자격요건 있음)	토지와 건축물 모두 소유한 자
조합설립 동의에 상관없이 조합원 자격 부여	조합설립에 동의한 자만 조합원 자격 부여

재건축은 토지와 건물을 동시에 소유해야 조합원 자격이 주어집니다. 즉 토지나 건물만 각각 소유해서는 입주권을 받을 수 없다는 얘기입니다.

재건축 하면 낡은 아파트를 떠올리기 쉽지만 빌라나 다가구주택인 재건축 물건도 얼마든지 많습니다. 제가 투자한 문정동 136 재건축 물건도 단독주택이었습니다. 앞에서 설명한 것처럼 재개발과 재건축을 구분하는 기준은 기반시설이지 아파트냐 아니냐가 아닙니다. 어차피 아파트는 땅과 건물을 분리해 소유할 수 없지만 단독주택이나 다가구주택은 토지와 건물을 따로 소유할 수 있습니다. 그런데 재건축 구역에서는 건물과 땅을 각각 따로 소유하면 입주권이 나오지 않습니다.

재개발은 토지와 건물 둘 다 가지고 있으면 당연히 조합원이 되고, 토지나 건물 둘 중에 하나만 가지고 있어도 조합원이 될 수 있습니다.

한편 재건축은 조합동의가입서를 써야 조합원이 됩니다. 재개발은 조합설립을 반대한 25% 미만의 사람들도 조합설립인가가 나면 자동으로 조합원이 됩니다. 재건축은 반대했던 25% 미만의 사람들은 조합설립인가가 나도 조합원이 아니지만 나중에 가입할 수는 있습니다. 반대했던 사람들도 조합원이 되지 않으면 결국 현금청산 되니 나중에는 대부분 가입할 수밖에 없습니다.

재개발 구역에서 건물이나 토지만 가지고 있다면

| 재개발 사업의 조합원 자격 요건 |

토지와 건물 모두 소유	• 다른 조건 없이 자격 요건 갖춤
토지 또는 건축물만 소유	• 2003년 12월 30일 이전에 소유권이 분리되어 있을 것 • 토지의 경우 면적이 90㎡ 이상일 것 • 토지 면적이 30㎡ 이상 90㎡ 미만일 경우 반드시 무주택자일 것 (단, 2010년 7월 30일 이전에 구역지정이 되어야 함) • 지목과 현황이 모두 '도로'가 아닐 것
무허가건축물 소유	• 1981년 12월 31일 현재 '무허가 건축물대장'에 등록되어 있을 것 • 1981년 촬영한 '항공사진'에 나타나 있을 것

	토지+건물 소유	건물만 소유	토지만 소유		무허가건축물 소유
소유권 분리일	―	2003년 12월 30일 이전	2003년 12월 30일 이전	2003년 12월 30일 이전	관계없음
최소면적	관계없음	관계없음	90㎡	30㎡ 이상~ 90㎡ 미만	관계없음 (무허가건축물로 인정받을 것)
주택 소유 여부	관계없음	관계없음	관계없음	반드시 무주택자	관계없음
지목	관계없음	―	관계없음	지목과 현황 모두 도로면 자격 없음	관계없음

알아두세요

지목
토지의 주된 이용 목적에 따라 토지의 종류를 구분하고 표시하는 등 등기부상의 분류

현황
실제로 이용되고 있는 상태

토지와 건축물을 모두 소유한 경우에는 다른 조건과 상관없이 조합원 자격이 주어집니다. 부동산의 크기와 소유하고 있는 주택수도 관계없습니다. 하지만 토지나 건축물 중 하나만 소유한 경우에는 토지와 건축물의 소유권 분리를 언제 했는지가 중요합니다. 2003년 12월 30일 이전에 소유권 분리가 되어 있으면 건물만 가지고 있어도 입주권을 받을 수 있습니다.

그러나 토지만 소유한 사람은 토지의 크기를 따져봐야 합니다. 서울시 기준으로 토지만 소유한 경우는 2003년 12월 30일 이전 소유권이 분리

되었다 하더라도 최소면적이 90㎡ 이상이어야 합니다. 30㎡ 미만이라면 아예 조합원 자격이 없기 때문에 현금청산을 받게 됩니다. 이런 경우 30㎡ 미만의 토지를 가진 소유자라면 조합원분양신청 전까지 다른 조합원의 토지를 매입해서 면적이 90㎡ 이상 되도록 하면 조합원 자격이 생깁니다. 다른 조합원에게 팔 수도 있습니다. 같은 구역에 소유한 토지면적의 합을 기준으로 하므로 토지가 붙어있지 않아도 됩니다.

30㎡와 90㎡ 사이라면 반드시 무주택자여야 입주권을 받을 수 있습니다. 단, 지목과 현황이 모두 도로인 경우에는 조합원 자격을 취득할 수 없습니다. 즉 지목과 현황 중 어느 하나만 도로가 아니면 조합원 자격이 주어집니다.

사실 2003년 이전에 토지와 건물의 소유권이 분리된 매물을 만나는 것은 아주 드문 일입니다. 왜 2003년 12월 30일 이후에 소유권 분리가 된 것은 입주권을 주지 않을까요? 도정법을 꿰뚫고 있는 사람들이 토지와 건물의 소유권을 분리하여 입주권을 여러 개 챙겨가자 지분 쪼개기를 막기 위해 이런 제도가 생겨난 것입니다.

잠깐만요

지분 쪼개기란?

지분 쪼개기에는 여러 가지 방법이 있습니다. 과거에는 재개발 구역으로 지정되면 그 구역의 단독주택을 구입해서 헐고 새로 다세대주택을 지어 입주권 개수를 늘리거나, 다가구주택을 매입한 후 다세대주택으로 전환해서(전환 다세대주택) 입주권 개수를 늘리기도 했습니다. 다가구주택에는 여러 세대가 거주해도 소유자는 1명이라 입주권이 1개만 나오지만 다세대주택은 공동주택으로 한 건물에 사는 세대수만큼 소유자가 존재하므로 소유자 수만큼 입주권이 나오니까요. 이렇게 편법으로 입주권 개수를 늘리는 사람들이 등장하면서 부작용이 생겼습니다.

그래서 시·도 조례에 권리산정기준일을 기준으로 지분 쪼개기를 금지하는 규정들이 생겼습니다. 지분 쪼개기를 금지하고 분양자격을 결정하는 권리산정기준일은 정비구역 지정고시일 아니면 시·도지사가 투기 방지를 위하여 정비구역 지정 전에 별도로 정한 날입니다.

입주권이 나오는 무허가건축물의 요건

재개발은 토지나 건축물 없이 지상권(무허가건축물)만 있어도 조합원 자격을 주기도 합니다. 사실 무허가건축물은 철거되었어야 하는 불법건축물입니다. 그러나 아주 오래전부터 존재한 무허가건축물은 예외적으로 입주권을 주기도 합니다. 단, 1981년 12월 31일을 기준으로 무허가건축물대장에 등록돼 있어야 합니다. 해당 구청에 문의하면 간단하게 확인할 수 있습니다. 무허가건축물대장에 없다면 1981년에 촬영한 항공사진이나 재산세 납부 영수증 등으로 입증할 수도 있습니다.

무허가건축물을 매수할 때는 입주권이 나오는 매물인지 반드시 확인해야 합니다. 보통 무허가건축물을 매수할 때 공인중개사가 무허가건축물대장을 발급받아 와서 확인시켜 주지만 미리 이런 자격 요건을 알고 있어야 실수를 줄일 수 있습니다.

다물권자를 조심하라!

조합설립인가일 전부터 A구역 안에 주택을 3채 가지고 있었던 김○○ 씨는 조합설립인가 이후에 3개 중 하나를 박○○ 씨에게 팔았습니다. 구역 내에 여러 채의 집을 가지고 있는 사람은 당연히 있을 수 있습니다. 또한 1채만 가지고 있어도 입주권을 받을 수 있으니 나머지는 팔고 싶을 수도 있지요. 그런데 이렇게 되면 날벼락이나 다름없는 일이 일어납니다. 김○○ 씨와 박○○ 씨가 하나의 입주권을 공유하게 되는 상황이 벌어지는 것입니다. 원칙적으로 조합원 1명이 한 구역 내 여러 채의 주택 등을 소유하고 있더라도 입주권은 하나만 받을 수 있기 때문입니다. 그러나 조합설립인가 이전에 박 씨에게 주택을 매도했다면, 김 씨와 박 씨는 둘 다 입주권을 받을 수 있습니다. 조합설립인가 이전에 김 씨가 박 씨에게 하나를 팔고 이 씨에게도 하나를 팔았다 해도 3명이 모두 입주권을 받게 됩니다. 그러나 조합설립인가 후 박 씨와 이 씨에게 하나씩 팔았다면, 3명이 하나의 입주권을 공유하게 됩니다.

그래서 조합설립인가 이후 매매계약을 할 때는 "매도자는 해당 구역 내에 부동산이 해당 물건 하나만 소유하고 있다는 것을 확인하였고 만약 매도인이 같은 재개발 구역에 다른 부동산을 소유하고 있어 조합원 자격에 이상이 있을 경우 본 계약은 아무 조건 없이 해제할 수 있고, 이에 따른 손해는 매도인이 책임진다."라는 특약사항이 계약서에 항상 들어갑니다.

여기까지 이해하고 나면 "대체 다물권자인지 아닌지를 어떻게 확인해 보죠?"라고 질문하고 싶을 텐데요. 일단 조합에 전화해 보면 알 수 있습니다. 지번을 말하면 알려줍니다. 하지만 가장 확실한 것은 매도자의 지방세 세목별과세증명원을 확인하는 것입니다. 부동산을 3채 가지고 있는 사람은 3채에 대한 재산세를 냅니다. 주택을 가지고 있으면서 재산세가 부과되지 않는 사람은 없습니다. 매도자가 발급해 주거나 공인중개사가 다 확인해서 특약사항에도 넣습니다. 사실 2~3개 가지고 있는 사람은 많지 않지만, 꼭 확인해 봐야 할 사항입니다.

최근 1세대 다물권자가 물건을 일부 매도했을 때 매수한 사람의 조합원 자격을 인정하지 않은 대법원 판례가 나와 한창 화제가 되었는데요. 이런 경우에는 세대 구성원의 지방세 세목별과세증명원을 다 발급받아서 확인해야 합니다.

투기과열지구,
이것만은 꼭 알고 투자하자

조합원지위 양도 금지

지금부터 설명하는 것은 투기과열지구, 즉 2023년 9월 기준으로는 강남 3구와 용산구에만 해당되는 내용이긴 합니다. 그러나 강남3구와 용산구의 재개발·재건축 구역에 투자를 할 계획이 없더라도 언제 또 투기과열지구가 추가로 지정될지 모르니 당연히 알고는 있어야 합니다.

투기과열지구로 지정되면 투기수요의 유입을 막기 위한 여러 가지 규제와 제한이 생깁니다. 예를 들어 투기과열지구라면 일정 기간 입주권이나 입주권을 받을 수 있는 물건을 못 팔 수도 있습니다. 이런 제한을 '입주권 전매제한'이라고도 하고 '조합원지위 양도 금지'라고도 합니다. 보통 이야기할 때는 전매제한을 많이 쓰지요. 전매제한은 재개발과 재건축을 나누어서 봐야 합니다. 재건축은 조합설립인가 이후부터 소유권이전등기 시까지 사고팔 수 없고, 재개발은 관리처분인가 이후 사고팔 수 없습니다. 재개발은 재건축보다 상황이 많이 나은 편입니다. 거의 사업이 끝나가는 시점부터 사고팔 수 없으니까요.

토지거래허가구역의 경우 소유권이전등기 자체가 불가능하지만 전매제한에 해당되는 물건을 매수하면 소유권이전등기를 마치고 나중에 입주권이 안 나온다는 사실을 알게 되는 경우가 있으니 조심해야 합니다.

	재개발	재건축
금지 조항	관리처분인가 후 신축 아파트 소유권이전 등기 시까지 조합원지위 양도 금지 (2018년 1월 24일 이후 사업시행인가 신 청 구역)	조합설립인가 후 신축 아파트 소유권이전 등기 시까지 조합원지위 양도 금지
예외 조항	10년 보유, 5년 거주, 1세대 1주택인 경우 전매 가능	
	2018년 1월 24일 전 사업시행인가 신청 구역	조합설립인가 후 3년 내 사업시행인가 미 신청 시 신청 전까지(3년 이상 보유한 경 우) 조합원지위 양도 가능
		사업시행인가 후 3년 내 미착공 시 착공 전 까지(3년 이상 보유한 경우) 조합원지위 양 도 가능
		착공 후 3년 내 미준공 시 준공 전까지(3년 이상 보유한 경우) 조합원지위 양도 가능

그런데 저는 서울시 전체가 투기과열지구이던 시기에 흑석9구역을 관리처분인가 이후에 샀습니다. 어떻게 살 수 있었을까요? 재개발 구역은 투기과열지구에서 2018년 1월 24일 이후에 사업시행인가를 신청한 구역에만 전매제한을 두고 있습니다. 즉 2018년 1월 24일 이전에 사업시행인가를 신청한 재개발 구역에는 전매제한이 적용되지 않습니다. 흑석9구역은 2018년 1월 24일 이전에 사업시행인가 신청을 했기 때문에 살 수 있었던 것이지요. 같은 흑석뉴타운이라도 흑석11구역은 2018년 1월 24일 이후에 사업시행인가 신청했기 때문에 2022년 관리처분인가를 받은 시점부터 거래가 정지되었습니다. 그런데 지금은 강남3구와 용산구를 제외하고는 규제지역에서 해제되었기 때문에 모두 거래가 가능합니다.

투기과열지구 조합원지위 양도 금지의 예외 규정

3년 동안 사업 진척이 없다면?

- 재건축 조합설립인가 후 3년 내에 사업시행인가 미신청 시 신청 전까지 매매 가능
- 재건축 사업시행인가 후 3년 안에 착공을 못하면 착공 전까지 매매 가능
- 착공일로부터 3년 이상 준공되지 않은 재개발·재건축의 토지를 3년 이상 보유한 경우 지위 양도 가능

투기과열지구의 재건축 구역인 잠실주공 5단지는 2023년 9월 현재 거래가 되고 있습니다. 잠실주공 5단지는 조합설립인가를 받았는데 어떻게 사고팔 수 있을까요?

조합설립인가가 나고 3년 안에 사업시행인가를 신청하지 못하면 3년이 지난 시점부터 전매제한이 해제됩니다. 잠실주공 5단지는 조합설립 후 3년이 지나도록 사업 신청을 못했습니다. 그래서 거래가 가능한 것이지요. 그런데 사업시행인가 신청하면 또 전매제한에 해당되게 됩니다.

마찬가지로 사업시행인가를 받고 3년 안에 착공에 못 들어가면 또 전매제한이 풀립니다. 착공되면 또 전매제한에 묶이지요. 착공 들어갔는데 3년 안에 준공이 나지 않으면 또 전매제한이 됩니다.

이런 조항은 왜 만들어졌을까요? 사유재산을 못 팔게 하는 것은 엄연히 재산권 침해입니다. 3년이 지나도록 사업에 진척이 없다면 조합원의 탓이 아니라 사업 진행이 느린 탓이므로 재산권 보호 차원에서 전매제한을 풀어주는 것입니다.

10년 보유, 5년 거주, 1세대 1주택자

투기과열지구의 지위 양도 금지 조항을 깨는 예외 규정이 있습니다. 다음 같은 예외규정에 해당되면 조합설립인가 후의 재건축 구역이든, 관

리처분인가 이후의 재개발 구역이든 상관없이 사고팔 수 있습니다.

전매제한 예외 규정

- 1세대 1주택자로 10년 이상 보유, 5년 이상 거주한 경우
- 세대원 전부가 직장, 취학, 결혼 등으로 해당 사업구역 이외의 행정구역으로 이전하는 경우
- 세대원 전체가 상속받은 주택으로 이주하는 경우
- 금융기관, 국가, 지자체에서 경매 또는 공매를 신청하여 소유권이 이전되는 경우(단, 개인 간의 채무 변제를 위한 경매는 제외)

이 중 아주 예외적인 상황을 빼고 우리가 만날 수 있는 매물은 '10년 보유, 5년 거주, 1세대 1주택'이라는 세 가지 조건을 갖춘 매물입니다. 이런 매물은 재개발·재건축과 상관없이 매매가 가능합니다. 단, 셋 중 하나만 충족하면 되는 게 아니라 세 가지를 모두 충족해야 합니다.

그런데 이런 세 가지 조건은 어떻게 확인할 수 있을까요? 다음과 같이 서류로 간단하게 확인할 수 있습니다. 보통 매수 시 공인중개사가 모두 준비하여 확인시켜 줍니다.

1. 10년 보유 여부

부동산 등기부등본을 발급받아 확인하면 소유권이전등기를 언제 했는지 알 수 있습니다.

2. 5년 거주 여부

주민등록초본을 발급받아 확인하면 언제 전입했는지, 얼마나 지났는지 알 수 있습니다.

3. 1세대 1주택

지방세 납세증명서를 보면 재산세(지방세)를 낸 내용이 명시되어 있기 때문에 다른 주택을 소유하고 있는지 알 수 있습니다. 단, 1세대 1주택 요건에는 매도자를 포함한 세대원 모두가 소유한 주택이 하나여야 합니다.

10년 보유, 5년 거주, 1세대 1주택자인 매도자의 물건은 투기과열지구라도 전매제한에 상관없이 조합원지위 양도가 가능합니다. 제가 관리처분인가 이후에 매수한 송파구 문정동 136 재건축 물건이 바로 '10년 보유, 5년 거주, 1세대 1주택자의 물건'이었습니다. 그래서 관리처분인가 이후인데도 매수할 수 있었지요. 지하에 5세대가 있었고 1층에는 집주인이 직접 어린이집을 운영하고 있었으며 2층에서는 주인 세대가 거주하고 있었습니다. 500만 원씩 월세도 받고 있었고 어린이집을 운영하고 있어 현금흐름이 매우 좋았으며 마당도 넓었습니다. 그런데 아파트 한 채 받고 나가라고 하니 집주인은 재건축 사업을 끝까지 반대했습니다. 재건축이 되면 월세도 못 받고 어린이집도 운영을 못 하니까요. 그러다 결국 관리처분인가가 나고 나서야 매도하게 된 것이지요. 그런데 이렇게 한 사람이 10년을 보유하고 5년을 거주했으며 다른 주택 하나 없이 전 세대원이 그 물건 하나만 가지고 있을 확률이 얼마나 될까요? 이런 물건은 매우 적겠지요. 하지만 언제 만나게 될지 모르니 이 예외 조항은 미리 알아두어야 합니다.

이러한 규정을 잘 알고 있으면 재개발·재건축 투자에 요긴하게 활용할 수 있습니다. 먼저 투지과열지구에서 2018년 1월 24일 이후 최초로 사업시행인가를 신청한 재개발 구역에 투자할 때 관리처분인가 전에 매수한다면 관리처분인가 이후부터 입주할 때까지 팔 수 없으므로 관리처분인가 전에 팔거나 입주 시기에 소유권이전등기를 한 후 매도하는 계획을 세웁니다.

반대로 투기과열지구에서 관리처분인가 이후에 매수하고 싶은데 입주 전에 매수와 매도를 하고 싶다면, 2018년 1월 24일 이전에 최초로 사업시행인가를 신청한 재개발 구역을 찾는 것이 좋은 전략이 될 것입니다.

분양권 5년 재당첨 제한

투기과열지구라면 분양신청 횟수도 제한됩니다. 투기과열지구 내 정비사업 일반분양 또는 조합원분양에 당첨된 세대에 속한 자는 5년간 투기과열지구 내의 정비사업 일반분양 또는 조합원분양의 재당첨을 제한합니다. 일반분양을 받은 시점이 청약 당첨일이라는 것은 다들 짐작하실 테지만 입주권의 조합원분양을 받은 시점은 언제일까요? 바로 최초 관리처분인가일입니다. 예를 들어 관리처분인가 이후에 A구역의 물건 a를 샀는데 5년 이내에 관리처분인가 이후의 B구역 물건 b를 또 사면 소유권이전등기는 되지만 나중에 물건 b는 현금청산이 됩니다.

단, 법이 시행되기 이전(2017년 10월 24일 이전)에 소유하고 있던 주택에 대해서는 재당첨 제한이 적용되지 않습니다. 2017년 10월 24일 이전에 소유권이 이전된 물건이라면 재당첨 금지와는 무관한 것이지요. 그러므로 투기과열지구에 여러 개의 물건을 보유해도 모두 분양신청 자격을 갖게 됩니다.

분양권 5년 당첨 제한을 구체적으로 풀어보면 다음과 같습니다.

투기과열지구					
기당첨		**재당첨 대상**		**당첨**	
정비사업 일반분양		정비사업 일반분양		×	
정비사업 일반분양	5년 내	조합원분양		×	
조합원분양		정비사업 일반분양		×	
조합원분양		조합원분양		×	

- 정비사업 일반분양에 당첨된 세대에 속한 자는 5년간 정비사업 일반분양 당첨에 제한됩니다.
- 정비사업 일반분양에 당첨된 세대에 속한 자는 5년간 법 시행일(2017년 10월 24일) 이후 취득한 주택을 통한 조합원분양 당첨에 제한됩니다.
- 조합원분양 당첨된 세대에 속한 자는 5년간 정비사업 일반분양 당첨에 제한됩니다.
- 조합원분양분에 당첨된 세대에 속한 자는 5년간 법 시행 이후 취득한 주택을 통해 조합원분양분 당첨에 제한됩니다.

만약 투기과열지구에 관리처분인가 이후의 물건을 보유하고 있는데 투기과열지구에 또 하나를 사고 싶다면 언제부터 살 수 있을까요? A라는 재개발(재건축) 물건 소유자가 다시 B라는 재개발(재건축) 물건을 추가 매수할 경우, 5년 재당첨 제한 기간은 다음과 같이 산정합니다. A물건의 관리처분인가일과 B물건의 관리처분인가일이 아니라 A물건의 관리처분인가일과 B물건의 조합원분양 마지막 날의 간격이 5년이 넘어야 합니다. 단, 2채 중 1채라도 투기과열지구가 아니라면 5년 재당첨 제한은 해당되지 않습니다.

'투기과열지구는 뭐가 이렇게 안 되는 게 많아?'라는 생각이 들 수 있지만, 사실 2023년 1·3부동산대책으로 강남3구와 용산구를 제외하고는 이 모든 제한사항에서 벗어났습니다. 지금 재개발·재건축 공부를 부지런히 해야 하는 이유입니다.

만약 투기과열지구 내에서 이 규정을 피하고 싶다면 관리처분인가 이후에 매수하면 됩니다.

오르는 물건은 따로 있다! 사업성과 수익성 분석

초기 투자(감정평가 전 투자) 전략

전략부터 다른 초기 투자와 안전 투자

수익성 높은 재개발·재건축 물건을 쉽게 찾을 수 있는 방법이 있다면 좋겠지만, 사실 그런 방법은 어디에도 없습니다. 시시각각 변하는 부동산 시장의 정보에 늘 귀 기울여야 하는 것은 물론이고 손품, 발품을 통해 기본적인 수익은 척척 따져볼 줄 알아야 저평가된 재개발·재건축 물건을 선별할 수 있습니다. 지금부터는 초기 투자와 안전 투자로 나누어 꼼꼼히 따져보고, 사업성과 수익성을 분석하는 방법을 살펴보겠습니다.

저의 첫 재개발 투자 물건인 인천 빌라는 관리처분인가 이후에 매수했고, 그다음으로 투자한 노원구 다가구주택은 사업시행인가 이전에 매수했습니다. 이 두 투자의 가장 큰 차이점은 무엇일까요? 인천 빌라는 조합에서 "당신 물건의 가치는 ○○○○만 원입니다." 하고 감정평가액을 통보한 이후라 거의 정확한 가치를 알고 투자했고, 노원구 다가구주택은 직접 추정감정평가를 해서 투자했다는 점입니다. 전자는 안전 투자, 후자는 초기 투자의 좋은 사례가 되겠네요.

초기 투자와 안전 투자는 접근 방법 자체가 다릅니다. 초기 투자는 조합 설립 이후부터 사업시행인가 또는 감정평가 전까지의 투자로, 리스크와 변수가 많지만 그만큼 기대수익도 큰 투자입니다. 프리미엄이 본격적으로 상승하기 전이라 당장 실투자금이 적게 들지만 투자 리스크가 큰 시기에 매수하는 것이므로 경험이 많은 투자자나 장기 투자자가 투자하기에 적합합니다.

안전 투자는 최소한 종전자산평가 이후 또는 조합원분양신청 이후 단계에 매수하는 투자입니다. 초보 투자자, 무경험자, 실수요자는 관리처분인가 이후 또는 착공을 시작했을 때 매수하는 것도 좋습니다. 특히 초기 단계에 매수하면 중간에 지쳐 포기할 수도 있는 실수요자에게는 4~5년 이후에 입주할 수 있는 관리처분인가 단계의 물건이 적합합니다.

| 초기 투자와 안전 투자 |

구분	초기 투자	안전 투자
사업 단계	조합설립인가 직전부터 사업시행인가 또는 감정평가 전까지	감정평가 또는 관리처분인가 이후
특징	리스크는 존재하지만 기대수익은 큰 투자. 추정감정평가를 기준으로 거래됨	재개발·재건축에서 대부분의 리스크가 해소되는 단계
적합한 투자자	투자 경험이 많은 투자자, 장기 투자자에게 적합	투자 경험이 없는 초보 투자자, 실수요자에게 적합

초기 투자 전략

초기 투자에 적합한 곳은 입지가 완벽한 구역입니다. 입지와 사업성이 좋은 구역일수록 프리미엄의 상승 속도가 빠르기 때문입니다. 예를 들어 성수전략정비구역, 한남뉴타운 등은 아직 사업 초기인데도 예상 감정평가액 대비 (추정)프리미엄이 높습니다. 이러한 서울의 핵심지역이라면 어느 정도의 위험을 감수하고라도 조합설립을 전후해서 사업시행인가 이전에 진입하는 것이 유리합니다. 감정평가액이 통보되면 훨씬 더 큰 투자금이 필요하고 프리미엄도 더 많이 올라 매수 타이밍을 놓칠 수 있습니다.

초기 투자 시 어느 구역에 투자할 것인지 결정하기 위해 알아야 할 것들, 더 나은 물건을 선택하기 위해 분석해야 하는 것들을 하나씩 살펴보겠습니다. 전자는 사업성 판단(지역 분석)이고, 후자는 수익성 판단(물건 분석)입니다.

| 물건 분석 시 사업성·수익성 판단 |

사업성 판단(지역 분석)	수익성 판단(물건 분석)
• 입지: 교통, 학군, 직주근접, 편의시설, 조망권, 공원 및 체육시설 • 호재, 악재: 개발호재, 교통호재, 공급물량 • 조합의 사업 속도, 조합설립총회 책자 분석, 비례율 상승할 지역 선정	• 투자하려는 물건의 추정감정평가액 계산: 거래사례비교법, 원가법 • 자금계획: 초기 투자금액, 총투자금 계산 • 입주 시 가격 예상: 같은 사업지의 빠른 구역 시세 참고, 인근 신축 시세 활용 • 투자 기간 설정: 초기, 중기, 장기 투자 결정 • 명의 결정: 개인, 법인

초기 투자의 사업성 판단(지역 분석)

사업성 판단은 지역 분석을 의미합니다. 입지나 호재 등을 분석해 어느 동네, 어느 구역에 투자할 것인지를 선택하는 과정이지요.

예를 들어 노량진의 여러 가지 호재와 입지를 살펴보고 관심이 갔다면, 노량진뉴타운의 어느 구역이 가장 좋을지에 대해서도 꼼꼼히 따져봐야 합니다. 부동산은 입지로 시작해서 입지로 끝난다는 말이 있습니다. 입지 분석은 교통, 학군, 직주근접, 편의시설, 조망권, 공원과 체육시설 여부 등을 파악하는 것인데, 이런 하나하나의 요소들이 모여 상승이나 하락을 판가름합니다.

어떤 호재를 앞두고 있는지에 대해서도 항상 촉각을 곤두세우고 있어야 합니다. 지하철역이나 GTX가 개통된다든지 하는 교통호재가 생기면 그

지역에 대한 관심도가 증가합니다. 산업단지 조성이나 대기업 투자 같은 일자리 호재도 부동산 시장을 들었다 놨다 하는 중요한 호재이지요. 반면 주변에 공급물량이 확 늘어난다던가 혐오시설이 들어선다면 집값이 하락할 수 있으니 그 동네에 일어나는 일들에 관심을 가져야 합니다.

사업 속도는 어떻게 예측할 수 있을까요? 서울의 경우 '정비사업 정보몽땅'에 들어가서 각 단계별 시간차 간격을 확인하면 됩니다. 단계별 시간 간격이 좁으면 사업 속도가 빠른 것입니다. 이전에 착착 진행되어 속도가 빨랐다면 앞으로도 진행이 원활할 확률이 높고, 지금까지 이런저런 이유로 사업 속도가 지지부진했다면 이후에도 느릴 확률이 높습니다.

왼쪽의 구역은 조합설립인가부터 착공까지 5년밖에 걸리지 않은 반면, 오른쪽 구역은 조합설립인가를 2010년에 받았지만 현재까지 사업시행인가를 못 받고 있는 것을 확인할 수 있습니다.

조합 사무실에 물어보는 것도 좋습니다. 예를 들어 재개발·재건축 사업에서 갈등 요소인 비대위활동이 활발한지를 물어봅니다. 비대위, 즉 반대파의 세력이 크면 속도가 느릴 수밖에 없습니다.

이왕이면 조합 책자를 가지고 있는 부동산에 방문한다면 공인중개사가 조합원일 가능성이 높으니 더 생생한 이야기를 들을 수 있고, 조합 책자를 통해 유용한 정보를 얻을 수도 있습니다.

무엇보다 초기 투자에서는 사업성이 좋아 향후 비례율이 올라갈 구역을 찾는 것이 중요합니다. 비례율이 높아질 구역을 찾는 방법에 대해서는 뒤에서 자세하게 살펴보겠습니다.

초기 투자의 수익성 판단(물건 분석)

관심이 가는 구역을 정했다면, 이제 현재 내가 매수할 수 있는 가장 좋은 매물은 무엇인지 분석해 볼까요? 해당 구역에 있는 여러 물건들의 감정평가액을 추정해서 프리미엄을 계산하고 자금계획을 세워보는 등 수익성을 판단하여 물건을 고릅니다.

초기 투자에서 가장 중요한 것은 물건별 예상 감정평가액 계산을 해서 투자 물건의 현재 프리미엄을 예측하는 것입니다. 계산도 무척 쉽습니다. 사실 초등학교 수준의 산수만 할 줄 안다면 누구나 할 수 있는 간단한 계산이니 전혀 주눅 들지 않아도 됩니다. 감정평가를 하는 방법은 뒤에서 자세히 설명하겠습니다.

추정감정평가액으로 프리미엄을 계산했다면, 인근 신축 시세를 활용해 안전마진이 얼마인지, 입주 시 수익은 얼마인지를 따져보고 여러 물건들을 비교해보면, 어떤 선택을 해야 할지 한눈에 알 수 있을 것입니다.

언제 팔아야 할지도 투자 시 결정하는 것이 좋습니다. 중간에 계획이 바뛸 수도 있지만 '중간에 매도할 것인가? 끝까지 가져갈 것인가?'를 미리 결정해 출구전략을 잘 세운 후 매수해야 합니다.

명의도 처음부터 신중하게 결정해야 합니다. 명의에 따라 세금이나 대출금액이 달라질 수 있고, 조합원 자격에도 직접적인 영향을 미치기 때문입니다. 예를 들어 재개발 구역 내에서 꼬마빌딩 같은 물건은 법인으로 사는 것이 대출받는 데 유리합니다.

자금은 어떻게 마련할지도 계획을 미리 세워봅니다. 기본적으로 계약 시 들어가는 실투자금, 새 아파트에 입주하기까지 총 들어가는 금액과 예상 수익 정도는 미리 계산해봐야겠지요?

초기 투자의 핵심!
비례율이 높아질 구역 찾기

분담금을 결정하는 비례율

왜들 그렇게 비례율이 중요하다고 하는 걸까요? 비례율은 관리처분인
가가 난 후에 결정되고, 대부분 100%에 수렴하므로 정확한 비례율이 나
오기 전에는 100%로 가정하고 계산합니다. 그런데 사업 후반부에 들어
서 높은 가격에 성공적으로 일반분양을 했거나, 사업비가 예상보다 적
게 들어서 등 여러 이유로 조합의 사업성이 좋아져서 비례율이 10% 오
른다면 어떻게 될까요?

다음 3명이 똑같이 조합원분양가 2억 원인 59㎡를 신청했다고 가정해
보겠습니다.

- 김○○ 조합원: 감정평가액 1,000만 원, 분담금 1억 9,000만 원
- 박○○ 조합원: 감정평가액 1억 원, 분담금 1억 원
- 최○○ 조합원: 감정평가액 10억 원, 8억 원 환급

비례율 100%인 경우, 감정평가액과 권리가액이 같으니 분담금은 위와
같습니다. 비례율이 110%라면, 김○○ 조합원의 권리가액(=감정평가액

×비례율)은 1,100만 원이 되어 분담금이 1억 8,900만 원이 됩니다. 분담금이 100만 원 줄어든 것이지요. 박○○ 조합원은 분담금이 1,000만 원 줄어 9,000만 원이 됩니다. 최○○ 조합원은 1억 원을 더 환급받게 되어 총 9억 원을 환급받습니다.

반대로 사업 후반부에 부동산 시장 침체로 미분양이 생기거나 사업이 지연되면서 사업비가 늘어나는 등 조합의 사업성이 악화되어 비례율이 10% 줄어들었다면 분담금은 어떻게 달라질까요?

김○○ 조합원의 권리가액은 900만 원이 되어 분담금이 1억 9,100만 원이 됩니다. 분담금이 100만 원 늘어났습니다. 박○○ 조합원은 분담금이 1,000만 원 늘어 1억 1,000만 원이 됩니다. 최○○ 조합원은 1억 원을 덜 환급받게 되어 총 7억 원을 환급받습니다.

| 비례율에 따른 분담금 차이 비교 |

	김○○ 조합원			박○○ 조합원			최○○ 조합원		
59㎡ 조합원 분양가	2억 원								
감정평가액	1,000만 원			1억 원			10억 원		
비례율	90%	100%	110%	90%	100%	110%	90%	100%	110%
권리가액	900만 원	1,000만 원	1,100만 원	9,000만 원	1억 원	1억 1,000만 원	9억 원	10억 원	11억 원
분담금	1억 8,900만 원	1억 9,000만 원	1억 9,100만 원	1억 1,000만 원	1억 원	9,000만 원	7억 원 환급	8억 원 환급	9억 원 환급

비례율이 이렇게 과학적입니다. 비례율만 곱하면 사업이 수익을 내든 손해를 보든 각각 감정평가액이 다른 조합원의 분담금이 형평성 있게 줄어들거나 늘어납니다.

비례율은 누구에게나 중요한 숫자입니다. 조합원들은 비례율로 분담금이 정해지니 촉각을 곤두세울 수밖에 없지요. 조합원의 물건을 사려는 투자자들도 비례율은 중요한 투자 기준입니다. 조합 입장에서도 비례율이 '사업이 이익이 났냐 손해가 났냐'를 나타내므로 중요할 수밖에 없지요.

비례율이 높아질 구역 찾기

비례율이 높아질 구역은 어떻게 찾을 수 있을까요? 방법은 비례율 공식 안에 숨어 있습니다.

$$비례율 = \frac{총수입(종후자산평가액) - 총지출(사업비)}{감정평가총액(종전자산평가액)} \times 100$$

단순하게 생각하면 됩니다. 분자가 커질수록, 분모가 작아질수록 비례율은 높아집니다. 분자인 종후자산평가액은 조합원분양 수입에 일반분양 수입을 더한 값이므로 조합원분양가를 올리거나 높은 가격에 일반분양을 하면 비례율이 높아집니다. 사업비가 줄어도 분자가 커지므로 비례율은 올라갑니다.

조합원분양가를 올리는 것은 쉽지 않습니다. 조합원들의 저항이 거셀 수 있으니까요. 청약에 당첨된 사람들이 내는 일반분양가를 올리는 게 간편하지요. 청약에 당첨된 사람들에게는 분양가를 정할 때 의견을 묻지 않아도 됩니다. 그래서 조합원 수 대비 일반분양 세대수가 많은 구역의 비례율이 높을 확률이 큽니다.

조합원이 200명인 구역이 있고, 조합원이 500명인 구역이 있는데 똑같이 1,000세대를 짓는다면 어디가 사업성이 좋을까요? 당연히 조합원이

200명인 구역이 더 많은 일반분양 세대를 지을 수 있기 때문에 사업성이 좋을 수밖에 없습니다. 즉 비례율이 높아집니다.

총사업비는 공사비와 기타 사업비로 구성됩니다. 공사비는 말 그대로 새 아파트를 짓는 데 들어가는 비용입니다. 기타 사업비에는 보상비, 조합 운영비, 조합장 및 상근 직원들의 급여, 대출이자 등 금융비용, 이주할 때 필요한 명도비용, 예비비 등이 포함됩니다. 이런 비용을 줄여도 비례율은 올라갑니다. 총사업비를 줄이기 위해서는 사업 속도가 빨라야 합니다. 사업추진 속도가 빠르면 공사비가 줄어들고, 대출이자 등 금융비용이 줄어드는 것은 물론 하다못해 조합 직원 월급이나, 임대료도 줄어드니 사업성이 높아질 수밖에 없습니다.

평탄한 동네인지, 언덕이 있는 동네인지도 중요합니다. 가파르게 경사진 달동네에 새 아파트를 건축하려면 평탄화하는 작업이 필요한데, 돈이 제법 많이 들어가는 일입니다. 아파트를 삐딱하게 지을 수는 없으니 단지 내에서는 평지 느낌이 나게 엘리베이터를 설치하더라도 평탄화작업은 꼭 필요합니다.

기타 사업비 중 예비비는 미분양되거나 사업상 예기치 않은 지출이 발생했을 때를 대비한 것입니다. 예비비가 적게 책정된 구역보다 많이 책정된 구역이 손실 방지에 더 유연하게 대처할 수 있어서 비례율이 오를 확률이 높습니다.

비례율이 높은 구역의 조건
- 조합원 수 대비 일반분양 세대수가 많은 구역
- 사업 속도가 빠른 구역
- 건축비가 적게 투입되는 평탄한 지역
- 기타 사업비 중 예비비 비중이 높은 구역

비례율이 높으면 무조건 좋은 걸까?

왜 조합 비례율은 대부분 100%에 수렴할까요? 조합은 법인입니다. 법인세 최고세율은 22%나 되지요. 잉여금이 남으면 조합원과 조합 입장에서는 내야 하는 세금이 너무 아깝습니다. 그래서 조합원들에게 가전제품을 더 좋은 것을 준다던가 하는 방법으로 잉여금을 비용 처리해서 100%에 수렴시키는 것이 일반적인 관례입니다. 이렇게 하면 이익도 안나고 회계장부상 손해도 안 나 법인세를 제로로 만들 수 있습니다. 조합의 사업성이 좋아져서 비례율이 올라가면 조합이나 조합원들에게 이익이 되지만, 실제로는 절세를 목적으로 비례율을 100%에 수렴하도록 하는 것입니다.

가장 흔하게 하는 것은 작은방에도 에어컨을 다 달아주는 것입니다. 아파트 정원에 소나무를 더 심을 수도 있지요. 명품 소나무가 늘어나면 단지의 가치가 달라집니다. 폭포공원을 만들면 주민들이 시원하게 산책할 수 있습니다. 결국 이렇게 추가되는 시설이나 조경은 아파트 가격 상승의 요인이 됩니다. 조합원들에게는 현금과 같은 이익을 주면서 세금은 내지 않아도 되니 일거양득입니다. 이러한 이유로 결국 수익은 비용으로 쓰게 되어 있습니다. 그래서 조합의 비례율은 100.19%, 100.18%처럼 100%를 아주 약간 넘는 선에서 맞춰지는 경우가 많습니다.

어쩔 수 없이 비례율이 아주 높게 나오는 구역도 드물게 있긴 합니다. 예를 들어 서울의 한 재개발 구역은 비례율이 163%였습니다. 구역 전체 면적의 30%를 차지하고 있는 재개발 구역 내의 재래시장을 1명의 조합원이 소유하고 있었기 때문인데요. 이 시장의 소유자는 아파트 펜트하우스 1채와 소형 1채를 받고 나머지는 모두 현금으로 환급받았습니다. 조합원의 숫자가 일반분양 세대수에 비해 훨씬 적어져 163%라는 어마어마한 비례율이 나오게 되었지요. 여러 가지 방법으로 비용처리를 해도 어쩔 수 없었던 것입니다. 하지만 이런 경우는 이례적입니다.

유념해야 할 것은, 사실 관리처분인가 때 정해진 비례율은 '추정' 비례율이라는 것입니다. 확정 비례율은 입주하고 나서 결정됩니다. 조합원분양가와 감정평가액은 확정되지만 일반분양수익, 기타 사업비, 공사비 등이 확정되지 않았으니 정확한 비례율을 계산할 수 없기 때문인데요. 예를 들어 공사비가 늘어나면 이에 대한 이자도 늘어나 비례율이 낮아집니다. 금리가 폭등해 원자재 가격이 상승해도 공사비가 늘어나니 비례율이 줄어들게 됩니다. 만약 미분양이 난다면 수익이 줄어드니 당연히 비례율이 줄어들 수밖에 없겠지요.

초기 투자의 핵심!
감정평가액 추정하기

감정평가액 높게 나오는 매물 고르기

내 물건의 감정평가액을 통보 받았는데 추정했던 감정평가액보다 훨씬 낮다면 후회를 해도 돌이킬 수 있는 방법은 없습니다. 그래서 초기 투자에서 가장 핵심적인 부분은 감정평가액을 추정하는 것입니다. 감정평가액에 따라 수익이 달라지기 때문입니다.

대부분 감정평가액이 나오기 전에는 투자를 망설이다가 감정평가액이 통보된 후에 매수하려고 서두릅니다. 만약 감정평가액을 잘 추정할 수 있다면 남들보다 한발 빠르게 진입해 더 큰 수익을 올릴 수 있습니다. 이것이 바로 재개발·재건축 사업의 초기에 투자하는 이유입니다.

추진위원회나 조합설립 단계부터 높은 프리미엄이 형성되는 구역도 있지만, 보통 본격적으로 프리미엄이 상승하고 투자자들이 몰리는 시기는 사업시행인가가 나고 감정평가액이 통보될 때입니다. 따라서 감정평가를 제대로 이해하고 예상할 수 있다면 다른 투자자들이 진입하기 전, 프리미엄이 보다 저렴한 초기에 물건을 선점할 수 있습니다.

초기 투자의 장점은 투자금을 최소화할 수 있다는 것입니다. 투자금이 적게 들어가면 투자기간이 길어져도 버틸 수 있지요. 재개발·재건축 사업은 단계별로 가격이 상승하기 때문에 사업 초기에 투자하면 매도 시기를 선택하는 폭도 넓힐 수 있습니다. 사업시행인가 후나 관리처분인가 전후에 프리미엄의 상승분만 얻고 매도하는 단기투자도 가능하고, 입주할 때까지 보유해서 새 아파트를 얻는 장기투자도 가능합니다.

감정평가가 높게 산정될 물건의 요건

어떤 물건이 감정평가가 높게 산정될까요? 여러 가지 요건이 있으니 하나씩 살펴보겠습니다.

차량 출입이 가능한 도로변에 위치한 매물

같은 구역 내에서 매매가나 공시지가, 공동주택가격이 비슷해도 도로에 인접한 물건이 그렇지 않은 물건보다 감정평가가 높게 나옵니다. 또한 도로의 폭이 넓을수록 감정평가를 높게 받을 확률이 큽니다. 이를테면 4m 도로 옆에 있는 주택보다 6m 도로 옆 주택이 감정평가를 높게 받습니다.

공시지가가 높은 매물

부동산은 대부분의 가치가 땅에 있습니다. 그래서 공시지가가 높으면 감정평가액도 높게 받을 수 있습니다. 단독주택이라면 공시지가가 높은 매물, 집합건물인 빌라는 공시된 공동주택가격이 높은 매물이 감정평가액이 잘 나옵니다. 물론 같은 구역 내 다른 매물과 비교해서 매매가가 비슷할 때 선택하는 기준입니다.

상위 용도지역의 매물

용도지역에 따라 용적률이 달라져서 상위 용도지역일수록 감정평가를 높게 받습니다. 1종 주거지역 〈 2종 주거지역 〈 3종 주거지역 〈 준주거지역 〈 상업지역 순으로 감정평가가 높게 산정됩니다. 주거지역의 용도지역은 대부분 1종 주거지역이나 2종 주거지역인데, 가끔 3종 주거지역이나 준주거지역에 있는 물건도 있습니다.

잠깐만요

서울시 주거지역과 상업지역의 건폐율과 용적률

용도지역		건폐율		용적률	
		국토의 계획 및 이용에 관한 법률			
		법률	시행령	법률	시행령
주거지역	제1종 전용주거지역	70% 이하	50% 이하	500% 이하	50~100% 이하
	제2종 전용주거지역		50% 이하		100~150% 이하
	제1종 일반주거지역		60% 이하		100~150% 이하
	제2종 일반주거지역		60% 이하		150~250% 이하
	제3종 일반주거지역		50% 이하		200~300% 이하
	준주거지역		70% 이하		200~500% 이하
상업지역	중심상업지역	90% 이하	90% 이하	1,500% 이하	400~1,500% 이하
	일반상업지역		80% 이하		300~1,300% 이하
	근린상업지역		70% 이하		200~900% 이하
	유통상업지역		80% 이하		200~1,100% 이하

최근에 지어진 매물

단독주택은 토지와 건물을 각각 감정평가한 후 합산합니다. 건물은 노후화 정도에 따라 감가수정을 하므로 최근에 지어진 집일수록 감정평가를 높게 받습니다.

그런데 건물의 감정평가액은 그렇게 중요하지 않습니다. 10년 된 주택보다는 20년 된 주택의 감정평가액이 당연히 적긴 합니다. 하지만 건물의 감정평가액이 전체 감정평가액에서 차지하는 비중은 작습니다. 건물의 연령이 5년, 10년 많거나 적거나 해도 그 차이가 얼마 되지 않으니까요. 단독주택, 다가구주택의 경우 전체 감정평가액에서 건물이 차지하는 부분은 20%가 되지 않습니다. 그러므로 80% 이상을 차지하는 토지의 가치가 매우 중요합니다.

사업시행인가가 나면 조합에서는 가장 먼저 종전자산평가를 합니다. 공신력 있는 복수의 감정평가기관에 조합원이 소유한 부동산의 가치 평가를 의뢰해서 그 결과를 조합원에게 통보하는 것입니다. 만약 감정평가사가 감정평가하는 방식을 알면 우리도 비슷한 방법으로 감정평가액을 추정할 수 있겠지요?

대개 빌라나 연립주택, 아파트 등의 공동주택(집합건물)은 인근의 거래사례와 비교하는 '거래사례비교법'으로, 단독주택은 토지와 건물의 가치를 따로 평가해서 합산하는 방식으로 감정평가를 진행합니다.

공동주택의 추정감정평가액 구하기(거래사례비교법)

거래사례비교법

아파트, 연립주택, 빌라 같은 공동주택, 즉 집합건물은 각각 세대가 다르고 소유주가 다르지만 한 건물 안에 삽니다. 이 집합건물은 '인근의 비슷한 평형대의 비슷한 가치를 지닌 물건이 이렇게 거래되었다면 이 물건도 이 정도의 시세일 것이다.'라는 원리로 감정평가를 합니다.

그런데 왜 집합건물은 거래사례비교법으로 가치를 평가할까요? 집합건물은 건물과 토지가 하나의 가치로 합쳐져 있기 때문에 대지지분을 따로 분리해서 평가할 수 없습니다. 실제로 집합건물은 등기부등본도 하나, 등기권리증도 하나입니다. 재개발·재건축 구역이 아닌 곳에 있는 꼬마빌딩, 아파트 등의 물건을 감정평가할 때도 감평사들은 거래사례비교법을 씁니다.

단독주택과 공동주택의 차이

단독주택	공동주택
• 단독주택: 단일 가구, 면적 무제한 • 다중주택: 330㎡ 이하, 비독립형 • 다가구주택: 660㎡ 이하, 3개 층 이하, 19가구 이하, 독립형 • 공관: 주로 공공 건물	• 아파트: 5개 층 이상, 개별 소유권 • 연립주택: 660㎡ 이상 4개 층 이하, 개별 소유권 • 다세대주택: 660㎡ 이하, 4개 층 이하, 개별 소유권 • 기숙사: 주로 학교 건물

(출처: 국토교통부)

거래사례비교법은 말 그대로 인근의 실제 거래 사례를 비교해서 산정하는 것입니다. 여기서 중요한 건, '인근'이 재개발·재건축 구역이 아닌 곳이라는 점입니다. 즉, 구역 지정이 안 된 곳의 물건을 사례로 평가합니다. 왜 상계6구역의 물건을 추정감정평가를 하는데 상계6구역이나 상계2구역 등 다른 구역의 물건을 사례로 평가하지 않고, 재개발·재건축 구역이 아닌 인근의 물건을 사례로 추정감정평가를 할까요? 해당 물건의 본연의 가치를 평가하려면 프리미엄이 붙지 않은 물건을 사례로 산정해야 하기 때문입니다. 정비구역의 빌라는 기대심리로 이미 값이 올라 정확한 감정평가액을 알기 어렵습니다. 그래서 재개발·재건축이 진행되지 않는 인근 지역의 실거래가, 즉 개발 이익이 반영되지 않은 가격을 기준으로 평가합니다.

공동주택의 감정평가액 구하기 실전 연습

재개발 구역에서 가장 거래가 많은 공동주택은 다세대주택(빌라, 이하

빌라로 통일)이므로 공동주택의 감정평가 방법을 빌라 기준으로 알아보겠습니다. 공동주택을 감정평가할 때 기준이 되는 것은 '공동주택공시가격'입니다. 현장에서는 '공동주택가격'이라고도 하고, 줄여서 '공주가'라고도 합니다. 공동주택공시가격은 '부동산 공시가격 알리미(www.realtyprice.kr)'에서 지번을 입력하면 바로 조회할 수 있습니다.

이해하기 쉽도록 예를 들어서 추정감정평가를 해보겠습니다. 재개발이 진행 중인 A구역 a빌라의 감정평가액을 추정해볼까요? a빌라의 매매가격은 8,000만 원이고 공동주택공시가격이 3,000만 원입니다. 전용면적은 15평이고 대지지분은 10평입니다.

우선 재개발·재건축 구역이 아닌 인근 B구역 내의 b, c, d라는 비슷한 빌라의 실거래가를 확인합니다. 국토교통부 실거래가 조회시스템 사이트(http://rt.molit.go.kr)에 들어가 지번을 치면 얼마에 실거래되었는지 확인할 수 있습니다.

재개발 구역이 아닌 지역에 전용면적과 대지지분이 비슷한 b는 최근 6,000만 원에 실거래되었는데, 공동주택가격은 4,000만 원입니다. 2,000만 원의 차이가 있네요. 실거래가가 공시가격의 1.5배인데 이것이 공시가격비율입니다.

c빌라와 d빌라도 같은 방법으로 공시가격비율을 계산하였더니, 각각 1.56, 1.42가 나왔습니다.

물건	감정평가 방법
재개발 진행 × B구역의 b빌라 (비교 사례 1)	실거래가 6,000만 원 공동주택가격 4,000만 원 전용면적 14.5평, 대지지분 9평 공시가격비율: 1.5(6,000만 원÷4,000만 원=1.5)

재개발 진행 × B구역의 c빌라 (비교 사례 2)	실거래가 7,500만 원 공동주택가격 4,800만 원 전용면적 16.5평, 대지지분 11평 공시가격비율: 1.56(7,500만 원÷4,800만 원=1.56)
재개발 진행 × B구역의 d빌라 (비교 사례 3)	실거래가 5,000만 원 공동주택가격 3,500만 원 전용면적 14평, 대지지분 8.5평 공시가격비율: 1.42(5,000만 원÷3,500만 원=1.42)
재개발 진행 중인 A구역 a빌라	매매가 8,000만 원 공동주택가격 3,000만 원 전용면적 15평, 대지지분 10평 공시가격비율 1.5(150%) 추정감정평가액=3,000만 원×1.5=4,500만 원

이 세 빌라의 공시가격비율을 모두 더하고 3으로 나누어 평균값을 내면 1.5입니다. 인근 비슷한 빌라의 실거래가는 공동주택가격의 150% 정도에서 형성되었다는 것을 의미합니다.

a빌라의 공동주택가격이 3,000만 원이니 공시가격비율 1.5를 곱하면 a빌라의 추정감정평가액은 4,500만 원이 됩니다. 따라서 프리미엄은 3,500만 원입니다. 조합원분양가가 2억 원이라면 분담금은 1억 5,500만 원이 됩니다. 이처럼 구역을 임장하면서 여러 매물을 비교하고 인근의 공시가격비율을 적용하면 추정감정평가액을 구할 수 있습니다.

그런데 공시가격비율은 보수적으로 정하는 것이 좋습니다. 이를테면 공시가격비율이 1.5라면 1.3이나 1.4를 곱하는 것이지요. a빌라의 감정평가액을 공시가격비율을 0.2 낮춘 1.3으로 하여 계산하면 3,900만 원이고 프리미엄은 4,100만 원입니다. 예상 조합원분담금이 2억 원이라고 할 때 분담금(=조합원분양가-감정평가액)은 1억 6,100만 원입니다. 공시지가비율을 1.5로 계산한 경우와 600만 원의 차이가 있네요. 이렇게 공시가격비율을 보수적으로 정하여 투자하면 혹시나 감정평가액이 예상보다 낮게 확정되었을 때 분담금이 늘어나 자금계획에 차질이 생기는 일이 줄어듭니다.

실제로 조합에서 진행하는 감정평가는 보수적으로 하는 경우가 많습니다. 재개발·재건축 사업의 특성상 감정평가를 높게 하면 조합원 입장에서는 오히려 현금청산을 하는 게 유리해지고, 현금청산을 받는 조합원이 많아지면 사업성이 악화되어 사업을 진행하기가 어렵기 때문입니다. 따라서 인근 거래 사례로 도출한 공시가격비율보다 보수적으로 적용하는 것이 좋습니다.

어떤 구역이 아직 감정평가를 하지 않은 빌라의 추정감정평가액을 '공동주택공시가격×130%×개별 요인'으로 계산하고 있다면, 이 같은 방법으로 구한 공시가격비율이라고 이해하면 됩니다.

"이 번거로운 과정을 감정평가액을 추정할 때마다 해야 한다고요?" 하며 한숨 쉴 필요는 없습니다. 해당 재개발 구역의 공인중개사가 다 알려주니까요. 공시가격비율은 어디든 100~150%입니다. 게다가 이미 확정된 구역의 공시가격비율을 참고하기 때문에 복잡한 과정을 거치지 않아도 됩니다. 예를 들어 상계4구역은 이미 노원상계푸르지오라는 새 아파트로 탈바꿈하였습니다. 상계6구역도 노원시그니처캐슬이 되어 2023년 입주를 마쳤습니다. 이렇게 이미 사업을 마친 구역들의 공시가격비율이 나와 있으므로 상계뉴타운 물건을 추정감정평가할 때는 이것을 참고로 하는 것입니다. 인근 구역이니 크게 차이가 안 납니다.

그런데 왜 이런 복잡한 과정을 알아야 하냐고요? 재개발·재건축 구역의 부동산중개소에 어렵게 찾아갔는데 공인중개사의 설명을 못 알아들으면 답답할 수밖에 없습니다. 공인중개사가 "바로 옆에 2구역의 공시가격비율이 1.3이니까 이 물건의 감정평가액은 이 정도 될 거예요."라고 친절하게 설명해 주는데 '난데없이 130%를 왜 곱하지?' 하며 이유도 모르고 설명을 듣는다면 난감한 상황이 되겠지요.

참고로 추정 조합원분양가는 감정평가 전에 어떻게 알 수 있을까요? 조합원분양가가 결정되기 전에는 인근에 자리한 비슷한 입지를 가진 구역의 조합원분양가 평단가를 적용합니다. 예를 들어 상계5구역은 아직 조합원분양가가 정해지지 않았지만 인접해 있는 상계2구역의 조합원분양가를 적용해서 계산합니다.

단독주택·다가구주택 추정감정평가액 구하기

단독주택은 보통 넓은 집에 한 세대가 삽니다. 다가구주택에는 여러 세대가 살고 있지만 주인은 한 사람이지요. 공통점은 단독 소유라는 점입니다. 단독주택이나 다가구주택은 빌라와는 다른 방식으로 감정평가가 이루어집니다. 즉 건물과 토지의 가치를 각각 감정평가한 후 합산합니다. 간단히 식으로 나타내면 다음과 같습니다.

단독주택 감정평가액 = 건물 감정평가액 + 토지 감정평가액

건물은 원가법을 이용해서 연식에 따른 예상 평당 가격을 전체 건물면적(연면적)에 곱해서 구합니다. 땅은 감가상각이 되지 않으나 건물은 매년 낡으니 감가상각을 반영하는 방식입니다.

토지는 빌라처럼 인근 지역의 거래 사례를 참고하는 거래사례비교법을 이용합니다. 단, 공동주택가격이 아니라 공시지가를 활용한다는 점만 다릅니다. 단독주택의 공시가격비율도 거의 100~150% 선에서 결정됩니다.

건물 감정평가 방법(원가법)

건물의 감정평가액 = 연식별 예상 평당가×연면적

연식별 예상 평당가(2023년 기준)
- 10년 이하: 180만 원
- 15년: 160만 원
- 20년: 140만 원
- 25년: 120만 원
- 30년: 100만 원

※ 5년에 20만 원씩 차감

원가법은 현재 건물의 가격에 그동안의 시간 흐름에 따른 물리적 요인을 반영하여 그만큼 공제하는 것입니다. 건물의 감정평가를 할 때는 연식에 따라 건물의 예상 평당 가격을 100만~200만 원 정도 적용합니다. 10년도 안 된 건물이라면 평당 180만 원, 20년 정도 된 건물이라면 평당 140만 원 정도, 30년이 넘은 건물이라면 100만 원 정도를 적용합니다. 사실 30년 된 건물은 실제 거래될 때 땅의 가치로만 거래되곤 합니다. 재개발·재건축 감정평가에서는 30년 이상 되더라도 그 가치를 인정해 주는 것이지요. 건물 감정평가는 아주 세심하게 하지 않더라도 단독주택이나 다가구주택의 전체 감정평가액에서 건물 부분의 감정평가액이 차지하는 비중이 적기 때문에 (토지가 대부분을 차지합니다.) 전체 감정평가액에서는 큰 차이가 나지 않습니다.

대개 연식이 오래된 건물일수록 가격이 낮아지고 새 건물일수록 가격이 높아집니다. 또한 연식 외에도 벽돌, 목조, 평판(슬래브) 등 자재에 따라서도 감정평가액이 달라집니다. 재개발 구역 내 주택들은 벽돌 구조가 많고 자재 차이가 크지 않기 때문에 여기서는 연식에 따른 가격만 반영하겠습니다. 만약 지은 지 20년 된 연면적 30평 건물이라면 '140만 원×

30평=4,200만 원'으로 구할 수 있습니다. 연식에 따라 곱하는 것도 번거로우니 편의상 평당 100만 원을 곱하는 경우도 많습니다. 전체 감정평가액에서 보면 아주 미미한 차이니까요. 계산이 너무 번거로우면 시작도 전에 지칠 수 있습니다.

건물 감정평가 실전 연습

토지는 면적 20평이고 평당 1,000만 원이며 건물 연면적은 30평, 연식은 25년인 A다가구주택의 감정평가액을 계산해보겠습니다. 건물의 감정평가액을 구해 보면 '120만 원(연식 25년 평당 예상 가격)×30평(건물 연면적)=3,600만 원'입니다.

앞에서 편의상 예상 평당가를 100만 원으로 계산해도 된다고 했는데요. A다가구의 건물 감정평가에서도 연식별 예상 평당가를 100만 원으로 계산해도 600만 원 차이밖에 나지 않습니다. 2억 7,600만 원에서 600만 원은 미미한 수준입니다. 그래서 평당 100만 원으로 계산하더라도 큰 오차는 나지 않습니다.

특히 재개발·재건축 구역 내의 단독주택은 연식이 오래된 경우가 많기 때문에 주택 가격에서 건물 가격이 차지하는 부분은 적고 대지 가격이 대부분을 차지합니다.

토지 감정평가 방법(거래사례비교법)

앞에서 빌라는 공동주택공시가격을 기준으로 감정평가를 했습니다. 이와 비슷하게 토지는 표준지공시지가를 기준으로 하되 여기에 기타 요인을 반영해 산정합니다.

토지의 감정평가액은 다음과 같습니다.

알아두세요

표준지공시지가
정부가 전국의 과세 대상이 되는 개별 토지 중 대표성이 있는 토지를 선정하고 조사해서 공개적으로 알리는 땅값입니다. 매년 1월 1일을 기준으로 표준지의 단위면적당 가격으로 표시합니다.

토지 감정평가액

=표준지공시지가×시점 수정×지역 요인×개별 요인×기타 요인

=표준지공시지가×공시가격비율(100~200%)×개별 요인

* 토지의 감정평가액과 공시지가액의 비율은 부동산 시장의 흐름에 따라 달라집니다.

위 공식에서 알 수 있듯이 공시지가를 기준으로 평가 시점(사업시행고시일)까지의 지가변동률과 위치 등의 요인을 고려해 평가합니다. 적용하는 요인들을 하나씩 살펴볼까요?

① 시점 요인

종전자산평가는 사업시행인가일을 기준으로 합니다. 따라서 추정감정평가를 할 때는 예상되는 사업시행인가 연도의 가격과 현재 가격의 차이만큼 보정합니다.

② 지역 요인

입지가 좋고 인근 신축 아파트의 시세가 높으면 지역 요인을 좀더 높게 반영할 수 있습니다. 가령 서울 외곽의 재개발 구역은 130%를 곱하고, 서울의 핵심 재개발 구역은 지역 요인을 반영해 더 높은 150%를 곱할 수 있습니다.

③ 개별 요인

같은 재개발 구역 내의 두 물건이 공시지가가 같아도 건물의 모양, 도로와의 접근성, 교통의 편리함, 대지가 높은 곳에 있는지 등의 개별적인 요인에 따라 감정평가액은 달라질 수 있습니다.

④ 기타 요인

부동산 시장이 호황이면 감정평가액도 높게 책정될 수 있고 반대로 부동산 시장이 침체해서 가격이 내려가면 감정평가액도 낮게 책정될 수 있습니다. 이처럼 당시 상황이 기타 요인에 반영되기도 합니다.

> **잠깐만요**
>
> ### 감정평가는 어느 시점을 기준으로 이루어질까요?
>
> 종전자산평가는 사업시행인가일을 기준으로 이루어지므로 사업시행인가가 나기 전에 감정평가액을 추정할 때는 사업시행인가가 예상되는 해의 공시지가를 예측해서 해야 합니다. 하지만 1~2년 사이에 공시지가 등락률이 아주 크지 않기 때문에 사업의 극초기가 아닌 이상 현재 기준으로 계산해도 큰 오차가 발생하지는 않습니다.

우리는 전문 감정평가사들처럼 이런 여러 요인들을 반영하기는 어렵습니다. 더 단순한 방법으로, 인근의 거래 사례를 통해 공시가격비율을 구하는 방법이 있습니다. 빌라의 공시가격비율을 계산했던 것처럼 하면 됩니다.

사실 단독주택은 전체 주택 가격을 토지 가격으로 보고 계산하는 것이 효율적입니다. 물론 전체 주택 가격에서 건물 가격을 빼고 순수하게 토지에 대한 공시지가비율을 계산해도 됩니다. 그러나 큰 차이가 없으면서 계산만 복잡해지므로 건물 가격을 반영하지 않아도 무리는 없다는 얘기입니다.

토지 감정평가 실전 연습

A다가구주택의 토지 추정감정평가액을 구해 보겠습니다.

일단 인근 지역의 다가구주택 거래 사례를 통해 공시지가비율을 구합니다. 앞에서 빌라의 공시가격비율을 계산했던 방법과 같습니다. 공동

주택공시가격 대신 표준지공시지가를 대입하면 됩니다. 표준지공시
지가도 부동산 공시가격 알리미에서 조회할 수 있습니다. 산출한 공시
지가비율을 1.2라고 가정하고 계산하여 토지의 감정평가를 추정해보
면, 1,000만 원(공시지가)×20평(토지 면적)×120%(공시지가비율)이니 2억
4,000만 원입니다. 따라서 A다가구주택의 추정감정평가액은 건물 감정
평가액 3,600만 원을 더해 2억 7,600만 원입니다.

다가구의 주택 감정평가
토지면적: 20평
공시지가 평당: 1,000만 원
건물 연면적: 30평
연식: 25년

인근 지역의 다가구주택 거래:
공시지가의 120%로 거래

=

건물의 감정평가액
=연식에 따른 평당 예상
　가격×건물 면적
=120만 원×30평
=3,600만 원

+

토지의 감정평가액
=(공시지가×토지 면적)
　×120%
=(1,000만 원×20평)×
　120%
=2억 4,000만 원

추정감정평가액 해석하는 법

추정감정평가액은 말 그대로 추정입니다. 또한 빌라나 단독주택의 감정
평가액을 구할 때 곱했던 공시가격비율도 부동산 시장의 흐름에 따라
달라질 수 있습니다. 예를 들어 어떤 빌라의 감정평가액을 '공동주택공
시가격×130% 개별 요인'으로 구한다고 할 때, 부동산 시장이 호황기이
고 가격이 상승 중이라면 공시가격비율을 130%가 아닌 140%나 150%
로 곱할 수도 있습니다. 반대로 부동산 시장이 하락기면 보수적으로
110~120%를 곱합니다.

단독주택의 토지에 대한 감정평가액을 구할 때도 마찬가지입니다. '표
준지공시지가×100~150%×개별 요인'을 적용합니다. 부동산 시장이

호황기면 150~160%, 침체기나 하락기라면 110~120%를 곱합니다.

인근 구역의 평균치를 이용해 간편하게 계산하기

추정감정평가액은 각 사업지의 개별적인 특성에 따라 달라집니다. 재개발 사업은 같은 뉴타운 내에서도 여러 구역으로 구분되는 경우가 많습니다. 상계뉴타운이 좋은 예로, 1구역부터 6구역까지 사업 속도가 다 다릅니다.

상계뉴타운 1·2구역은 사업시행인가를 받았고, 3구역은 구역 해제가 되었다가 공공재개발로 진행되고 있으며, 4구역은 노원센트럴푸르지오라는 새 아파트로 바뀌어 입주를 끝냈습니다. 5구역 재개발조합은 2024년도 상반기 사업시행인가를 목표로 교통영향평가와 건축심의 등을 추진하기로 했습니다. 6구역은 공사를 마치고 2023년 6월 입주를 시작했습니다.

만약 종전자산평가가 이루어지지 않은 5구역의 추정감정평가액을 구하고 싶다면, 이미 사업이 완료된 4구역과 6구역을 참고해서 계산하면 됩니다.

- **단독주택**

감정평가액=공시지가×130%+건축물 가격+건축물 가격(연식에 따라 평당 100~120만 원)

- **빌라**

감정평가액=공동주택공시가격×150%

- **산출 근거**

이미 감정평가가 진행된 상계4구역, 6구역을 기준으로 평균치를 냄(경험적 통계 활용)

스마트국토정보에서
공시지가, 연면적 등 확인하기

무작정
따라하기

국토교통부에서 운영하는 앱으로 공시지가, 연면적, 연식 등의 정보를 파악할 수 있어
재개발·재건축 투자의 필수 앱입니다. 앱을 실행하고 파악하고자 하는 재개발 매물의
지번을 입력한 후, 토지(공시지가, 면적)나 건물(연면적, 연식, 층별 현황) 등 정보를
대입하면 추정감정평가액 및 프리미엄을 계산할 수 있습니다.

① 스마트국토정보 앱을 설치합니다.

② 상단 검색창에 주소를 입력하면 토지의 면적과 공시지가를 확인할 수 있습니다. 해당
물건의 토지 면적은 330㎡이고 공시지가는 12,910,000원입니다.

③ '상세정보 보기'를 누르면 토지, 건물, 가격 메뉴가 보입니다. 토지에서는 면적과 소유자 정보 등을 확인할 수 있습니다.

④ 건물정보로 들어가 '상세보기'를 누르면 기본 정보에서 연면적을 확인할 수 있습니다. 연면적은 764㎡입니다.

⑤ 층별현황을 보면 건물의 구조와 용도를 확인할 수 있습니다.

029

안전 투자(감정평가 후 투자) 전략

진짜 안전한 재개발·재건축 투자

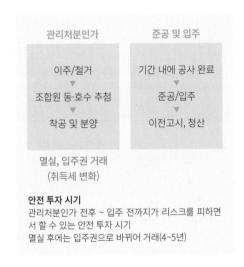

관리처분인가	준공 및 입주
이주/철거	기간 내에 공사 완료
조합원 동·호수 추첨	준공/입주
착공 및 분양	이전고시, 청산

멸실, 입주권 거래
(취득세 변화)

안전 투자 시기
관리처분인가 전후 ~ 입주 전까지가 리스크를 피하면
서 할 수 있는 안전 투자 시기
멸실 후에는 입주권으로 바뀌어 거래(4~5년)

재개발·재건축 투자는 리스크와의 싸움이라고 해도 과언이 아닙니다. 초기 투자는 투자금이 적게 들지만 적은 금액으로 하는 투자는 그만큼 리스크가 큽니다. 안전 투자는 초기 투자보다는 많은 돈이 필요하지만 괜찮은 구역과 좋은 매물을 선별하는 실력이 있다면 사업 후반부에 투자해도 쏠쏠한 수익을 올릴 수 있습니다. 저 역시 인천 재개발부터 서울 송파구 단독주택 재건축, 동작구 재개발 투자까지 모두 관리처분인가 이후 진입해 리스크는 피하면서 높은 수익률을 낼 수 있었습니다.

앞서 감정평가액 통보를 기준으로 초기 투자와 안전 투자로 구분했는데, 더 확실하고 효율적인 안전 투자는 관리처분인가총회 전후의 투자입니다. 관리처분인가가 나면 또다시 가격이 오르고, 이후에는 이주, 철거, 착공, 일반분양, 준공, 입주, 이전고시, 청산 단계만 남아 사업이 마무리되는 단계라고 볼 수 있습니다.

안전 투자를 할 때도 초기 투자와 마찬가지로 구역의 사업성과 물건의 수익성 판단을 꼭 해야 합니다. 하지만 안전 투자는 초기 투자보다 훨씬 쉽고 명료합니다. 프리미엄을 비싸게 주고 사지는 않을까 노심초사하지 않아도 되지요. 언제 얼마가 필요한지 거의 정확히 알 수 있으니 돈이 혹시 부족한 상황이 오지 않을까 걱정할 일도 없습니다.

안전 투자의 사업성 판단과 수익성 판단

사업성 판단(지역 분석)	수익성 판단(물건 분석)
• 입지(교통, 학군, 직주근접, 편의시설, 조망권, 공원 및 체육시설) • 관리처분총회 책자 분석 • 해당 지역(예. 서울) 전체의 부동산 시장 흐름, 정부 정책 고려	• 투자하려는 물건의 프리미엄의 적절성, 입주 시 예상 가격(전세, 매매) • 자금계획(초기 투자금, 총투자금 계산), 이주비 대출 활용 방안, 실거주/전세 세팅 시 실익 비교 • 세금 고려(양도세, 보유세), 매도 후 상급지로 이동 시 실익 판단

안전 투자의 사업성 판단(지역 분석)

초기 투자와 마찬가지로 사업성을 판단할 때는 입지, 호재 및 악재 등을 고려해야 합니다. 해당 지역 전체의 부동산 시장 흐름과 정부정책도 중요합니다. 집값에 직접적인 영향을 미치는 이런 요소들을 파악하는 것은 부동산 투자에 있어 필수적입니다.

관리처분인가 전후 단계에서는 사업성을 판단할 수 있는 수치의 상당 부분이 확정됩니다. 이때는 거의 정확한 일반분양가, 조합원분양가, 조합원분담금, 비례율 등이 예측 가능해집니다. 이런 돈에 관련된 정보들은 관리처분계획을 위한 총회 안내 자료에 나와 있기 때문에 사업성 판단을 위해서는 관리처분계획총회 책자 분석이 굉장히 중요합니다. 관리처분계획총회 책자 분석 방법은 뒤에서 자세하게 살펴보겠습니다. 관리처분계획총회 책자는 종이책 형태로만 조합원에게 줍니다.

안전 투자의 수익성 판단(물건 분석)

안전 투자를 할 때 가장 중요한 것은 수익을 정확하게 계산하는 것입니다. 초기 투자 시에는 정확한 감정평가액이 나오지 않아 모든 수치가 유동적입니다. 그러나 안전 투자 단계에서는 총투자금이나 입주 시 새 아파트 가격 등을 좀 더 정확히 예측할 수 있습니다. 따라서 투자기간 대비 만족할 만한 수익을 낼 수 있는지 판단하고 접근하는 것이 중요합니다.

자금계획

관리처분인가 나기 전후에 가장 먼저 생각해야 할 부분이 자금계획입니다. 재개발·재건축 물건은 소유권을 이전할 때까지 필요한 초기 투자금과 새 아파트를 얻는 데까지 들어가는 총투자금을 고려해 나의 현재 재산을 파악하여 냉정하게 현실을 따져보고 자금계획을 세워야 합니다.

이 물건에 투자하여 '얼마를 벌 수 있는지'를 정확히 파악하기 위해서는 다음 4가지를 고려합니다. 하나씩 살펴볼까요?

① 초기 투자금

초기 투자금은 매매가에서 전세나 월세 보증금 또는 대출 가능 금액을 뺀 금액입니다. 예를 들어 매매가가 5억 원인 빌라의 전세 보증금이 1억 원이라면 초기 투자금은 4억 원입니다.

초기 투자금=매매가-레버리지(보증금 또는 대출금액)

② 이주비 대출

이번에는 이주비 대출을 활용하는 경우를 살펴볼까요? 매매가가 5억 원(감정평가액 3억 원, 프리미엄 2억 원)이고 감정평가액 40%의 이주비 대출이 가능한 매물이라고 할 때 이주비로 대출받을 수 있는 금액은 3억 원의 40%인 1억 2,000만 원입니다. 따라서 초기 투자금은 매매가 5억 원에서 이주비 대출 1억 2,000만 원을 뺀 3억 8,000만 원입니다. 이주비 대출은 규제지역이 아니라면 다주택자도 감정평가액의 40~60%까지 받을 수 있습니다.

단, 조정대상지역에서는 무주택자 또는 1주택자만(기존주택 처분 조건으로) 감정평가액의 40~60%를 대출받을 수 있습니다. 따라서 규제 여부를 확인해야 하고, 명의는 어떻게 하는 게 유리할지, 본인 명의로 했을 때 이주비 대출을 활용할 수 있는지 등의 여부도 꼼꼼히 확인합니다.

③ 총투자금

총투자금은 '매매가+분담금'입니다. 또는 '조합원분양가+프리미엄'으로도 구할 수 있습니다. 매매가가 5억 원이고 분담금이 2억 원이면 총투자금은 7억 원입니다. 단, 분담금 2억 원은 소유권을 이전할 때 필요한 자금이 아니라 이주와 철거가 끝나고 착공할 때 필요한 자금입니다. 착공 시 분담금의 10%를 납부하고 나머지 60%는 중도금으로, 잔금 30% 는 입주할 때 냅니다. 이 경우 매수할 때 5억 원이 필요하고, 분담금 2억 원의 10%인 2,000만 원은 착공할 때 필요합니다. 중도금 60%는 공사가 진행되는 동안 나눠서 내고, 잔금 30%는 입주할 때 내면 됩니다. 요즘은 조합원들의 분담금 납부 부담을 줄여주기 위해 입주 시 잔금 100%로 내 는 구역이 늘어나고 있습니다.

$$총투자금 = 매매가 + 분담금$$
$$= 조합원분양가 + 프리미엄$$

④ 입주 시 예상 가격

입주 시 새 아파트의 예상 가격이 수익을 판단하는 기준이 됩니다. 입주 시 예상 가격을 산출하는 방법은 추후에 자세히 설명하겠습니다.

⑤ 준공 시 계획

안전 투자에서는 금방 입주 시기가 다가오기 때문에 새 아파트에 직접 입주하는 것과, 전세를 주는 것 중에 무엇이 나은지 실익을 따져보고 미 리 계획해야 합니다. 입주해서 직접 살 계획이라면 새 아파트를 담보로 주택담보대출을 받아 이주비 대출과 분담금에 대한 중도금 대출을 상환 해야 합니다. 전세를 준다면 임차인에게 받는 전세보증금으로 이를 충 당해야 합니다. 직접 입주할 때와 전세를 줄 때의 상황을 잘 비교해서 정 확한 자금계획을 세우는 것이 좋습니다.

⑥ 매도계획과 세금

부동산 투자는 세금을 내기 전보다 세금을 낸 후 남은 수익이 더 중요합니다. 현명하게 절세해야 세후 수익을 늘릴 수 있습니다. 세금의 계산법이나 세율 등을 모두 외우라는 얘기가 아닙니다. 다주택자의 경우 관리처분인가 이후 입주권을 매수해 보유세를 줄인다던가, 매수·매도 시기를 조절해 절세하는 등의 몇 가지 관련 세금 상식만 알아도 수익률을 크게 올릴 수 있습니다. 명심해야 할 점은, 매도 시기를 결정할 때 '상급지로의 이동'이라는 방향성이 전제되어야 자산 증식을 효과적으로 할 수 있다는 것입니다. 이 물건을 팔고 나중에 어디로 갈지도 물건 분석 시 계획해야 합니다.

안전 투자의 핵심!
관리처분계획총회 책자 분석

관리처분계획총회는 재개발·재건축 사업의 성적표를 발표하는 자리라
고 할 수 있습니다. 이 성적표의 내용은 관리처분계획총회 책자에 고스
란히 담겨 있습니다. 관리처분계획총회 책자는 기업의 재무제표나 손익
계산서 같은 것이라고 이해하면 됩니다. 기업을 분석할 때는 재무제표
나 손익계산서를 보고 평가하지요. 조합도 똑같습니다.

관리처분계획총회는 일반분양 전 단계에 합니다. 기업은 이익이 나야만
재무제표에 반영되지만 조합은 일반분양을 했을 때 이익이 납니다. 일
반분양이 완판된다는 가정 하에 '건축비, 금융비 등 사업비는 이 정도 들
고 일반분양을 얼마에 할 예정이고 일반분양이 완판되었을 때 얼마의
수익이 들어온다. 그러므로 비례율은 ○○○%이고, 분담금은 ○○○원
이다.'라는 내용을 핵심으로 하여 세부적인 사항들을 명시해 놓습니다.

관리처분계획총회 책자는 대부분 최소 200쪽 이상이고 많으면 500쪽이
넘습니다. 사업의 무게만큼이나 자료가 두꺼운 것이지요. 이렇게 두꺼
운 안내 자료를 통해 가장 먼저 파악해야 할 내용은 다음과 같습니다.

구분	내용
1. 종전자산평가액	조합원 각자의 권리가액, 분담금
2. 분양 내역	① 조합원분양 ② 일반분양 ③ 보류지 ④ 상가 ⑤ 임대주택 ⑥ 예상 분양 수익
3. 정비사업 예산서	공사비, 사업비 등 지출액
4. 비례율 산정 공식	① 예상 총수입 총수입=조합원분양+일반분양+임대주택(장기전세)+보류지+상가+기타(종교시설 용지 등)+이주비 대출 상환액
	② 예상 총지출 총지출=공사비+보상비+사업비+이주비 대출+금융비용+분담금+예비비 등
5. 조합원 혜택 내용	이자 지불 방식, 선택 품목 등
6. 평형별 조합원 배정 내용	조합원에게 배정되는 동, 향, 층
7. 평형별 배치도, 평면도	아파트 타입과 구조 파악

조합원 이사비용 확인

관리처분계획총회 책자 중 이주비 관련 내용(출처: 수원 권선113-6구역 재개발 관리처분계획총회 책자)

이사비는 더 빠른 이주를 유도하려고 주는 것입니다. 정식 명칭은 이주촉진비입니다. 이주비는 대출의 형식으로 지급되기 때문에 나중에 상환해야 하지만 이사비는 대부분 무상으로 지급합니다. 보통 500만 원 내외에서 정해지는데, 수원 권선113-6구역은 가구당 700만 원씩 무상으로 지급한다고 나와 있습니다. 이사비는 조합에서 정한 기간 내에 이주를 완료해야 전액을 받을 수 있습니다. 이주 권고기간이 지나면 이사하는 시기에 따라 이사비가 차이 나는 경우가 많습니다.

제가 조합원으로 있는 흑석9구역의 경우 이사비를 2022년 7월 31일까지 이주하면 1,500만 원, 11월 31일까지 하면 1,000만 원, 12월 31일까지 하면 500만 원을 지급하였고 이후에 이주하면 지급하지 않았습니다. 이렇게 세대당 이사비용은 조합에서 발표하는 이주 권고기간 안에 이주해야 받을 수 있습니다.

저는 흑석9구역의 이사비 1,000만 원을 받아 그중 일부 금액을 인테리어 회사를 운영 중이었던 세입자에게 폐기물 처리 비용으로 지급하는데 활용하였습니다.

분담금 납부 방법 확인

제10조 조합원 분담 시기 및 분양계약, 청산금 등

1. 조합원은 정관 제10조에 따라 관리처분계획으로 정한 정비사업비 분담금의 납부 의무가 있으며, 납부 방법은 시공사와 체결한 "공사 도급계약서"에 따라 조합원이 분양받을 건축시설의 가액이 자신의 권리가액을 초과하는 경우에는 그 차액에 대하여 분양 계약 시부터 입주 시까지 다음 방법에 따라 납부하여야 한다. 단, 차액이 남는 경우 지급시기 및 방법은 대의원회에서 별도로 정한다.

구 분	계약금	중도금	잔금
납부 시기	계약시	공사기간 6회 균등 분할화 시점	실입주일 또는 입주지정 만료일 중 앞서는 날
납부 금액	분담금 X 10%	분담금 X 60%	분담금 X 30%
납부 방법		중도금 이자 후불제	

2. 조합은 관리처분계획 인가 이후 조합원 분양아파트의 동 호수 추첨을 실시하고 실 착공전 조합원 분양아파트 분양계약을 체결한다. 동 호수 추첨 및 분양계약 일정 및 동 호수 추첨 기관은 이사회에서 정하여 조합원에게 통보한다.
3. 조합원이 조합에서 정한 기간 내 분양계약을 체결하지 아니하거나, 분담금 납부기간을 경과하여 부담금을 납부하는 경우에는 지연일수 만큼 금융기관에서 적용하는 연체금리의 범위 내에서 연체료를 납부하여야 한다.
4. 조합원이 분양계약을 체결하지 아니하고 현금청산을 요구하는 경우에는 정관 제34조제7항에 따라 조합이 부과하는 운영비 및 사업비를 납부하여야 한다.
5. 법 제89조에 의한 청산금이 조합원이 분담한 금액과 차이가 있는 경우 총전재산 비율에 따라 추가 지급·징수한다. 또한 정관 제56조에 의한 해산 이후 잔여 재산이 있을 경우에는 정관 제51조에 의한 이전고시 당시 조합원에게 총전재산 비율에 따라 지급·징수 한다.

관리처분계획총회 책자 중 분담금 납부 방법 내용(출처: 문정동 136번지 관리처분계획총회 책자)

조합원분양도 일반분양과 똑같이 계약금 10%, 중도금 60%, 잔금 30%를 납부해야 합니다. 자금이 부족해 중도금 납부가 어려운 경우가 생길 수 있는데요. 이럴 경우를 대비해 연체이자를 내더라도 납부시기를 늦출 수 있는지, 연체이자는 얼마나 되는지 미리 확인하는 것이 좋습니다.

이는 조합마다 혜택이 다르므로 잘 파악해야 합니다.

최근에는 서울의 많은 구역이 잔금 시 분담금 100%를 납입하는데요. 예를 들어 장위뉴타운의 일부 구역은 잔금 시 분담금 100%를 납부하는데 어떤 구역은 계약금 10% 납부 후는 연체이자가 없고 어떤 구역은 중도금 납부를 안 하면 조합원 자격을 잃을 수도 있습니다.

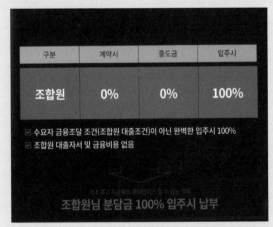

잠깐만요

잔금 시 분담금 100%를 한 번에 납부하는 서울·수도권 재개발 구역

> 한남2·3구역, 상계1·2구역, 마천4구역, 노량진2·3·4·6구역, 장위4·6·10·14구역, 갈현1구역, 대조1구역, 신당8구역, 삼산5구역, 홍은13구역, 용두6구역, 광명4·11·12구역, 창천1구역, 부개4구역, 도화1구역, 능곡5구역, 숭의3구역

요즘 서울의 많은 구역이 분담금을 잔금 시에 전액을 납부하는 방식으로 진행하고 있습니다. 투자를 할 때는 미리 분담금을 내는 방식을 조합에 꼭 확인해야 합니다.

구분	계약시	중도금	입주시
조합원	0%	0%	100%

☑ 수요자 금융조달 조건(조합원 대출조건)이 아닌 완벽한 입주시 100%
☑ 조합원 대출자서 및 금융비용 없음

조합원님 분담금 100% 입주시 납부

(출처: 용산 이촌현대아파트 롯데건설 르엘 입찰참여제안서)

조합원 전매에 관한 내용 확인

관리처분계획총회 책자 중 전매 가능 여부와 이주비 승계 관련 내용(출처: 수원 권선113-6 구역 재개발 관리처분계획총회 책자)

전매가 가능한지, 이주비 승계가 가능한지도 확인해야 합니다. 수원 권선113-6구역은 조합원 입주권 동·호수 추첨 후 언제든 전매가 가능하다고 명시되어 있지만 관리처분인가 이후에 투기과열지구로 지정되어 전매 제한에 해당되었습니다. 현재는 규제지역 해제로 다시 풀린 상태입니다. 이렇게 현재는 전매제한에 해당되지 않더라도 규제 대책이 나오면 그에 따라 전매제한이 될 수 있습니다.

조합원 혜택과 커뮤니티시설 확인

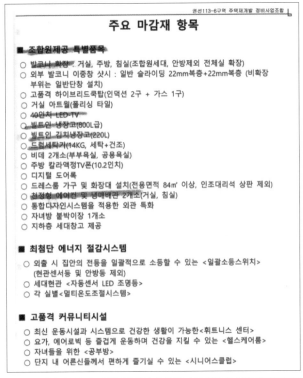

주요 마감재 항목

권선113-6구역 주택재개발 정비사업조합

■ 조합원제공 특별품목
- 발코니 확장: 거실, 주방, 침실(조합원세대, 안방제외 전체실 확장)
- 외부 발코니 이중창 샷시 : 일반 슬라이딩 22mm복층+22mm복층 (비확장 부위는 일반단창 설치)
- 고품격 하이브리드쿡탑(인덕션 2구 + 가스 1구)
- 거실 아트월(폴리싱 타일)
- 40인치 LED-TV
- 빌트인 냉장고(800L급)
- 빌트인 김치냉장고(220L)
- 드럼세탁기(14KG, 세탁+건조)
- 비데 2개소(부부욕실, 공용욕실)
- 주방 칼라액정TV폰(10.2인치)
- 디지털 도어록
- 드레스룸 가구 및 화장대 설치(전용면적 84㎡ 이상, 인조대리석 상판 제외)
- 천정형 에어컨 및 냉매배관 2개소(거실, 침실)
- 통합디자인시스템을 적용한 외관 특화
- 자녀방 붙박이장 1개소
- 지하층 세대창고 제공

■ 최첨단 에너지 절감시스템
- 외출 시 집안의 전등을 일괄적으로 소등할 수 있는 <일괄소등스위치> (현관센서등 및 안방등 제외)
- 세대현관 <자동센서 LED 조명등>
- 각 실별<멀티온도조절시스템>

■ 고품격 커뮤니티시설
- 최신 운동시설과 시스템으로 건강한 생활이 가능한<휘트니스 센터>
- 요가, 에어로빅 등 즐겁게 운동하며 건강을 지킬 수 있는 <헬스케어룸>
- 자녀들을 위한 <공부방>
- 단지 내 어른신들께서 편하게 즐기실 수 있는 <시니어스클럽>

관리처분계획총회 책자 중 조합원 혜택 관련 내용(출처: 수원 권선113-6구역 재개발 관리처분계획총회 책자)

발코니 확장, TV, 냉장고 등 분양권에는 없고 조합원 입주권에만 있는 혜택을 확인합니다. 특히 발코니 확장은 25평 기준 1,000만 원 이상의 혜택입니다. 수원 권선113-6구역은 발코니 확장, 40인치 TV와 빌트인 김치냉장고 220L, 드럼세탁기 등을 조합원에게 제공합니다. 조합원 본인 집에 설치하는 것을 원하지 않을 경우 가족이나 지인 집에 배송 요청할 수도 있습니다.

최근에는 선호하는 커뮤니티시설의 유무가 아파트 가격을 결정하는 주요 요인으로 작용합니다. 예전에는 경로당이나 피트니스센터 정도만 있었지만 요즘은 골프 연습장, 실내 수영장, 사우나, 인피니티 풀, 스카이

브리지, 옥상 카페, 스터디카페 등 다양한 커뮤니티시설이 구비된 아파트의 선호도가 높아지는 추세이니 커뮤니티시설도 꼭 확인하세요.

추정 비례율 확인

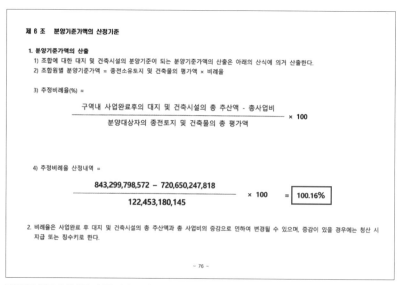

제 6 조 분양기준가액의 산정기준

1. 분양기준가액의 산출
  1) 조합에 대한 대지 및 건축시설의 분양기준이 되는 분양기준가액의 산출은 아래의 산식에 의거 산출한다.
  2) 조합원별 분양기준가액 = 종전소유토지 및 건축물의 평가액 × 비례율

  3) 추정비례율(%) =

$$\frac{\text{구역내 사업완료후의 대지 및 건축시설의 총 추산액 - 총사업비}}{\text{분양대상자의 종전토지 및 건축물의 총 평가액}} \times 100$$

  4) 추정비례율 산정내역 =

$$\frac{843,299,798,572 - 720,650,247,818}{122,453,180,145} \times 100 = \boxed{100.16\%}$$

2. 비례율은 사업완료 후 대지 및 건축시설의 총 추산액과 총 사업비의 증감으로 인하여 변경될 수 있으며, 증감이 있을 경우에는 청산 시 지급 또는 징수키로 한다.

– 76 –

관리처분계획총회 책자 중 비례율 관련 내용(출처: 수원 권선113-6구역 재개발 관리처분계획총회 책자)

추정 비례율은 조합의 사업성이나 조합원의 이익과 직결되는 가장 중요한 사항입니다. 문정동 136번지 재건축의 감정평가액이 1억 원인 경우 100.16%의 비례율에 따라 권리가액은 1억 16만 원이 됩니다.

권리가액은 '감정평가액 × 비례율'이고 분담금은 '조합원분양가−권리가액'이므로 권리가액이 커질수록 분담금은 줄어듭니다. 예를 들어 감정평가액이 1억 원이고 비례율이 120%라면 권리가액은 1억 2,000만 원이 됩니다. 이 경우 100%로 추정했을 때보다 2,000만 원의 분담금이 줄어듭니다.

조합원분양가와 일반분양가 확인

■ 자금운용계획(안)

1. 총수입

1) 조합원 아파트 분양분 매출액

(단위 : ㎡ / 원)

TYPE(㎡)	조합원세대수	분양면적	3.3㎡당 평균분양가	세대당 평균분양가	조합원분양분 매출액
48A	46	73.9605	11,187,761	250,304,348	11,514,000,000
48B	3	74.5115	11,225,364	253,016,667	759,050,000
59A	83	84.4541	11,414,093	291,600,000	24,202,800,000
59B	122	84.2830	11,444,514	291,784,836	35,597,750,000
59C	157	84.8158	11,171,840	286,633,439	45,001,450,000
59D	3	84.8248	11,129,730	285,583,333	856,750,000
71A	159	100.1271	11,268,156	341,294,969	54,265,900,000
71B	15	99.9522	11,075,487	334,873,333	5,023,100,000
84A	173	113.5298	11,377,741	390,743,064	67,598,550,000
84B	2	113.6154	11,144,601	383,0025,000	7,660,050,000
101	28	129.1732	11,627,305	454,335,714	12,721,400,000
계	791				258,306,800,000

2) 일반분양아파트 분양분 매출액

(단위 : ㎡ / 원)

TYPE(㎡)	일반분양세대수	분양면적	3.3㎡당 평균분양가	세대당 평균분양가	일반분양분 매출액
48A	23	73.9605	13,100,868	293,106,391	6,741,447,000
48B	10	74.5115	13,144,902	296,282,517	2,962,825,167
59A	0	84.4541	13,365,903	341,463,600	0
59B	65	84.2830	13,401,526	341,680,043	22,209,202,797
59C	107	84.8158	13,082,225	335,647,758	35,914,310,068
59D	0	84.8248	13,032,914	334,418,083	0
71A	193	100.1271	13,195,011	399,656,408	77,133,686,778
71B	45	99.9522	12,969,395	392,136,673	17,646,150,300
84A	674	113.5298	13,323,334	457,560,127	308,395,525,906
84B	58	113.6154	13,050,328	448,522,275	26,014,291,950
101	56	129.1732	13,615,575	532,027,121	29,793,518,800
계	1,231				526,810,958,765

3) 임대주택 매각액

(단위 : ㎡ / 원)

TYPE(㎡)	임대주택	분양면적	택지비	건축비	임대주택 매각액
39	156	59.7136	7,792,633,349	14,999,855,270	22,792,488,619

- 90 -

관리처분계획총회 책자 중 분양가 관련 내용(출처: 수원 권선113-6구역 재개발 관리처분계획총회 책자)

조합원분양가와 일반분양가는 매수할 때 가장 먼저 확인해야 할 사항입니다. 입주 전에 매도할 때도 조합원분양가와 일반분양가로 가격이 형성되니까요. 분양가는 관리처분인가 이후 확정되기 때문에 관리처분계획을 위한 총회의 안내 자료를 통해 정확한 금액을 알 수 있습니다.

분양권을 매수할 때는 일반분양가의 10%에 해당하는 계약금과 프리미엄만 내면 되니 초기 투자금이 적습니다. 그래서 일반분양 후에는 분양권 매물의 수요가 늘어납니다.

그러다 입주 시기가 다가오면 로열층, 로열동일 확률이 높고 가전제품,

발코니 확장비용 등 여러 가지 혜택이 있는 조합원 매물(입주권)의 수요가 높아집니다. 그 이유는 무엇일까요?

예를 들어 84㎡ A타입의 조합원분양가는 390,743,064원이고 일반분양가는 457,560,127원으로 6,700만 원의 차이가 납니다. 무상이주비가 700만 원이고 무상제공품목이 1,500만 원 상당이니 2,200만 원 상당의 조합원분양가의 혜택이 있습니다. 또한 로열층·로열동이라는 이유로 서울과 수도권은 수천만 원에서 1억 원까지도 시세가 비싸게 형성되니 조합원의 매물은 분양권보다 수요가 많아질 수밖에 없습니다.

현금청산 기준 확인

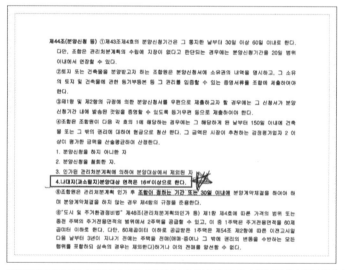

관리처분계획총회 책자 중 현금청산 관련 내용(출처: 수원 권선113-6구역 재개발 관리처분계획총회 책자)

현금청산 기준도 꼭 확인해야 합니다. 예를 들어 위 수원 재개발의 경우 나대지(과소필지) 분양대상 면적은 16㎡ 이상입니다. 이는 조합원 중 대지 또는 도로가 16㎡ 미만인 조합원은 분양대상이 되지 못하고 현금청산자가 된다는 뜻입니다. 만약 이 구역의 도로 물건을 매입하고자 한다면 등기부등본과 토지대장을 통해 정확한 소유면적을 확인해야 합니다. 하지만 토지의 과소필지 기준은 지자체마다 다르기 때문에 이 역시 확인이 필요합니다. 서울시의 경우 90㎡ 이상이어야 입주권이 주어지고 30~90㎡의 토지는 특정 조건을 충족해야 입주권이 주어집니다.

평형별 조합원 배정(동, 층, 향) 확인

관리처분계획총회 책자 중 동·호수 배치 관련 내용(출처: 문정동 136번지 관리처분계획총회 책자)

관리처분인가가 났다면 이미 조합원 평형 배정이 이뤄졌을 확률이 높습니다. 따라서 관리처분인가 이후에 매수할 때는 해당 매물이 배정받을 평형과 타입을 확인해야 합니다.

위의 문정동 136번지 동·호수 배치도를 보면 파란색이 조합원에게 배정되는 호수입니다. 이것을 보면 조합원에게 9층 이상을 배정했음을 알 수 있습니다. 이렇게 일반적으로 조합원은 로열층을 배정받습니다.

타워형

독특한 평면 구조 설계가 가능하며 미관이 우수한 편입니다. 동향, 서향, 남향 등 다양한 방향으로 건설할 수 있습니다. 단, 앞뒤로 발코니 설치가 어려워 통풍이 아쉬운 점은 있습니다.

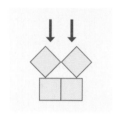

판상형

전 가구 남향 배치가 가능합니다. 남북으로 창을 만들어 통풍이 잘되며 건축비가 타워형에 비해 저렴합니다. 또한 남향으로 배치하기 좋아 햇빛이 잘 듭니다. 단, 건물 외관이 단조롭고 조망권 확보가 어려운 단점이 있습니다.

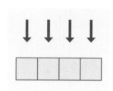

혼합형

타워형과 판상형의 장점을 모아 설계한 구조입니다. L형 또는 V형 구조로 설계되어 통풍이 잘되고 조망권 확보에도 좋습니다. 사생활보호에도 뛰어난 구조입니다.

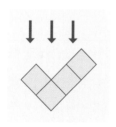

평형별로 조합원이 유리한 평형을 살펴봅니다. 1+1 매물 투자자는 조합원(2주택) 배정도 파악해야 합니다. 본인이 배정될 평형(타입)의 대략적인 분양가도 파악해야지요. 조합에 따라 1층과 로열층의 가격 차이가 몇천만 원 나기도 하므로 자금계획을 세울 때도 꼭 필요한 정보입니다.

주황색은 일반분양에 배정되는 호수이고 연두색은 보류지입니다. 보류지는 일반분양 과정에서 혹시 생기는 사고나 변수에 대비하기 위한 호수로, 보통은 일반분양 후에 보류지 매각공고 통해서 주변 신축 시세보다 조금 싸게 매각합니다.

조합원분양가와 일반분양가 확인

관리처분계획총회 책자에는 분양하는 평형별 평면도가 나옵니다.

분양가격은 큰 차이가 없지만 같은 평형이라도 판상형인지 타워형인지에 따라, 아파트 전면부 설계(2베이, 3베이, 4베이 등)에 따라 입주 후 시세 차이가 날 수 있습니다. 선호도에 따라 희비가 엇갈리게 되는 것입니다. 되도록 타워형보다는 판상형, 2베이보다는 3베이, 3베이보다는 4베이 구조의 선호도가 높고 입주 후에 가격 형성도 높게 됩니다. 알파룸이나 다용도실이 포함된 구조를 선택하는 것도 향후 시세 상승에 유리합니다. 알파룸이 포함되어 있다면 예를 들어 거실을 나눠서 방을 4개로 만들 수도 있고, 거실을 크게 쓰면서 방을 3개로 만들 수도 있습니다. 아파트는 수납공간이 부족한 경우가 많아 캐리어나 자전거 등 부피가 큰 물건들을 수납할 수 있는 펜트리가 있는 구조도 인기를 끌고 있습니다.

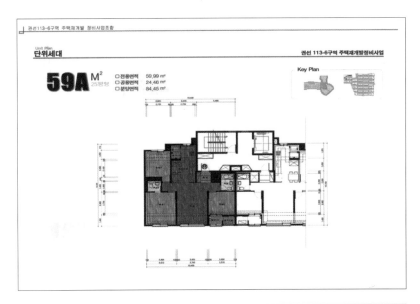

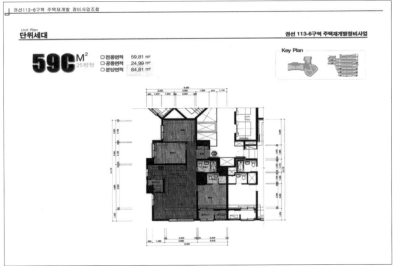

관리처분계획총회 책자 중 평형별 타입과 구조 관련 내용(출처: 수원 권선113-6구역 재개발 관리처분계획총회 책자)

입주 시 예상 시세 계산법

입주를 하면 얼마의 수익을 낼 수 있는지 알기 위해서는 입주 시 시세를 정확히 예측할 수 있어야 합니다.

- 예상 수익=입주 시 예상 가격-총투자금
- 총투자금 =매매가+분담금
  =조합원분양가+프리미엄

위 산식이 재개발·재건축 투자에서 수익률을 분석하는 방법입니다. 이 산식에서 보듯이 예상 수익을 알려면 반드시 입주 시 예상 가격을 알아야 합니다. 입주 시 예상 가격은 다음과 같은 방법으로 구합니다.

인근 신축 아파트의 현재 시세 확인

네이버부동산, 호갱노노 등을 활용해 인근 신축 아파트 시세를 확인합니다. 인근에 없다면 입지가 비슷한 옆 동네의 신축 아파트 시세를 조사합니다. 해당 단지의 조건(연식, 세대수, 지하철역과의 거리, 브랜드, 평형대별

가격)도 고려합니다. 이런 다양한 조건에 따라 아파트 가격이 달라지기 때문입니다.

아파트 가격 상승률을 반영한 미래 시세 예측

재개발·재건축 구역 인근에 유명한 건설사에서 지은 신축 아파트 A가 있다고 가정해볼까요? 입주한 지 2년차로 500세대이며 지하철역과의 거리는 도보로 5분입니다.

한편 해당 구역에 들어설 새 아파트 B는 550세대이고, 지하철역과의 거리는 도보로 5분이며, 시공사 역시 유명한 건설사라면 연식을 제외한 다른 조건들이 비슷해서 비교하기 좋은 대상입니다.

하지만 5년 후 새 아파트 B에 입주할 때 인근 신축 아파트 A는 7년차 아파트가 됩니다. 다른 조건이 동일해도 연식이 7년이나 차이 나면 가격이 다를 수밖에 없습니다. 따라서 연식에 따른 가격 요소를 반영하지 않고 인근 신축 아파트의 현재 시세를 재개발·재건축 물건의 입주 시 예상 가격과 단순 비교하는 것은 무리가 있습니다.

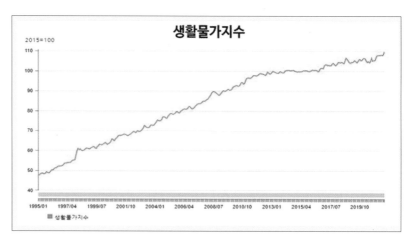

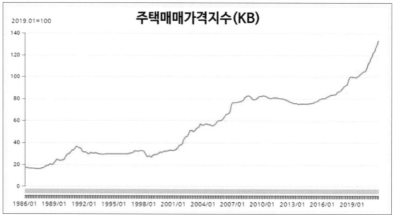

아파트 가격 지수와 소비자물가 상승률 비교(출처: 통계청)

통계청의 자료에 의하면 물가상승률과 전국 아파트 상승률은 비슷합니다. 연평균 2.5% 정도인데, 현재 1억 원 하는 아파트가 4년 뒤에는 1억 1,000만 원이 된다는 뜻입니다. 그런데 2.5%는 전국 아파트 평균 상승률이고 전국보다는 수도권, 수도권보다는 서울 아파트 상승률이 더 높습니다.

따라서 입주 시 아파트 가격을 예상할 때 연차만큼 이 상승률을 적용해 계산할 수 있습니다. 단, 입지나 상품성이 비슷하면 2.5%를, 입지나 상품성이 떨어지면 2%를, 입지나 상품성이 뛰어나면 3%를 적용합니다.

입지·상품성	수도권·지방 아파트	서울 아파트
유사	2.5%	3.5%
우수	3%	4%
떨어짐	2%	2%

실제 사례를 통한 입주 시 예상 가격 계산

상계2구역 투자 사례를 통해 입주 시 예상 시세 계산하는 방법을 알아보겠습니다. 상계2구역에 투자할 때 제가 비교한 곳은 상계4구역이 재개발을 통해 새 아파트가 된 노원센트럴푸르지오였습니다. 이 아파트는 810세대이고, 지하철 4호선 상계역과 당고개역 사이에 있어 지하철역까지 도보로 10분이 걸리며, 브랜드는 대우푸르지오입니다.

상계2구역(2027년 입주 예상)은 총 2,200세대로 지어질 예정이고 당고개역과 도보로 1~2분 거리의 초역세권이며, 브랜드는 대우푸르지오와 동부센트레빌 컨소시엄입니다.

상계2구역에서 84㎡를 배정받는 재개발 물건의 입주 시 예상 시세를 알고 싶다면 다음과 같이 계산할 수 있습니다. 상계2구역은 노원센트럴푸르지오보다 세대수도 많고 초역세권이라 입지나 상품성이 뛰어납니다. 게다가 서울이므로 연간 상승률 4%를 적용해 볼 수 있습니다.

또한 상계2구역은 2027년 입주 예정이고 노원센트럴푸르지오는 2020년에 입주했으니 연식 차이는 7년입니다. 노원센트럴푸르지오의 최근 3개월 실거래가 평균은 9억 5,000만 원입니다. 그렇다면 상계2구역 84㎡의 입주 시 예상 가격을 얼마가 될까요?

 알아두세요

컨소시엄

컨소시엄은 하나의 시공사가 단독으로 입찰하는 것이 아니라 복수의 시공사가 하나의 그룹을 구성하여 입찰하는 방식입니다. 대형 사업지라 시공사 단독 입찰이 부담스러울 때는 복수의 시공사가 컨소시엄 형태로 공동 출자해 입찰하기도 합니다.

입주 시 아파트 가격=인근 신축 아파트 시세(3개월 평균)×(연식 차이×2~4%)

- 연식 차이=2027년-2020년=7년
- 입지와 상품성 우위=상승률 연 4% 적용
- 7년×4%=28% 상승 예상
- 입주 시 예상 가격=9억 5,000만 원×128%=12억 1,600만 원

결론적으로 상계2구역에 84㎡를 배정받는 물건을 샀을 경우 2027년 입주 시 아파트 가격은 12억 1,600만 원 정도로 예상할 수 있습니다. 만약 이 물건의 매매가가 4억 원이고 분담금이 2억 원이라면 수익은 6억 1,600만 원 정도로 예상할 수 있습니다.

- 총투자금=매매가+추가분담금=4억 원+2억 원=6억 원
- 예상 수익=입주 시 예상가격-총투자금
  =12억 1,600만 원-6억 원=6억 1,600만 원

수익률 분석 연습하기

지금까지 감정평가액, 입주 시 예상 시세 계산하는 법 등을 익혀보았습니다. 내가 얼마에 새 아파트를 사는 건지, 새 아파트에 입주하면 수익은 얼마나 되는지, 투자금 대비 수익률은 얼마나 되는지 등을 계산하는 데 꼭 필요한 기초 공부를 모두 한 셈입니다. 이제 본격적으로 투자하기 좋은 물건인지 아닌지 계산기를 두드려 보겠습니다.

높은 수익률을 바라면서도 투자금과 수익을 계산해 보지 않고 큰돈을 투자하는 사람들이 꽤 있습니다. 투자를 할 때는 기본적으로 투자금과 투자 기간, 수익률을 고려해야 합니다. 재개발·재건축 투자를 할 때도 얼마동안 얼마를 투자해서 얼마의 수익을 낼지 계획하는 것이 중요합니다. 매수할 물건의 소유권을 이전할 때까지 필요한 비용이 얼마인지, 사업이 진행되는 동안 추가로 필요한 비용은 얼마인지, 사업이 완료되어 새 아파트를 받을 때까지 들어가는 비용이 얼마인지, 나중에 새 아파트가 됐을 때 기대할 수 있는 수익은 얼마인지 등을 꼼꼼하게 따져야 합니다. 이 질문들은 재개발·재건축 투자를 결정할 때 고려해야 할 가장 기본적인 것으로, 이 질문에 명확한 답을 하지 못한다면 투자하면 안 됩니다. 안전한 투자는 아무리 강조해도 지나치지 않습니다.

제가 처음에 재개발 투자를 할 때는 어떻게 수익 분석을 해야 하는지 아무도 알려주지 않았습니다. 관련 책도 많이 읽고 강의도 들었지만 자금

계획은 어떻게 세워야 하는지, 초기 투자금과 총투자금은 얼마로 계산해야 되는지 등을 하나하나 몸으로 부딪히고 경험하면서 스스로 터득해나갔습니다.

그 경험을 토대로 수익률 분석 방법을 정리했습니다. 심지어 계산도 쉽습니다. 지금부터 알려드리는 방법을 반복해서 자신의 것으로 만든다면 재개발·재건축 투자를 위해 부동산중개소를 방문했을 때, 공인중개사로부터 매물 정보를 문자로 받았을 때, 지인의 투자 사례를 분석할 때 등 실전에서 유용하게 활용할 수 있습니다.

초기 투자금 계산하기 – 매수 시 얼마가 필요할까?

재개발·재건축 구역에 있는 기존 부동산의 소유권을 이전할 때까지 들어가는 비용을 초기 투자금이라고 합니다. 실투자금과 같은 개념입니다. 초기 투자금은 부동산의 매매가에서 레버리지를 뺀 금액입니다. 레버리지는 대출금이나 임대보증금을 의미하며 매매가는 감정평가액에 프리미엄이 더해진 금액입니다.

- 초기 투자금=매매가-레버리지(임대보증금 또는 대출금)
  =감정평가액+프리미엄-레버리지
- 매매가=감정평가액(또는 권리가액)+프리미엄

프리미엄과 초기 투자금 계산하는 연습을 해볼까요? 매매가 3억 원, 감정평가액 2억 원, 임차인에게 받은 전세보증금이 5,000만 원이라면 이 빌라의 프리미엄과 초기 투자금은 얼마일까요? 이 빌라의 프리미엄은

3억 원(매매가)에서 2억 원(감정평가액)을 뺀 1억 원이고 초기 투자금은 매매가 3억 원에서 전세보증금 5,000만 원을 뺀 2억 5,000만 원입니다.

프리미엄과 초기 투자금 계산하기
- 프리미엄=매매가-감정평가액
  =3억 원-2억 원
  =1억 원
- 초기 투자금=매매가-레버리지
  =3억 원-5,000만 원(전세보증금)
  =2억 5,000만 원

총투자금 계산하기 - 입주하기 위해 총 얼마의 돈이 필요할까?

재개발·재건축 물건을 사서 새 아파트에 들어갈 때까지 필요한 모든 비용을 총투자금이라고 합니다. 현장에서는 줄여서 '총투'라는 줄임말을 자주 사용합니다. 해당 물건의 권리가액(감정평가액)이 조합원분양가보다 낮으면 분담금을 내야 합니다. 분담금은 조합원분양가에서 권리가액을 뺀 금액입니다. 권리가액은 비례율이 나와야만 알 수 있으므로 비례율이 확정되기 전에는 추정비례율을 곱합니다. 추정비례율도 파악하기 어려운 단계라면 비례율을 100%로 가정해서 계산합니다. 즉 감정평가액을 권리가액으로 계산하는 것입니다.

총투자금=새 아파트를 구입하는 데 들어가는 총비용

　　　　=매매가+분담금

　　　　=조합원분양가+프리미엄

59㎡의 새 아파트를 신청한 빌라의 매매가가 3억 원이고 감정평가액은 2억 원인 경우를 예로 들어보겠습니다. 조합원분양가는 5억 원이고 비례율은 100%라고 가정하면, 분담금과 총투자금은 얼마일까요? 분담금은 '5억 원(조합원분양가)-2억 원(권리가액)=3억 원'입니다. 그리고 권리가액은 2억 원(감정평가액 2억 원×비례율 100%)입니다. 따라서 총투자금은 매매가와 분담금을 합한 6억 원(매매가 3억 원+분담금 3억 원)입니다.

분담금과 총투자금 계산하기

매매가 3억 원, 감정평가액 2억 원, 조합원분양가 5억 원, 비례율 100%인 빌라

• 분담금=조합원분양가-권리가액

　　　　=5억 원-2억 원(감정평가액 2억 원×비례율 100%)

　　　　=3억 원

• 총투자금=매매가+분담금

　　　　=3억 원+3억 원

　　　　=조합원분양가+프리미엄

　　　　=5억 원+1억 원(매매가 3억 원-감정평가액 2억 원)

　　　　=6억 원

예상 수익 계산하기 – 입주 시 얼마를 버는 걸까?

재개발·재건축 투자의 예상 수익은 물건이 새 아파트가 되는 시기의 가격에서 총투자금을 빼서 구합니다.

예상 수익=입주 시 예상 가격-총투자금

사례 1. 빌라

매매가 3억 원, 전세보증금 1억 원, 감정평가액 2억 원, 조합원분양가 5억 원, 비례율 100%인 빌라가 있습니다. 3년 후 입주할 때 예상되는 시세가 8억 원이라고 가정하면 분담금과 총투자금 그리고 예상 수익은 얼마일까요?

분담금은 조합원분양가에서 권리가액(감정평가액×비례율)을 뺀 값이므로 3억 원(5억 원-2억 원)입니다.

총투자금은 매매가에 분담금을 더한 금액이며, 조합원분양가와 프리미엄의 합으로도 구할 수 있습니다. 그러므로 총투자금은 6억 원(3억 원 +3억 원)이며 예상 수익은 입주 시 예상 시세(8억 원)에서 총투자금(6억 원)을 뺀 2억 원이 됩니다. 여기서 초기 투자금은 매매가(3억 원)에서 레버리지로 활용한 전세보증금(1억 원)을 뺀 2억 원입니다. 초기 투자금을 기준으로 수익률을 계산하면 2억 원의 투자로 2억 원의 수익을 냈으니 100%라고 할 수 있습니다. 총투자금 6억 원을 기준으로 한 수익률은 33.3%입니다.

예상 수익과 수익률 계산하기

매매가 3억 원, 전세보증금 1억 원, 감정평가액 2억 원, 조합원분양가 5억 원,
비례율 100%, 3년 후 입주 시 예상 시세 8억 원인 빌라

- 초기 투자금=매매가-레버리지(전세보증금)
  =3억 원-1억 원
  =2억 원
- 분담금=조합원분양가-권리가액
  =5억 원-2억 원(감정평가액 2억 원×비례율 100%)
  =3억 원
- 총투자금=매매가+분담금
  =3억 원+3억 원
  =조합원분양가+프리미엄
  =5억 원+1억 원(매매가 3억 원+권리가액 2억 원)
  =6억 원
- 예상 수익=입주 시 예상 가격-총투자금
  =8억 원-6억 원
  =2억 원
- 예상 수익률=초기 투자금 2억 원 기준 100%
  =총투자금 6억 원 기준 33.3%

사례 2. 단독주택

단독주택으로 예를 하나 더 들어보겠습니다. 매매가 5억 원, 전세보증금
2억 원, 감정평가액 4억 원, 조합원분양가 6억 원, 비례율 100%, 3년 후
입주 시 예상 시세 10억 원인 단독주택이 있다면 분담금과 총투자금 그
리고 예상 수익은 얼마일까요? 분담금은 조합원분양가 6억 원에서 권리
가액(감정평가액×비례율) 4억 원을 뺀 2억 원입니다. 총투자금은 매매가
5억 원에 분담금 2억 원을 더한 7억 원입니다. 예상 수익은 입주 시 예상
시세인 10억 원에서 총투자금 7억 원을 뺀 3억 원입니다. 초기 투자금은

매매가 5억 원에서 전세보증금 2억 원을 뺀 3억 원입니다. 따라서 초기 투자금을 기준으로 한 수익률은 100%, 총투자금 기준 수익률은 42.8% 입니다.

예상 수익과 수익률 계산하기

매매가 5억 원, 전세보증금 2억 원, 감정평가액 4억 원, 조합원분양가 6억 원, 비례율 100%, 3년 후 입주 시 예상 시세 10억 원인 단독주택

- 초기 투자금=매매가-레버리지(전세보증금)
  =5억 원-2억 원
  =3억 원
- 분담금=조합원분양가-권리가액
  =6억 원-4억 원(감정평가액 4억 원×비례율 100%)
  =2억 원
- 총투자금=매매가+분담금
  =5억 원+2억 원
  =조합원분양가+프리미엄
  =6억 원+1억 원
  =7억 원
- 예상 수익=입주 시 예상 가격-총투자금
  =10억 원-7억 원
  =3억 원
- 예상 수익률=초기 투자금 3억 원 기준 100%
  =총투자금 7억 원 기준 42.8%

예로 든 두 매물이 같은 구역에 있다면 어떤 매물을 선택하는 것이 좋을까요? 빌라는 초기 투자금 2억 원에 예상 수익이 2억 원으로 초기 투자금 기준 수익률 100%, 총투자금 기준 수익률은 33.3%입니다. 단독주택은 초기 투자금 3억 원에 예상 수익이 3억 원으로 초기 투자금 기준 수

익률 100%, 총투자금 기준 수익률 42.8%입니다.

초기 투자금이 2억 원뿐인 투자자는 빌라를 선택해야 합니다. 그러나 초기 투자금이 3억 원 이상 여유가 있는 투자자는 둘 중에 선택할 수 있습니다. 이 경우 초기 투자금 기준 수익률이 100%로 같더라도 단독주택을 선택하는 것이 좋습니다. 투자수익이 더 크고 총투자금 기준 수익률도 더 높기 때문입니다. 단, 투자기간이 같다고 전제했을 때 그렇습니다.

예상 연수익률 계산하기 - 투자 기간에 따른 연수익률이 중요하다

그렇다면 두 물건이 서로 다른 재개발 구역에 있다면 어떨까요? 빌라는 입주할 때까지 3년이 걸리고, 단독주택은 입주할 때까지 5년이 걸린다 해도 같은 선택을 해야 할까요? 정비구역마다 진행 상황이 다르고 입주할 때까지 남은 기간도 다릅니다. 따라서 예상 수익이 같다면 입주할 때까지 남은 기간이 짧은 곳에 투자하는 것이 유리합니다. 단독주택의 경우 2년 간의 리스크를 감당해야 하니까요.

이를 판단하려면 투자의 연수익률을 계산할 수 있어야 합니다. 투자의 수익률은 수익을 투자금으로 나눈 값에 100을 곱해 계산합니다. 연수익률은 이렇게 계산한 수익률을 투자 기간으로 나눈 값입니다.

- 수익률=수익÷투자금×100
- 연수익률=수익률÷투자 기간

앞서 예로 든 빌라는 총투자금 기준 수익률이 33.3%인데 입주할 때까지 3년이 걸릴 것으로 예상되므로 연수익률은 11.1%(33.3÷3년)입니다. 단독주택은 총투자금 기준 수익률이 42.8%지만 입주할 때까지 5년이 남았으니 연수익률은 8.6%(42.8÷5년)가 됩니다. 이때는 빌라가 단독주택보다 연수익률이 높습니다. 재개발·재건축은 남은 기간이 짧을수록 리스크도 비례해서 줄어듭니다. 따라서 예로 든 빌라가 단독주택보다 연수익률이 높을 뿐 아니라 투자 기간이 짧아 리스크 관리에도 더 유리합니다.

지금까지 물건의 수익과 수익률을 계산하는 방법을 알아보았습니다. 다음 계산 공식들이 익숙해질 때까지 반복해서 물건의 수익률을 계산해보세요. 몇 번 해보면 금방 익힐 수 있습니다.

항목	계산식
초기 투자금 (매매에 들어가는 비용/실투자금)	= 매매가 - 전세보증금(또는 대출금) = 감정평가액(권리가액) + 프리미엄 - 전세보증금(또는 이주비 대출 + 이사비)
총투자금 (새 아파트를 구입하는 데 들어가는 총비용)	= 매매가 + 추가분담금 = 조합원분양가 + 프리미엄
예상 수익	= 입주 시 예상 가격 - 총투자금
권리가액	= 감정평가액 × 비례율
프리미엄	= 매매가 - 감정평가액(권리가액)
분담금	= 조합원분양가 - 감정평가액(권리가액)

물건 유형별
투자 전략

빌라와 다가구주택의
투자 전략

빌라(다세대주택)

재개발 물건 하면 가장 먼저 빌라를 떠올리게 되죠. 재개발 사업에서의
빌라는 다세대주택으로, 하나의 건물에 여러 가구가 살 수 있도록 건축
된 4층 이하의 건물입니다. 다가구주택은 여러 가구가 살지만 소유주가
1명인 반면 다세대주택은 각각의 세대가 소유권을 가지고 있습니다. 빌
라는 단독주택, 다가구주택에 비해 시설물 관리와 임차인 관리가 용이
합니다. 이와 달리 다가구주택은 세입자가 많아 수리를 해주거나 임대
차계약을 해야 하는 일이 빈번하지요.

빌라는 단독주택이나 다가구주택보다 초기 투자금이 적게 들어가 단기
수익을 실현하고 팔기도 쉽고, 시설관리나 임대관리가 쉬워 초보 투자
자, 소액 투자자들이 가장 접근하기 용이한 재개발 투자 유형이기도 합
니다.

필로티 구조의 주차장이 있는 빌라는 깔끔하게 인테리어만 하면 '몸테
크' 하기에도 괜찮습니다. 특히 조정대상지역이라면 1주택자 양도소득
세 비과세 혜택을 누리기 위해서는 실거주 요건 2년을 채워야 하니 더
욱 적당한 선택이 될 수 있습니다.

매매가 자체가 싸기 때문에 살 때도 싸게 사고 팔 때도 출구전략을 세우

 알아두세요 ―――

필로티 구조

1층에는 기둥만 있고 2층 이상부
터 집을 짓는 방식입니다. '필로
티'는 건축물 하단부를 텅 빈 구조
로 만들기 위해 세운 기둥을 뜻합
니다. 1층은 주차장 공간으로 사
용하며 생활공간은 2층부터 시작
됩니다. 1층을 비워 개방감을 줄
뿐만 아니라 주차공간이 확보된
다는 장점이 있습니다.

기 쉽습니다. 필요한 투자금이 적으면 내 물건을 매도할 때도 사고자 하는 수요가 많기 때문입니다. 다만 대지지분이 너무 적은 빌라는 조합원 분양신청(평형 배정)을 할 때 권리가액 순위에서 밀려 원하는 평형을 배정받지 못할 수도 있습니다. 그러므로 큰 평형을 배정받고 싶다면 감정평가액이 너무 낮은 빌라는 피해야 합니다.

빌라, 즉 다세대주택은 공동주택이므로 대지권을 대지지분 형태로 소유하기 때문에 토지에 비해 대지지분에 대한 평당 감정평가액도 큰 편입니다.

조합설립인가 전후부터 관리처분인가 전후까지 모든 시기가 빌라의 매수 적기입니다. 단, 관리처분인가가 난 후 이주 시기에 감정평가액이 작은 빌라를 살 때는 추가로 투자금이 필요할 수 있습니다. 임차인에게 돌려줄 임대보증금이 받을 수 있는 이주비 대출 금액보다 많다면 추가적으로 금액이 더 필요하기 때문에 미리 자금계획을 세워야 합니다.

- **투자 적기**: 조합설립인가~관리처분인가
- **적합한 투자자**: 초보 투자자, 소액 투자자

다가구주택

'다가구주택'은 집주인이 1명이고 '다세대 빌라'는 각 세대마다 집주인이 따로 있습니다. 다가구주택은 세입자가 많아 임대관리도 신경 써야 하고 오래된 만큼 시설관리가 까다로울 수 있습니다. 하지만 위치가 좋고 시설관리가 잘되어 있다면 꾸준히 월세를 받으면서 장기투자를 할 수도 있습니다.

저 역시 노원구 상계2구역 재개발 투자를 통해 다가구주택의 두 세대로부터 월세를 받으며 투자를 이어나갔습니다. 이 다가구주택에는 총 8세대가 살고 있는데, 여름에는 비가 새고 겨울에는 보일러가 동파되거나 고장나는 일들이 종종 일어납니다. 두세 달에 한 번 꼴로 세입자가 바뀌어 세입자를 찾고 계약을 해야 하는데, 재개발 물건은 세입자가 한 번 이사를 나가면 이주 시점에 다음 세입자를 구하기 어렵습니다. 사실 이것이 가장 힘든 부분입니다. 8세대가 그대로 살고 있다가 이주비 대출을 받아서 모두 이주시키는 것이 가장 좋지요. 다음 세입자한테 보증금을 받아서 기존 세입자한테 내주어야 하는데 공실이 나면 내 돈으로 보증금을 마련해야 합니다. 그러면 자금계획에 차질이 생길 수 있으니 미리 대비하는 것이 중요합니다.

빌라는 한 세대만 관리하면 되는데 다가구는 이렇게 여러 세대를 관리해야 해서 신경을 써야 할 일들이 많습니다. 하다못해 8세대의 계약일을 모두 기억하고 있다가 자금계획을 그 계약일에 맞추어서 세우는 것도 쉬운 일은 아닙니다.

빌라는 급한 사정으로 팔아야 하는 경우에 시세차익을 보고 팔아도 잘 팔리는데, 다가구주택은 매매가가 크니 빨리 매도하기가 어렵습니다. 그래서 사업 초기에는 가격대가 높은 다가구주택이 빌라보다 프리미엄도 저렴하고 가격 상승이 더딘 편입니다.

하지만 감정평가를 한 후에는 상황이 달라지지요. 빌라보다 감정평가액이 높아서 분담금이 적고 프리미엄도 빌라의 프리미엄만큼 상승합니다. 특히 1+1이나 큰 평형을 배정받을 확률이 높으니 조합원분양신청 이후에는 그 가치가 더욱 높아집니다.

조합설립 이후부터 감정평가 사이에 저평가된 다가구주택을 발견했다면 매수를 노려볼 만합니다. 저는 다가구주택을 5억 7,000만 원으로 추정감정평가해 6억 2,000만 원에 매수했는데 실제 감정평가액은 6억

알아두세요 ──────

환지

환지는 과거 토지구획정리사업이
나 도시개발사업을 할 때 사업 대
상이 됐던 토지의 위치, 지목, 면
적, 이용도 등을 고려해서 사업이
끝난 후 토지 소유주에게 재배분
하는 택지입니다. 말하자면 경계
가 뒤죽박죽이었던 토지를 반듯
하게 정리해서 소유주에게 다시
분배하는 땅을 말합니다. 그런데
경계가 구불구불했던 땅을 반듯
하게 선을 그어 나누면 땅의 크기
가 달라지고 그래서 각 소유주의
토지 면적에 증감이 생깁니다. 구
획정리 후 늘어난 토지를 '증환지'
라 하고, 줄어든 토지를 '감환지'
라 합니다.

5,000만 원이었습니다. 증환지가 있어 노원구 땅을 2,000만 원 주고 샀
는데 이 땅의 가치가 1억 1,000만 원으로 평가받아 추가적으로 9,000만
원의 수익을 내기도 했습니다. 프리미엄 5,000만 원을 주고 샀다고 생각
했는데 '플러스피'가 된 것이지요. 감정평가액을 통보받기 전에 저평가
되어 있는 다가구주택을 사면 이렇게 수익률이 가파르게 높아질 수 있
습니다.

또는 이주비 대출을 활용해서 투자금을 대폭 줄일 수 있는 관리처분인
가 이후 이주 시기에 투자하는 것도 좋습니다.

다가구주택의 또 다른 장점은 원하는 평형을 배정받는 데 유리하다는
점입니다. 조합원들에게 평형 배정을 할 때는 권리가액이 높은 순으로
우선권을 줍니다. 대부분의 다가구주택은 전체 조합원의 권리가액 순위
에서 상위권을 차지하지요. 그래서 원하는 평형에 배정될 확률이 높을
수밖에 없습니다. 권리가액 순위가 최상위권이라면 요즘 선호하는 테라
스형이나 펜트하우스 분양에도 도전할 수 있습니다.

조합원 평형신청을 한 후에는 대형 평형을 신청한 다가구주택의 프리미
엄이 많이 오르면서 가치가 더 상승합니다. 권리가액이 높거나 전용면
적이 큰 다가구주택은 1+1 분양신청 요건을 갖추면 2개의 입주권을 받
을 수도 있지요.

다가구주택은 감정평가액이 커서 큰 평형을 신청하려는 실수요자, 1+1
매물을 원하는 투자자, 이주비 대출을 최대한 활용하고 싶은 투자자에
게 적합한 유형입니다. 특히 1+1은 저학년 자녀들이 있어 부모님이 아
이를 봐줘야 하는 가족에게는 안성맞춤입니다. 예를 들어 84㎡+59㎡를
같이 받으면 부모님이 같은 단지 내 59㎡에 살 수 있습니다.

• 투자 적기

이주비 대출을 활용할 수 있는 관리처분인가 이후

조합설립 이후부터 감정평가 사이 저평가된 매물 발견 시

• 적합한 투자자

중대형 평형을 배정받고자 하는 투자자

1+1 매물을 원하는 투자자

이주비 대출을 많이 활용하고 싶은 투자자

무허가주택·도로·나대지로
새 아파트 받기

무허가주택으로 아파트 입주권 받기

"무허가 주택을 사도 새 아파트 입주권을 받을 수 있다고요?" 하며 의아해 하는 분들도 있는데요. 물론 몇 가지 조건을 확인해야 하긴 하지만 재개발의 경우 무허가주택으로도 새 아파트 입주권을 받을 수 있습니다. 일명 '뚜껑'이라고 부르지요.

재개발 투자의 큰 장점이 본인의 상황에 맞는 물건 유형을 골라서 투자할 수 있다는 점입니다. 투자금을 최소화하고 싶다면 빌라나 무허가주택 등 저렴한 물건을 선택하면 됩니다. 특히 무허가주택은 가장 저렴한 매물에 속하지요.

그럼 무허가주택으로 입주권을 받기 위해서는 무엇을 확인해야 할까요? 1981년 12월 31일 이전에 지어진 무허가주택은 도정법상 구청에서 관리하는 무허가건축물관리대장에 등록이 되어 있으면 입주권을 받을 수 있습니다. 무허가건물확인원이 없으면 항공사진과 같은 자료가 있어도 증빙할 수는 있습니다. 또한 무허가건축물확인대장(무허가건물확인원)을 발급받았더라도 조합 사무실에 입주권을 받을 수 있는지 전화로 한 번 더 확인하는 것이 안전합니다.

무허가건축물은 사유지 무허가건축물과 국유지나 시유지 무허가건축

물로 나뉘는데 대부분은 시유지나 국유지에 지어진 건축물입니다. 예를 들어 땅 주인이 '○○구청'이라면 시유지이고, 철도청, 산림청 등이라면 국유지입니다.

사유지 무허가건축물은 땅은 내 땅이기 때문에 감정평가가 잘 나옵니다. 사실 사유지 무허가건축물은 땅의 가치가 높기 때문에 뚜껑이라고 부르지 않습니다. 반면 국유지나 시유지 무허가건축물은 감정평가액이 적게 나오기 때문에 상대적으로 초기 투자금이 적게 들어갑니다. 그러나 권리가액이 낮아 분담금 액수가 크므로 이주가 끝나고 착공에 들어가면 이를 고려해서 자금계획을 세워야 합니다.

무허가주택은 취득세가 4.6%로 초기에는 빌라나 다가구주택보다 취득세 부담이 크지만, 이주가 마무리되고 멸실등기가 끝나면 상대적으로 가치가 상승합니다. 이때는 모든 입주권이 토지의 취득세인 4.6%를 적용받기 때문입니다. 사실 무허가주택은 재개발 물건 유형 중 투자금이 가장 적게 들어가기 때문에 소액 투자자에게 인기가 높습니다. 소액으로 재개발 사업의 단계별 프리미엄 상승분을 취하는 단기투자에도 유리합니다.

시유지나 국유지 무허가주택 소유자는 관리처분인가 이후 무허가건물이 점유하고 있는 토지를 불하받을지 말지 선택할 수 있습니다. 불하받지 않아도 입주권은 받을 수 있으며 불하받더라도 장기로 분납이 가능합니다. 보통 5년 분할납부인데, 20년 납부를 허용하는 곳도 있습니다. 불하받으면 감정평가액이 높아지는 장점이 있습니다. 이것은 케이스마다 다르므로 무엇이 유리한지는 분석해봐야 합니다. 불하를 받아서 권리가액이 큰 평형 배정의 사정권에 들어가면 불하받는 것이 유리할 수 있고, 불하를 받아도 받기 전의 권리가액과 큰 차이가 없어 평형신청에 유리한 점이 없다면 불하받지 않는 것이 좋습니다.

알아두세요

불하

공공기관의 땅을 개인이 사는 것을 의미합니다.

장점

- 초기 투자금이 가장 저렴합니다.
- 시세차익을 보고 매도하기 쉬워 단기간에 프리미엄의 상승분만을 취할 수 있으므로 단기투자에 좋습니다.

단점

- 권리가액이 적어 작은 평형을 배정받을 확률이 높습니다.
- 취득세가 4.6%로 다소 높은 편입니다. 그러나 3주택 이상인 다주택자의 취득세율보다는 적어 오히려 장점으로 작용하기도 합니다.
- 무허가주택은 사유지나 국유지를 건물이 점유한 형태이기 때문에 일정기간마다 토지사용료(지료)를 납부합니다.

- **투자 적기**: 초기 단계이지만 개발확률이 높은 재개발 구역의 조합설립인가~관리처분인가 단계
- **적합한 투자자**: 소액 투자자, 단기 차익을 추구하는 투자자, 다주택자(취득세율이 낮기 때문)

무허가주택은 대부분 시나 국가의 토지를 점유한 형태로 일정한 기간마다 토지사용료(지료)를 냅니다. 이때 토지사용료는 점유한 땅의 크기에 비례합니다. 무허가주택의 임차인은 대개 월세로 거주하는데 이런 무허가주택을 매수하면 월세를 받아 토지사용료를 내는 경우가 많습니다. 재개발 사업이 무산되면 가장 손해가 큰 물건 유형이 무허가주택입니다. 따라서 조합설립인가를 받았으며 사업 진행 가능성이 높은 구역에 있는 무허가주택에 투자해야 합니다.

도로, 나대지로 아파트 입주권 받기

도로나 나대지를 매수해 아파트 입주권을 받을 수도 있습니다. 보통 도로의 감정평가액은 주변 나대지 감정평가액의 1/2~1/3 정도로 산정됩니다.

도로나 나대지로 아파트 입주권을 받을 수 있는 조건
- 대지지분이 90㎡ 이상
- 30~90㎡의 토지인 경우 전 세대원이 무주택자여야 입주권을 받을 수 있음

장점

- 입주권으로 전환되는 관리처분인가일 이전까지는 주택수에 포함되지 않습니다.
- 도로의 경우 경매 감정평가액이 낮기 때문에 저렴한 물건들이 많습니다.
- 도로는 재산세를 내지 않습니다. 다주택자에게는 취득세 면에서 유리합니다.
- 하나의 필지가 90㎡ 이상의 면적이어야 하는 것이 아니라 같은 재개발 구역 안에서 90㎡ 이상의 면적을 소유하면 되므로 면적이 90㎡ 미만인 여러 필지를 사서 90㎡ 이상이라는 분양 자격을 갖출 수 있습니다.

단점

- 취득세율이 4.6%로 다소 높은 편이나 3주택자 이상 다주택자의 세율보다는 오히려 낮아 장점이 됩니다.
- 서울시는 도로의 경우 30㎡ 미만을 보유 시 현금청산됩니다.

- 나대지, 도로의 경우 담보율 설정이 어려워 대출받기가 어렵거나 높은 이자로 대출을 받아야 합니다.
- 이주비 대출이 안 나오는 경우도 있습니다.

- **적합한 투자자**: 다주택자, 상급지 재개발에 저렴하게 진입하고 싶은 투자자

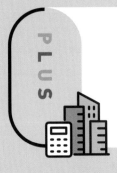

멸실등기 후 다가구주택과 무허가건물 비교

서울 A 재개발 구역

• 입주 시기: 3년 후
• 이주비 대출: 감정평가액의 40%, 무이자
• 분담금 납부 방식: 잔금 시 100% 납입

 알아두세요 ──

멸실등기

재개발 구역에서 이주가 완료되고 건축물을 철거한 후 건축물 등기부등본을 말소하는데, 이를 멸실등기라고 합니다. 멸실등기 후에는 새 아파트를 짓기 위해 부동산의 집행 권리가 조합으로 이관됩니다. 이 시점부터는 주택이 아닌 입주권의 형태로 매매가 이루어집니다. 입주권은 주택이 아니므로 종합부동산세 대상에서 제외됩니다.

재개발·재건축 물건은 멸실되면 그때부터는 입주권이라고 불립니다. 눈에 보이는 것은 없고 입주할 수 있는 권리만 사고파는 것이지요. 3년 뒤 입주 예정인 A 재개발 구역에 멸실된 매물 a와 b가 있다고 가정하고 이 둘을 비교해보겠습니다. 둘 다 84㎡(조합원분양가 6억 원)를 신청했고 이주비 대출은 감정평가의 40%를 받을 수 있으며 무이자입니다. 분담금은 100%를 잔금 시 납입하는 방식입니다.

매물 a

매물 a(84㎡ 신청)

- 매매가: 권리가액 3억 원+프리미엄 3억 원=6억 원
- 이주비 대출: 1억 2,000만 원
- 초기 투자금: 4억 8,000만 원+취득세 2,760만 원=5억 760만 원
- 총투자금: 초기 투자금 5억 760만 원+입주 시 분담금 3억 원+이주비 대출 상환 1억 2,000만 원=9억 2,760만 원

매매가 6억 원인 매물 a는 권리가액이 3억 원이고 프리미엄이 3억 원입니다. 이주비 대출을 1억 2,000만 원 받아 초기 투자금은 4억 8,000만 원이고 취득세 2,760만 원을 더해 총 5억 760만 원입니다. 취득세는 멸실되었기 때문에 토지에 대한 취득세만 내면 됩니다. 그런데 분담금 3억 원을 납부해야 하고 입주할 때 이주비 대출 1억 2,000만 원은 상환해야 합니다. 결과적으로 총투자금 9억 2,760만 원을 들여 새 아파트를 받게 되는 것입니다.

매물 b

매물 b(84㎡ 신청)

- 매매가: 권리가액 2,000만 원+프리미엄 3억 5,000만 원=3억 7,000만 원
- 이주비 대출: 불가
- 초기 투자금: 3억 7,000만 원+취득세 1,700만 원=3억 8,700만 원
- 총투자금: 초기 투자금 3억 8,700만 원+입주 시 분담금 5억 8,000만 원 =9억 6,700만 원

매매가가 3억 7,000만 원이고 권리가액이 2,000만 원이니 프리미엄은 3억 5,000만 원입니다. 권리가액이 2,000만 원밖에 되지 않지만 일반분양 물량이 많아서 84㎡를 배정받을 수 있었던 경우입니다. 똑같은 84㎡

를 신청한 매물인데 a보다 프리미엄이 5,000만 원 더 비싸네요.

권리가액이 2,000만 원이므로 이주비 대출은 받을 수 없습니다. 권리가액이 이렇게 적은 경우는 조합에서 대출을 해주지 않는다고 보면 됩니다. 해준다고 해도 금액이 너무 적어 의미가 별로 없습니다. 레버리지를 쓸 수 없는 경우이지요.

취득세(4.6%)는 1,700만 원입니다. 따라서 초기 투자금은 3억 8,700만 원입니다. 84㎡의 조합원분양가는 6억 원이니 분담금은 5억 8,000만 원입니다. 총투자금이 매물 a보다 4,000만 원 가까이 더 큽니다.

a와 b 중 여러분은 어떤 매물을 선택하시겠어요? 총투자금이 적은 매물 a를 선택하는 것이 당연합니다. 그런데 투자금이 4억 원 있다면 매물 a를 사고 싶어도 살 수 없습니다. 매물 b는 살 수 있지요. a보다 4,000만 원 싸게 살 수 있는 걸 알면서도 b를 살 수밖에 없습니다. 자금이 넉넉하다면 a를 사는 게 맞습니다. 하지만 투자금 5억 8,000만 원 있는 사람이 많을까요? 4억 원 있는 사람이 많을까요? 시중에 이 두 개의 매물이 나왔다면, 어느 물건이 먼저 거래가 될까요? 당연히 b입니다. 투자금이 넉넉하지 않은 사람들이 더 많기 때문입니다. 이주비 대출을 승계받지 못하는 구역이거나 분담금을 잔금 시 100% 납부하는 구역인 경우는 더욱 초기 투자금이 적게 드는 무허가건축물을 원하는 수요자들이 많습니다. 특히 단기투자를 하려는 분들에게는 무허가주택이 괜찮은 선택이 될 수 있습니다. 프리미엄을 몇천만 원 높게 내놓아도 수요가 많아 잘 팔리니까요.

매물 a는 다가구주택이며 매물 b는 무허가주택입니다. 멸실이 되어 매물이 어떤 형태였는지 알 수 없더라도 권리가액만 봐도 충분히 추측할 수 있는 부분입니다.

그러나 총투자금이 적은 물건을 사는 것이 새 아파트를 싸게 사는 방법입니다. 자금이 넉넉하다면 굳이 무허가주택을 살 필요는 없습니다.

상가로 새 아파트 받기

상가로 아파트 입주권 받기

상가는 등기부등본에 '근린생활시설'로 표기되어 있습니다. 상가로는 원래 상가를 받는 것이 원칙이지만 조건에 맞을 경우 아파트 입주권도 받을 수 있습니다.

아파트 입주권을 받을 수 있는 조건은 다음과 같습니다.

상가로 아파트 입주권을 받을 수 있는 조건

- 대지지분 90㎡ 이상
- 대지지분 30~90㎡ 미만(2003년 12월 30일 이전 분할된 상가일 때 적용되며, 지목은 대지이며 무주택자여야 합니다.)
- 권리가액이 분양용 최소규모 주택분양가 이상

재개발 상가는 보유하고 있는 주택수에 영향을 주지 않기 때문에 세금이나 대출에 유리합니다. 무주택자 역시 무주택자 자격을 유지하면서 청약가점을 그대로 활용할 수 있고 새로운 주택을 추가로 매수할 때 양도소득세 비과세 혜택도 받을 수 있습니다. 아파트 입주권으로 전환되는 관리처분인가 전까지는 세법적으로 주택수에 포함되지 않습니다.

상가를 사서 입주권을 받을 수 있는지의 여부는 조합원분양신청 이후에 확정됩니다. 그 전에는 불확실합니다. 이미 조합원분양신청한 매물이라면 확실하지요.

상가가 많은 곳은 권리금을 주고 들어온 임차인도 많습니다. 다음 임차인에게 권리금을 받아야 하는데 허물고 새 아파트를 짓는다고 하니 버티는 임차인도 있습니다. 그래서 상가가 많은 구역은 분쟁이 많습니다.

- **적합한 투자자**: 다주택자, 대출을 많이 활용하고 싶은 투자자, 임대수익을 원하는 투자자, 조합원분양가로 상가를 분양받고자 하는 자

장점

- 입주권으로 전환되는 관리처분인가일 이전까지는 주택수에 포함되지 않습니다.
- 상권이 무너지지 않은 구역에서는 임대수익이 꾸준히 나옵니다.
- 사업자 대출(상가담보대출)은 LTV 40%, 방공제 등의 대출규제를 받지 않으므로 상대적으로 대출을 많이 받을 수 있습니다.
- 입주 후 상권이 좋을 것으로 예상되는 구역은 상가를 받는 것도 전략이 될 수 있습니다(상가도 일반분양가보다 조합원분양가가 20~30% 저렴합니다.).

단점

- 취득 시 취득세율이 4.6%로, 높은 편입니다(단, 높은 취득세율을 적용받는 3주택자 이상의 다주택자에게는 오히려 장점이 됩니다.).
- 사업 초기라 권리가액을 제대로 확인하기 어려운 경우, 권리가액이 분양용 최소규모 주택분양가 미만인 경우 상가분양, 현금청산 가능성이 있습니다.

- 재개발 사업이 진행되면서 주변 환경이 안 좋아지고, 상권이 쇠퇴하면서 임대수익이 줄어들거나 공실 가능성이 높아질 수 있습니다.
- 대부분 상가로 이루어진 재개발 구역의 경우 서로의 이해관계가 다양하여 사업 추진이 지연될 가능성이 있습니다.

물건 유형별 장점과 단점

지금까지 다양한 유형의 물건으로 새 아파트를 받는 방법을 알아보았습니다. 요약하면 다음과 같습니다. 다양한 유형의 차이점과 특징을 알아두고, 유연하게 활용하면 좀더 나에게 맞는 투자 방식을 찾게 될 것입니다.

| 물건 유형별 장단점 |

	장점	단점	투자 적기	적합한 투자자
빌라	•초기 투자금이 저렴함 •임대관리 쉬움 •몸테크도 수월함 •대지지분 대비 감정평가액 높음	•대지지분이 적으면 원하는 평형을 배정받기 어려울 수 있음	•조합설립인가~ 관리처분인가	•초보 투자자 •소액 투자자
단독주택, 다가구주택	•큰 평형 배정도 가능 •이주비 대출 후 투자금 회수 가능성 높음 •임대 잘 되면 월세도 가능 •1+1 배정 가능할 수 있음	•초기 투자금 많음 •임대관리가 어려움	•추진위원회설립~ 조합설립 •관리처분인가 이후 (이주비 대출 활용)	•중대형 평형 수요자 •1+1 수요자 •이주비 대출 활용 희망자
무허가주택	•투자금이 가장 저렴함 •다주택자에게는 취득세가 상대적으로 저렴함 •단기투자에 유리	•권리가액이 낮아 원하는 평형 배정 불리 •토지사용료(지료) 납부	•조합설립인가 전후 •관리처분인가	•소액 투자자 •단기 투자자
상가	•주택수에 포함 안 됨 •임대 수익 기대 •담보대출 가능 •아파트가 아니라 상가를 분양받을 수도 있음	•조건(최소 평형 분양 가격)을 맞추지 못하면 아파트 분양 불가 •재개발 구역 내 상가 공실 가능성 큼 •상가의 이해관계가 얽힐 경우 사업 추진 지연될 수 있음	•시기 상관없음	•다주택자 •임대수익 수요자 •상가분양 희망자 •대출 활용 희망자
도로, 나대지	•주택수에 포함 안 됨 •가격이 상대적으로 저렴	•30㎡ 미만 시 현금청산 •대출 어려움	•시기 상관없음	•다주택자 •상급지 투자자

투자 사례 수익 분석(흑석9구역)
- 상가로 새 아파트 받기

흑석9구역(디에이치켄트로나인) 조감도

상가를 사서 아파트와 상가를 모두 받는 방법도 있습니다. 제가 투자한 흑석9구역 상가건물은 권리가액이 13억 1,600만 원으로, 42평 아파트를 배정받고도 권리가액이 남아 상가까지 추가로 받을 수 있었습니다.

물건 정보
- 매매가: 21억 원(권리가액 13억 1,600만 원, 프리미엄 7억 8,400만 원)
- 임대: 월세보증금 3,000만 원, 월세 150만 원

- 대출: 13억 6,000만 원
- 42평 아파트 조합원분양가: 8억 6,000만 원
- 상가 조합원분양가: 5억 원
- 입주 시 예상 시세: 42평 아파트 35억 원, 상가 15억 원

투자 이유

이 상가 건물은 흑석9구역 조합장이 해임되고 시공사가 해지되는 일 등으로 프리미엄이 잠시 하락하였을 때 기회를 노려 매수한 물건입니다. 덕분에 서울 재개발 TOP3 핵심 구역의 물건을 저렴하게 매수할 수 있었지요. 이미 관리처분인가를 받은 상태여서 새 조합장이 선출되고 시공사 선정이 되고 나면 가격은 다시 반등할 것이라는 확신과 이후 바로 이주, 철거, 착공 단계로 접어들 수 있었기 때문에 주저 없이 투자를 결심하였습니다.

상가라 주택수에 포함되지 않는다는 점과 함께 대출을 많이 받을 수 있는 장점도 있었습니다. 현재 대출 규제는 대부분 주택에 대한 규제입니다. 하지만 상가(근린생활시설)는 대출 규제에서 벗어나 있기 때문에 대출을 넉넉히 받아 투자금을 줄일 수 있습니다. 저 또한 대출을 받아 20억 원이 넘는 건물을 매매가의 절반도 안 되는 실투자금으로 매수할 수 있었습니다.

흑석9구역은 반포 바로 옆에 위치하고, 한강 조망이 가능해 입지가 좋았고, 관리처분인가 이후라 매우 안전한 투자였습니다. 5년 이내 입주가 예상되었으니까요. 특히 42평 아파트와 상가를 모두 받을 수 있어 일거양득이었습니다. 게다가 상가는 중앙대병원 바로 앞에 위치해서 임대 수요가 풍부할 것으로 예상되었으며, 약국이 들어올 가능성이 높았습니다.

입주한다고 가정하고 이 상가의 수익을 분석해볼까요?

수익 분석

- 초기 투자금=매매가−레버리지

  =21억 원−13억 6,000만 원(대출)−3,000만 원(임차보증금)

  =7억 1,000만 원

- 분담금=조합원분양가−권리가액

  =8억 6,000만 원(42평 아파트)+5억 원(상가)−13억 1,600만 원

  =4,400만 원

- 총투자금=조합원분양가+프리미엄

  =13억 6,000만 원+7억 8,400만 원

  =21억 4,400만 원

- 예상 수익=입주 시 예상 가격−총투자금

  =(35억 원+15억 원)−21억 4,400만 원

  =28억 5,600만 원

- 초기 투자금 대비 수익률: 400%

- 총투자금 대비 수익률: 130%

- 입주 후 상가 예상 월세: 월 300만 원(월세보증금 5,000만 원)

입주 시까지 보유하면 투자 기간 5년 만에 28억 5,600만 원 이상의 수익이 예상됩니다. 초기 투자금 7억 1,000만 원으로 한강변의 서울 핵심 입지에 40평대 아파트와 300만 원 이상의 월세가 나오는 상가를 보유하게 된 것이지요. 입주 후 신축 효과로 기대되는 추가적인 가격 상승은 계산에 넣지도 않았습니다.

1+1 입주권 완벽 정리

1+1 입주권을 받으려면

원래 도정법상으로는 1명의 조합원에게 1개의 입주권을 주는 게 원칙입니다(제76조 1항). 그런데 도정법 제48조 7호에 임의규정으로 요건이 충족되었을 때 '+1'을 '주어야 한다'가 아닌 '줄 수 있다'고 되어 있습니다. 1+1 입주권을 주는 이유는 대지지분이 큰 세대들의 재개발·재건축 참여를 적극적으로 이끌어내서 사업 속도를 높이기 위해서입니다. 한국어는 어감이 중요하지요? 줄 수도 있다는 것은 반대로 말하면 안 줄 수도 있다는 의미입니다. 자의적으로 무조건 준다고 해석해서는 안 됩니다. 1+1 입주권을 받을 수 있는 요건은 다음과 같습니다.

요건	내용	비고
주거전용면적 ①	공급받을 2개 주택 면적의 합 < 건축물대장상 주택 연면적 연면적 100㎡ 이상 = 전용면적 49㎡+전용면적 49㎡ 연면적 120㎡ 이상 = 전용면적 59㎡+전용면적 59㎡ 연면적 135㎡ 이상 = 전용면적 84㎡+전용면적 49㎡ 연면적 145㎡ 이상 = 전용면적 84㎡+전용면적 59㎡	
가격 ②	공급받을 입주권 2개의 조합원분양가의 합 < 종전자산평가액 (비례율 미반영, 권리가액이 아닌 감정평가액)	①, ② 중 하나만 충족하면 됨
입주권 제한사항	2개 입주권 중 1개는 반드시 60㎡(24평) 미만 60㎡(24평) 미만 주택의 경우, 이전고시 익일부터(통상적으로 아파트 입주 후) 3년이 지나야 전매 가능(단, 상속은 제외) 60㎡(24평) 미만 주택의 경우, 조합원분양가 적용이 배제될 수 있음(일반분양가의 80~95% 등 조합에 따라 달리 적용 가능) 중도 매각 시 2개의 입주권을 분리하여 매각 불가(이전고시 전까지)	

예를 들어 4층짜리 다가구주택 전체 층의 바닥면적을 다 합친 연면적이 100㎡가 넘으면 49㎡+49㎡를 받을 수 있습니다. 반면 마당이 정말 넓은 1층짜리 건물을 가지고 있는 경우, 1층이기 때문에 건축면적은 작습니다. 하지만 큰 대지지분을 가지고 있으므로 종전자산평가액이 크지요. 주거전용면적 요건에는 맞지 않더라도 종전자산평가액이 크면 됩니다. 84㎡ 조합원분양가가 5억 원이고 59㎡ 조합원분양가는 3억 원인 경우 내 권리가액이 10억 원이라면 2개를 받고도 2억 원이 남습니다. 이런 경우는 1+1을 받을 수 있습니다.

가격 요건을 충족하면 2채 다 조합원분양가로 받게 됩니다. 그런데 면적 요건은 충족했는데, 가격 요건을 충족하지 못한 경우에는 큰 평형은 조합원분양가로 받지만 작은 평형은 일반분양가 또는 일반분양가의 90% 가격에 받게 되는 경우가 많습니다. 사업성이 좋아서 2채 다 조합원분양가로 주는 곳도 간혹 있긴 합니다.

가격 요건을 충족하는 경우보다는 연면적 조건을 충족하는 경우가 많습니다. 1+1 입주권을 받는 조합원의 대부분이 면적 요건을 충족하는 경우입니다.

이렇게 원칙은 하나고 +1은 예외이므로 1+1은 신중히 고려해야 할 제한사항이 많습니다.

첫째, 빌딩을 가지고 있어서 감정평가액이 30억 원, 50억 원이라 해도 펜트하우스 2채를 받을 수는 없습니다. +1은 60㎡ 미만 분양주택만 받을 수 있기 때문입니다. 즉 59㎡(24평)까지가 최대치입니다.

둘째, +1으로 받는 아파트는 바로 팔 수 없습니다. '84㎡+59㎡'인 경우 84㎡는 이전고시 후에 바로 팔 수 있지만 59㎡는 이전고시 후 3년 동안 팔 수 없습니다.

셋째, 1+1 입주권을 받을 수 있을지는 조합원분양신청 때 비로소 확정되며 중도매각 시 이전고시 전까지 2개의 입주권을 분리하여 매각할 수 없습니다.

관리처분인가 이후에 재개발·재건축 물건은 세법상 입주권이 됩니다. 철거에 들어가 멸실 입주권이 되면 형태 없이 무형의 권리만 남지요. 그러나 철거 후 입주권으로 거래되더라도 이전고시 전에는 분리하여 팔 수 없습니다. '84㎡+49㎡'인 경우 이전고시일 이후에 84㎡는 팔 수 있습니다. 단, 49㎡는 이전고시일로부터 3년 후 팔 수 있습니다.

1+1 입주권 매물 구입 시 유의사항

해당 구역의 사업성을 보자

조합원분양신청 전에 사려면 1+1을 받을 수 있을지 잘 알아봐야 합니다. 조합의 사업성이 좋으면 1+1 요건을 충족한 조합원 모두에게 2채의 입주권을 지급할 수 있습니다. 하지만 조합의 사업성이 좋지 않은 구역에서는 도정법상으로는 60㎡ 미만 평형을 +1으로 지급할 수 있다고 되어 있지만 49㎡부터 +1 분양신청을 받는 구역도 있습니다. 실제로 제가 투자한 상계2구역에서 분양신청을 할 때 저는 1+1 입주권 대상 조합원이 었는데 +1을 신청할 때 59㎡가 아닌 49㎡부터 분양신청을 받았습니다. 1채만 신청하는 일반 조합원들에게 줄 59㎡도 부족했기 때문입니다.

전용 60㎡ 미만의 분양 개수를 확인하라

84㎡+59㎡ 또는 84㎡+49㎡를 신청할 때, 59㎡나 49㎡를 얼마나 분양하는지도 확인해야 합니다. 이 물량이 얼마 안 되면 +1을 주지 않을 수도 있습니다. +1 주택보다 기존 조합원들의 평형배정이 우선이기 때문입니다. 예를 들어, 나는 84㎡+59㎡를 신청했고, 59㎡ 조합원분양 세대수보다 많은 수의 조합원이 59㎡ 평형을 신청했다면, 배정 순위에 밀려서 84㎡ 1채만 분양받게 됩니다. 따라서 추가로 신청하는 평형의 조합원분양 물량이 충분한지 확인해야 합니다. 1+1은 남을 때 주는 것이라는 것을 유념하세요.

분양가상한제나 HUG보증으로 인해 일반분양가가 하락한다면

분양가상한제에 해당된다면 일반분양가가 낮아집니다. 1+1을 받는 사람은 +1 주택의 매입가격이 감소하니 기분 좋을 수는 있습니다. 일반적으로 +1은 일반분양가의 90%에 공급하니까요. 하지만 이는 숲을 못 보고 나무만 보는 것입니다. 나의 +1 주택 매입 가격이 줄어드는 것은 의미가 없습니다. 일반분양가가 낮아지면 조합사업성이 안 좋아져 비례율이 하락하고, 결국 권리가액이 감소하여 분담금이 증가하기 때문입니다.

초기 단계에서 1+1 입주권 매물은 신중히 투자해야 한다

1+1이 배정 가능한 매물은 보통 감정평가액이 큰 단독주택이나 다가구주택인데 추정감정평가를 잘못 계산하면 높은 프리미엄을 주고 살 수 있습니다. 확실한 1+1 매물을 구입하고 싶다면 조합원분양신청(평형 신청)을 마친 구역에 1+1을 신청한 매물을 구입해야 합니다. "이 물건은 무조건 1+1을 받을 수 있어요!"라는 공인중개사 말만 믿고 매수했다가 나중에 조합원분양신청 시 +1을 받을 수 없을 수도 있다는 점을 꼭 유의하세요.

조정대상지역은 이주비 대출과 중도금 대출이 제한된다

조정대상지역이라면 1+1 입주권을 받는 경우 잠재적 다주택자로 보기 때문에 이주비 대출이나 분담금에 대한 중도금 대출이 제한될 수 있습니다. 분담금 납부 방식도 매수 전에 조합에 꼭 확인해야 합니다. 잔금으로 분담금 100%를 납부하는 경우도 많으니까요.

2인 이상의 공동명의로 1+1 매물을 매입한 경우

1+1 입주권을 공동으로 매수하는 것은 어떨까요? 예를 들어보겠습니다. 자매가 재개발 구역의 물건을 사려고 합니다. 아이 둘을 키우는 언니는 34평을 원하고, 동생은 혼자 사니 24평에 살아도 충분한 상황입니다. 따로 사면 84㎡는 프리미엄이 2억 원, 59㎡는 프리미엄이 1억 원인데 1+1(84㎡+59㎡)을 사면 프리미엄이 2억 5,000만 원입니다. 이런 경우 공동명의로 사는 것이 좋을까요? 각자 사는 것이 좋을까요?

이 자매는 공동명의로 다가구주택을 샀고 준공되어 84㎡와 59㎡에 입주하게 되었습니다. 그런데 2채가 모두 공동명의입니다. 아무리 자매라도 단독명의로 바꾸려 할 것입니다. 84㎡인 언니의 아파트는 이전고시 이후 바로 명의변경이 가능합니다. 즉 동생은 84㎡의 지분을 가져갈 수 있지요. 하지만 언니는 동생이 사는 59㎡의 지분을 못 가져갑니다.

따라서 이전고시가 나고 3년까지는 계속 공동명의로 사는 수밖에 없습니다. 3년 동안 소유권이전을 못하니 자매는 마음이 불안하겠지요. 또한 3년 후 서로 지분을 사고팔아 소유권 이전을 한다 해도 취등록세와 양도세를 또 내야 합니다. 이 모든 단점이 5,000만 원의 실익을 뛰어넘을까요?

결론은, 각자 사는 게 나은 경우가 대부분입니다. 시뮬레이션을 해보면, 나중에 배보다 배꼽이 더 커지는 경우가 많습니다.

| 1+1의 분리매각 시점 |

이전고시 전까지는 분리매각이 불가능합니다. 중도에 매도하려면 두 채를 묶어서 매매할 수는 있습니다. 이전고시 및 청산(건물등기) 이후에는 분리매각이 가능합니다.

1+1 입주권 매물의 투자 전략

권리가액이 큰 상가주택 구입 시 평형신청 전략

권리가액이 큰 상가주택이라면 아파트를 배정받고 남은 권리가액으로 상가 분양 신청이 가능합니다.

예를 들어 권리가액이 20억 원이어서 34평(조합원분양가 9억 원)+25평(일반분양가 5억 원)을 받고 6억 원을 환급받는다면 6억 원에 대해서도 세금이 부과되므로 남은 권리가액으로 상가를 분양신청하는 것도 좋은 전략입니다.

1+1 매물의 절세전략(양도세 중과 회피법)

무주택자가 1+1 매물을 매수하면 등기 후 바로 2주택자가 되어 조정대상지역 내에서는 양도세 중과가 적용됩니다. 1주택자를 건너뛰고 다주택자가 되는 것이지요. 즉 1주택자에게 주어지는 양도소득세 비과세 등의 세제 혜택이 모두 소멸됩니다. 84㎡에서 2년 동안 실거주하고 59㎡의 전매제한 기간이 지난 후 팔아도 마찬가지입니다. 심지어 조정대상지역에서는 양도소득세가 중과됩니다. 따라서 조정대상지역이라면 1+1을 분양받고 향후 매도 시 양도세 중과를 받는 경우와 큰 평형 1채만 분양신청하는 경우의 실익을 비교하여 어느 것이 나은지 따져보고 분양신청을 해야 합니다.

지금은 임대사업자 등록에 제약이 많지만 만약 임대사업자 등록이 본격적으로 부활한다면 다음과 같은 절세전략을 고려해 볼 수 있습니다. 2020년 임대사업자의 혜택이 모두 없어지기 전에는 '84㎡+59㎡'를 받는 경우 59㎡를 임대사업자 등록하면 59㎡는 주택수에서 포함되지 않았습니다. 따라서 59㎡를 10년간 임대하면 장기보유특별공제를 받고 종합부동산세 합산 배제도 가능해서 보유하는 동안 재산세와 종합부동산세를 줄일 수 있었지요. 50% 장기보유특별공제 혜택 또한 굉장히 큰 혜택이었고요. 또 2년간 거주한 84㎡ 아파트는 9억 원까지 양도소득세 비과세 혜택을 받을 수 있었습니다.

윤석열 정부가 임대사업자 등록 부활을 예고해 많은 사람들의 관심이 쏠려 있습니다. 1+1을 받는 분들이나 다주택자들에게는 기다려지는 규제 완화책입니다.

투자 사례 수익 분석
(문정동 136 재건축)
- 1+1 물건

문정동 136 재건축 조감도

물건 정보

- 매매가: 16억 2,000만 원(감정평가액 14억 원, 프리미엄 2억 2,000만 원)

- 투자 시기: 2019년 9월 계약, 11월 잔금(관리처분인가 이후 매수, 이주기간 2019년 10월 1일~2020년 3월 31일)

- 면적: 대지 57평, 연면적 84평의 상가주택

- 층별 현황: 지하 5세대, 1층 어린이집 운영, 2층 주인 세대 거주

- 조합원분양신청: 84㎡+49㎡ 신청한 매물

- 입주 시 예상 가격: 84㎡ 22억 원, 49㎡ 15억 원

투자 이유

문정동 136 재건축 구역은 단독주택과 빌라가 모여있는 곳이지만 주변에 정비기반시설을 갖추고 있어 재개발 사업이 아닌 재건축 사업 구역입니다. 투자한 이유를 살펴보면 다음과 같습니다.

첫째, 강남3구의 신축 아파트 2채를 7억 원대의 자금으로 투자할 수 있다는 점이었습니다.

둘째, 관리처분인가 이후의 안전 투자 단계였고 이주비 대출 활용도 가능했습니다. 이주비 대출로 감정평가액의 60%인 8억 4,000만 원을 받아 초기 투자금을 줄일 수 있었지요. 마침 보유하던 아파트를 매도하면서 매도 잔금일을 얼마 남겨두지 않은 상태였기 때문에 투자금 마련이 가능했습니다.

셋째, 감정평가액이 높아 분담금이 없었습니다. 즉 매매가가 총투자금인 셈이지요.

넷째, 1+1 매물로 입주 시 84㎡는 실거주, 49㎡는 임대수익을 누릴 수 있습니다.

다섯째, 동부지방법원을 포함한 법조단지가 있고 편의시설, 상업시설이 즐비한 곳이라 각종 인프라가 훌륭하며 여러 개발 호재를 앞두고 있습니다.

여섯째, 급매물이라 프리미엄이 저렴했습니다. 84㎡ 하나를 신청한 매물도 프리미엄이 3억 원~3억 5,000만 원이었는데 1+1 매물인데도 프리미엄이 2억 2,000만 원밖에 되지 않았습니다. 저렴한 급매물이라 정보 획득 후 초고속으로 계약을 진행했습니다.

일곱째, 입주까지 5년 정도만 기다리면 되었습니다. 문정동 136 재건축 구역은 2021년 11월에 착공을 시작하였고 힐스테이트e편한세상문정이라는 이름으로 2024년 5월 입주를 앞두고 있습니다.

문정동 136 재건축 단지(힐스테이트e편한세상문정) 공사 현장 사진(2023년
6월 28일 기준)

이 사례의 수익 분석을 해볼까요?

수익 분석

- 초기 투자금=매매가-레버리지

  =16억 2,000만 원-8억 4,000만 원(이주비 대출)

  =7억 8,000만 원

- 조합원분양가=84㎡ 8억 5,000만 원, 49㎡ 5억 5,000만 원
- 분담금=조합원분양가-권리가액

  =14억 원(8억 5,000만 원+5억 5,000만 원)-14억 원

  =0원(분담금도 환급금도 없음)

- 총투자금=조합원분양가+프리미엄

  =14억 원+2억 2,000만 원

  =16억 2,000만 원

  =매매가+분담금

  =16억 2,000만 원+0원

  =16억 2,000만 원

- 예상 수익=입주 시 예상 가격-총투자금

  =37억 원(22억 원+15억 원)-16억 2,000만 원

  -예상 재건축초과이익환수금액 1억 5,000만 원

  =19억 3,000만 원

- 초기 투자금 대비 수익률=250%
- 총투자금 대비 수익률=120%

예상 재건축초과이익환수금액 1억 5,000만 원을 포함하더라도 5년 만에 초기 투자금 대비 예상 수익률은 250%입니다. 재건축초과이환수는 윤석열 정부 들어서 완화될 것이라는 예측이 나오고 있습니다.

환지매물 공략법

노원구 상계동 재개발 구역 내 다가구주택 매수를 결정하기 전 공인중개사로부터 이런 말을 들었습니다.

"이 매물은 환지를 포함하고 있어서 나중에 추가적인 수익도 기대할 수 있어요."

환지는 무엇일까요? 상계동은 예전에 서울시 노원구가 아니라 남양주의 일부였습니다. 무허가주택도 많았고 도로가 좁고 구불구불한 곳이 태반이었습니다. 노원구는 서울시로 편입되면서 도로 정비 등을 하기 위해 구획정리를 시작했습니다. 삐뚤빼뚤 뒤죽박죽이던 토지를 잘 정리해서 반듯하게 선을 그어 나누면 크기가 달라집니다. 개인 주택에 구청 땅이 들어오거나, 원래 개인의 땅이었는데 도로가 되거나 하는 일들이 벌어지지요. 이때 증가되거나 감소된 토지를 환지라고 하며 늘어난 토지를 증환지, 줄어든 토지를 감환지라고 합니다. 서울 외곽의 낙후된 재개발 구역에서는 이런 일들(환지작업)이 종종 일어납니다.

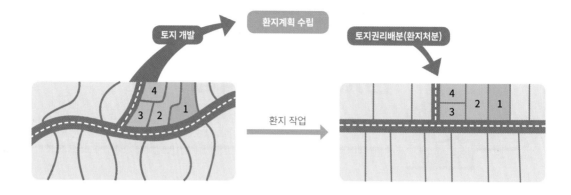

토지 개발 → 환지계획 수립 → 토지권리배분(환지처분)

환지 작업

환지매물은 대부분 잘 모르는 재개발 투자 꿀팁입니다. 미리 알아두면 추가 수익을 낼 기회를 잡을 수 있으니 개념을 잘 이해해야 합니다. 일단 용어가 헷갈릴 텐데요. 교부나 징수라는 말은 구청 입장에서 이해해야 합니다. 증환지의 경우 토지 소유자가 땅을 더 받았으니 구청은 추가금을 '징수'하고, 반대로 감환지는 땅이 줄었으니 '교부', 즉 돈을 내어줍니다. 토지 소유자의 입장에서 증환지는 늘어난 면적만큼 나중에 구청으로부터 매입하는 것이고, 감환지는 줄어든 면적만큼 금전적인 보상을 받는 것이라고 이해하면 됩니다.

그럼, 증환지를 가지고 있는 게 유리할까요? 감환지를 가지고 있는 게 유리할까요? 예를 들어 구청 땅이 내 부동산으로 들어온 경우, 구청은 현재 시세가 아니라 환지가 이뤄졌던 시기(보통은 1980~1990년대)와 현재 시세의 중간 가격으로 책정해 팝니다. 행정기관의 편의상 내 건물 밑으로 구청의 땅이 들어오게 된 것이기 때문에 내 잘못이 아니니 꼭 사야할 의무도 없습니다. 그래서 구청에서는 싼 가격에 땅을 나에게 파는 것입니다. 180일 이내에 납부하면 되니 지불 기간도 넉넉합니다. 싼 값에 땅을 살 수 있는 좋은 기회이지요.

환지가 포함된 매물은 보통 공인중개사가 환지예정지 지정내용을 알려줍니다. 환지를 직접 확인하려면 구청에서 '환지예정지 지정 증명'을 발급 받으면 됩니다. 내 물건에 증환지가 있는지 감환지가 있는지, 면적은 얼마나 되는지 알 수 있습니다. 예를 들어 기존 토지(권리 면적)가 100평인데 환지된 토지(환지 면적)가 120평이면 증환지는 20평입니다. 실제 환지예정지 지정 증명을 살펴볼까요?

노원구 상계환지 상세장부   페이지 1 / 1

환지예정지 지정내용

서울특별시 상계2구역 주택재개발 사업지구내 다음 토지에 대한 환지예정지 지정 내용

종전의 토지			환지 예정지				
동명	본번	부번	구획번호	권리면적	환지면적	징수	교부
상계동			4-	72.00	99.90	27.90	0
			4-1	46.00	63.90	17.90	0
			4-	118.00	163.80	45.80	0

대공방어협조구역(위탁고도:54~236m)<군사기지 및 군사시설보호법>, 과밀억제권역 <수도권정비계획법>
제1종일반주거지역,제2종일반주거지역(12층이하)

본 사항은 개략적인 것으로 정확한 사항은 환지예정지지정증명을 발급받아 확인하시기 바랍니다.

※ 토지이용계획사항 및 분양지 매수금 납부사항은 도시재생과에 반드시 별도확인

환지예정지 지정내용을 보면 명확합니다. 징수에 면적이 써있고 교부에 0이라고 되어 있으면 증환지, 교부에 면적이 써있고 징수에 0이라고 써 있으면 감환지입니다. 징수라는 말은 돈 내고 땅을 사라는 얘기지요. 싼 값에 땅을 살 수 있으니 징수는 좋은 것입니다. 즉 증환지가 있는 매물이란 추가적인 수익이 있는 매물입니다. 반면 교부한다는 얘기는 이를테면 '당신 땅이 도로로 들어왔으니 구청이 사겠습니다.'라는 얘기입니다. 이 환지예정지 지정내용의 첫줄을 살펴보면, 등기부등본 및 토지대장상 토지면적은 72㎡이고, 환지면적은 99.9㎡이니 27.9㎡를 싼 가격에 살 수 있다고 이해하면 됩니다.

환지를 매입하거나 보상받는 시기는 사업시행인가가 난 이후부터 관리처분인가를 받기 전까지입니다. 이때 증환지를 소유한 조합원이 매입을 하지 않으면 조합에서 매입해 재개발 사업을 진행합니다.

제가 보유한 상계뉴타운2구역의 다가구주택은 11평 정도의 증환지가 포함되어 있었습니다. 이 땅의 현재 시세는 평당 1,000만 원이지만 1990년대 시세인 평당 100만 원의 2배인 200만 원에 매입할 수 있었습니다. 이 경우 평당 1,000만 원짜리 땅 11평의 현재 가치는 1억 1,000만 원(1,000만 원×11평)이니 8,800만 원(1억 1,000만 원-2,200만 원)의 이익을 추가로 얻는 셈입니다. 이렇게 매입한 토지의 감정평가액만큼 내가 소유한 부동산의 권리가액이 올라 분담금도 줄어들게 됩니다. 상계2구역의 다가구주택을 샀을 때 추정감정평가액 5억 7,000만 원을 예상했는데 권리가액은 6억 7,200만 원으로 책정되었고 여기에 더해 환지매매로 권리가액은 다시 7억 6,000만 원이 되었습니다.

반대로 감환지가 있는 매물을 매입하면 반환해야 하는 땅(감환지)이 생기고 그마저도 과거 시세로 보상을 받으니 손해가 생길 수 있습니다.

만약 증환지가 포함된 매물을 발견하면 그 매물의 토지에 대한 환지예정지 지정 증명을 발급받아 확인해야 합니다. 그리고 해당 조합에 사업시행인가 후 어느 시점에 매입할 수 있는지 물어봅니다. 현재 해당 구역의 평당 시세도 조사합니다.

그러면 다음과 같이 추가로 얻게 될 수익(권리가액 상승)을 계산할 수 있습니다.

환지 매입으로 인한 예상 수익
=(환지 면적×현재 시세)-(환지 면적×환지 매입 기준 과거 시세)

투자 사례 수익 분석(상계2구역)
– 1+1에 환지 수익까지

상계2구역 조감도

2019년 매수 당시 상계뉴타운은 장위뉴타운, 신림뉴타운, 은평구 재개발 구역과 비교해봤을 때 입지면에서는 비슷한데 가격이 훨씬 저렴했습니다. 그 어느 곳보다 저평가된 지역이라 판단했고, 상계뉴타운 중에서도 당고개역 초역세권인 2구역의 물건 가운데 고르고 골라 가장 추정 프리미엄이 낮은 매물을 찾아냈습니다. 20개 가까이 매물을 보았는데 급매로 나온 매물이라 다가구주택인데도 추정 프리미엄이 5,000만 원밖에 되지 않았습니다. 매물 중에는 추정 프리미엄이 2억 원인 빌라도 있었으니 매우 저평가된 물건이었지요.

매물 정보

- 유형: 다가구주택
- 매매가: 6억 2,000만 원, 전세보증금 3억 4,000만 원
- 면적: 대지 50평, 연면적 112평
- 층별 현황: 총 8세대(반지하 2세대, 1층 2세대, 2층 2세대, 3층 1세대, 옥탑방 1세대)
- 투자 시기: 2019년(건축심의 직전)
- 조합원분양가: 84㎡ 7억 6,000만 원, 49㎡ 4억 1,000만 원
- 분담금: 4억 1,000만 원
- 입주 시 예상 가격: 23억 원(84㎡ 13억 원+ 49㎡ 10억 원)

투자 이유

상계2구역을 계약했을 때는 건축심의를 앞둔 시점이었고 계약하고 얼마 안 있어 건축심의에 통과하였습니다. 건축심의는 사업시행인가를 받기 전 가장 큰 허들입니다.

개발 호재도 풍부하고, 서울의 다른 재개발 구역에 비해 저평가됐다는 생각에 투자 적기라고 판단했습니다. 매수한 다가구주택은 반지하 2세대, 1층 2세대, 2층 2세대, 3층 1세대(주인), 옥탑방 1세대로 총 8세대가 거주하고 있는 건물이었습니다. 모든 세대의 내부 수리 상태가 좋아 공실도 없었고 특히 주인세대는 방 4개, 화장실 2개 구조의 '특올수리' 상태였습니다. 2개 세대에서는 월세도 나오고 있었습니다. 다각도로 매물을 분석한 결과 다음과 같은 이유로 투자하고 싶다는 생각이 들었습니다.

첫째, 수리 상태가 좋아 이주 시점까지 임대관리가 수월할 것으로 예상되었습니다.

둘째, 실투자금 3억 원 미만으로 서울의 새 아파트 입주권을 받을 수 있었습니다.

셋째, 월세 수입도 나오고 있어서 현금흐름에 보탬이 되었습니다.

넷째, 대지면적도 크고 연면적도 넓어서 나중에 1+1 분양을 노릴 수 있었습니다.

다섯째, 추정감정평가를 해보니 같은 구역 내 빌라의 프리미엄보다도 8,000만 원 이상 싼 급매 매물이었습니다.

추정감정평가 계산하기

차근차근 추정감정평가와 수익 분석을 해봤습니다. 매매가 6억 2,000만 원이고 임대보증금 3억 4,000만 원을 레버리지로 활용할 수 있고 월세도 80만 원씩 나왔습니다. 취득비용(취득세, 중개수수료 등)을 제외하고 초기 투자금은 2억 8,000만 원이었습니다. 취득비용을 포함하더라도 2억 원대로 투자가 가능했습니다. 서울 재개발 1+1 매물을 2억 원대로 투자할 수 있는 기회는 매우 드물지요.

대지 50평, 연면적 112평으로 공시지가와 건축 연한을 이용해 계산해보니 추정감정평가액은 보수적으로 계산해도 약 5억 5,000만 원이었습니다.

노원구 상계2구역 다가구주택의 추정감정평가액 계산

- 매매가: 6억 2,000만 원
- 토지: 면적 50평, 공시지가 평당 640만 원
- 건물: 전체 면적 112평, 연식 25년, 인근 공시가격 비율 130%

- 토지 감정평가액=공시지가×토지 면적×공시가격비율
  =640만 원×50평×130%
  =4억 3,550만 원
- 건물 감정평가액=연식에 따른 예상 가격×건물 연면적
  =120만 원×112평
  =1억 3,440만 원

> - 추정감정평가액=토지 감정평가액+건물 감정평가액
>   =4억 3,550만 원+1억 3,440만 원
>   =5억 6,990만 원
> - 추정프리미엄=매매가-추정감정평가액
>   =6억 2,000만 원-5억 6,990만 원
>   =5,010만 원

매매가가 6억 2,000만 원, 추정감평가가 약 5억 7,000만 원이니 추정프리미엄은 약 5,000만 원밖에 안 되었습니다. 해당 구역 내 빌라의 추정프리미엄도 1억 5,000만 원이 넘는 상황이었기 때문에 시세보다 1억 원가량 저렴한 매물이었습니다.

이처럼 종전자산평가가 이뤄지지 않은 구역에서는 해당 구역에서 거래되는 추정프리미엄보다 훨씬 저렴한 '눈먼 매물'이 간혹 나옵니다. 시세보다 저렴한 물건이라는 결과를 얻었으니 이제 수익 분석을 할 차례입니다.

매수 전 수익 분석

시세보다 훨씬 저렴한 이 물건에 처음에 얼마를 투자하고(초기 투자금), 얼마 동안 투자해서(투자 기간), 중간에 얼마의 투자금이 더 필요하고(총투자금), 입주시까지 보유하면 얼마를 벌 수 있을지(예상 수익) 분석해볼까요?

매수 전 수익 분석

- 조합원분양가(84㎡ 아파트): 7억 6,000만 원
- 조합원분양가(49㎡ 아파트): 4억 1,000만 원

- 초기 투자금=매매가-레버리지(임차보증금)
  =6억 2,000만 원-3억 4,000만 원
  =2억 8,000만 원
- 분담금=조합원분양가-권리가액
  =7억 6,000만 원(84㎡)+4억 1,000만 원(49㎡)-5억 7,000만 원
  =6억 원
- 총투자금=조합원분양가+추정프리미엄
  =11억 7,000만 원+5,000만 원
  =12억 2,000만 원
  =매매가+분담금
  =6억 2,000만 원+6억 원
  =12억 2,000만 원
- 예상 수익=입주 시 예상 가격-총투자금
  =23억 원-12억 2,000만 원
  =10억 8,000만 원

초기 투자금 2억 8,000만 원으로 10억 6,000만 원의 수익을 얻을 수 있다는 계산이 나왔습니다. 수익에 대한 확신이 서자 저는 바로 매수 결정을 하고 이 물건의 주인이 됐습니다.

매수 후 수익 분석

이 물건을 매수하고 나서 1년 만에 투자적인 관점에서 3가지 좋은 일이 일어났습니다.

첫째, 월세를 받고 있던 두 세대가 나가고 새 전세 임차인을 들이면서 투자금 4,000만 원을 회수했습니다. 그래서 초기 투자금은 2억 8,000만 원

에서 2억 4,000만 원으로 줄었습니다.

둘째, 건축심의 전에 매수했는데 매수 후에 바로 건축심의를 통과하고 사업시행인가를 신청하면서 조합원들에게 감정평가액을 통보했습니다. 제가 보수적으로 추정감정평가했던 금액은 5억 5,000만 원이었는데 조합에서 통보한 감정평가액은 7억 6,000만 원이었습니다. 매매가격이 6억 2,000만 원이니 7,000만 원이던 추정 프리미엄이 오히려 플러스 프리미엄 1억 4,000만 원이 됐습니다. 추정감정평가를 잘해서 시세보다 훨씬 저렴한 매물을 발견한 결과였습니다.

셋째, 권리가액이 충분해 1+1(84㎡+49㎡)을 신청하였습니다.

이러한 변화들을 적용해 다시 수익 분석을 해봤더니 다음과 같은 놀라운 결과가 나왔습니다.

2차 수익 분석

- 초기 투자금 = 매매가 − 임대보증금
  = 6억 2,000만 원 − 3억 8,000만 원
  = 2억 4,000만 원
- 프리미엄 = 매매가 − 감정평가액
  = 6억 2,000만 원 − 7억 6,000만 원
  = −1억 4,000만 원(플러스 프리미엄)
- 분담금 = 조합원분양가 − 권리가액
  = 7억 6,000만 원(84㎡) + 4억 1,000만 원(49㎡) − 7억 6,000만 원
  = 4억 1,000만 원
- 총투자금 = 조합원분양가 + 프리미엄
  = 7억 6,000만 원(84㎡) + 4억 1,000만 원(49㎡) − 1억 4,000만 원
  = 10억 3,000만 원
  = 매매가 + 분담금
  = 6억 2,000만 원 + 4억 1,000만 원
  = 10억 3,000만 원

- 예상 수익=입주 시 예상 가격-총투자금

        =23억 원-10억 3,000만 원

        =12억 7,000만 원
- 초기 투자금 대비 수익률: 530%
- 총투자금 대비 수익률: 120%

보증금이 얼마인지, 임대가 잘 나가는지, 또 감정평가액이 얼마나 나오는지에 따라 결과는 달라지지만 저평가된 재개발 다가구주택은 이런 구조의 투자 세팅이 가능합니다. 감정평가를 추정하는 방법을 잘 익혀야 하는 이유입니다. 이렇게 시간이 지날수록 투자금이 줄어들고 수익률은 계속 높아지는 투자를 할 수 있는 기회를 언제 어디서 잡을 수 있을지 모르니까요.

평형변경 신청을 활용한 투자 전략

일산, 분당 등 1기 신도시가 들어설 때만 해도 대형 평수를 많이 지었습니다. 그러다 20평대가 한참 인기를 끌어 최근 15년 동안 대형 평형을 별로 짓지 않았지요. 물론 강남 지역 같은 경우는 예외입니다. 그래서 서울 외곽이나 강남 지역을 제외하고는 대형 평형 아파트가 별로 없습니다.

최근에는 상급지가 아닌 곳에서도 대형 평형을 선호합니다. 코로나 팬데믹 이후로 집 안에서 홈트레이닝도 하고, 취미생활을 즐기는 사람들이 늘어났고, 점점 집이 좁다고 느끼게 되었기 때문입니다. 코로나가 세상을 바꾼 것입니다. 대형 평형의 수요가 늘어날수록 그 가치도 계속 높아지게 되었습니다.

평형변경 신청은 저렴한 프리미엄으로 큰 평형을 배정받는 전략입니다. 사업시행인가가 나고 조합원분양신청이 진행되는 시기부터 재개발·재건축 물건은 몇 평형을 신청한 매물인지를 기준으로 거래됩니다. 일반적으로 작은 평형보다 큰 평형의 프리미엄이 높습니다. 이를테면 59㎡의 프리미엄이 2억 원이라면 84㎡의 프리미엄은 2억 5,000만 원이 되는 식입니다. 그래서 59㎡를 신청한 매물을 사서 84㎡로 바꿀 수 있다면, 프리미엄을 싸게 주고 물건을 사게 되는 결과를 가져옵니다.

한 번 정해진 평형을 바꿀 수 있냐고요? 원래 평형은 한 번 신청하면 바꿀 수 없습니다. 그러나 조합에서 평형변경 신청을 받는 경우가 종종 있습니다. 만약 부동산중개소에서 "이 구역 지금 평형변경 신청 들어가요." 하는 이야기를 들었다면, '프리미엄을 싸게 주고 살 수 있는 기회를 잡을 수도 있겠구나.'라고 생각해야 합니다.

평형변경 신청이란?

평형변경 신청은 무엇일까요? 이해하기 쉽도록 실제 사례로 설명해 보겠습니다. 노량진뉴타운에는 1~8구역이 있습니다. 이 중 노량진8구역은 시공사가 DL이엔씨로, 처음의 브랜드는 e편한세상이었습니다. 그런데 노량진뉴타운이 서울 재개발 TOP5 안에 들 만큼 입지가 좋은데 왜 하이엔드 브랜드인 아크로로 해주지 않느냐는 조합원들의 목소리가 커졌습니다. 그래서 최종적으로 노량진8구역은 '아크로' 브랜드를 달게 되었습니다.

그러자 원래 현대건설의 힐스테이트 브랜드로 결정되었던 노량진4구역의 조합원들도 하이엔드 브랜드로 바꿔달라고 요청했고, 결국 디에이치 브랜드로 바뀌었습니다.

그런데 하이엔드 브랜드는 보통 대형 평형이 주를 이룹니다. 이름만 바꾼다고 해결되는 일은 아닌 것입니다. 게다가 노량진4구역에는 원래 대형 평형이 하나도 없었습니다. 가장 큰 평형이 84㎡였으니까요. 그래서 노량진4구역은 작은 평형의 물량을 줄이고 큰 평형의 물량은 늘리게 되었습니다. 시공사는 같지만 브랜드가 바뀌면서 평형 배분이 달라지게 된 것입니다. 그래서 조합원들에게 평형변경 신청을 받은 것이지요.

평형변경 신청 전략

평형변경 신청을 하면 원래 평형을 그대로 가지고 있는 사람도 있고 큰 평형으로 바꾸는 사람도 있습니다. 옮기는 사람들끼리는 권리가액순으로 우선권이 주어집니다. 그래서 권리가액이 낮고 20평대를 신청한 매물은 의미가 없습니다. 평형변경 신청 전략은 권리가액은 높은데 작은 평형을 신청한 물건에 해당되는 것입니다. 권리가액 우선순위가 높아야 높은 평형으로 갈 수 있는 확률이 높기 때문입니다.

20평대를 신청한 매물을 프리미엄 2억 원 주고 사서 30평대, 40평대의 프리미엄이 더 높은 물건으로 평현변경을 하게 되면 결과적으로 프리미엄을 더 싸게 주고 매수한 결과가 됩니다. 그런데 이것은 예일 뿐이고 구역마다 상황은 모두 다릅니다. 예를 들어 34평을 신청한 물건을 사서 평형변경을 통해 40평대로 가려고 했는데, 늘어나는 세대수가 얼마 안 되면 탈락될 수도 있습니다. 내가 가고자 하는 큰 평형 세대수가 많이 늘어나거나, 아니면 내가 매수하려는 매물의 권리가액이 크다면 대형 평형을 신청했을 때 될 확률이 높습니다. 기존 조합원들이 어떤 평형에 많이 신청할지 예측해서 변경될 확률이 높은 평형으로 변경 신청을 하는 것도 방법입니다.

조합원평형변경신청안내 책자와 평형변경신청서

경매+재개발 콤비네이션 투자 전략

'재개발 투자+경매 투자'는 최적의 조합이 될 수 있습니다. 재개발 구역 물건이 경매로 나오는 경우에는 경매 진행을 위해 감정평가를 할 때 재개발 사업으로 생기는 이익(프리미엄)을 많이 반영하지 않습니다. 그래서 대부분은 경매 감정평가액이 시세보다 저렴합니다. 경매 투자자들은 대개 신건에는 관심을 두지 않지만, 재개발 구역 경매 물건은 신건에도 입찰해볼 만합니다. 경매 감정평가액 자체가 인근 재개발 물건 시세보다 낮아서 신건에 입찰해서 감정평가액보다 높은 가격에 낙찰받아도 결과적으로는 싸게 매수하는 것입니다. 더구나 신건은 입찰 경쟁률도 낮습니다. 또한 낙찰을 받으면 경락잔금대출을 최대한 활용해서 투자금을 줄일 수 있습니다. 경락잔금대출을 받은 후 월세를 놓으면 투자금이 거의 들지 않을 수도 있지요.

부동산을 현재 시세보다 싸게 사는 가장 좋은 방법은 경매 투자이고, 미래의 새 아파트를 현재가치로 가장 싸게 사는 방법은 재개발 투자입니다. 재개발 투자와 경매 투자를 함께 하면 수익률을 극대화할 수 있습니다. 따라서 재개발 구역에 경매가 진행되는 물건이 있는지 눈여겨봐야 합니다.

다섯째
마당

수익률 올려주는
대출과 절세 전략

이주비·중도금·잔금 대출
적재적소에 활용하기

재개발·재건축 투자는 이주비 대출, 중도금 대출 등 대출을 레버리지로
활용할 수 있다는 장점이 있습니다. 저 역시 그동안 여러 레버리지를 활
용해 투자금을 줄이고 투자수익률을 높였습니다.

레버리지는 부동산 투자 수익을 극대화하는 중요한 도구입니다. 레버리
지를 어떻게 활용하느냐에 따라 투자금과 수익률이 매우 달라지지요.
지나친 대출은 물론 경계해야 하지만 투자에 성공하려면 레버리지를 잘
활용해야 한다는 것은 사실입니다. 특히 재개발·재건축 투자에서는 언
제 어떤 대출을 이용해야 하는지 제대로 알아야 합니다.

무엇보다 중요한 것은 매수할 때부터 대출을 포함한 자금 계획을 세우
는 일입니다. "당장 잔금 납부해야 되는데 어쩌지요?" 이래서는 곤란합
니다. 입주 시점까지 가져갈 것이라면 투자를 시작할 때부터 나의 자산
현황과 대출을 고려해 잔금까지 계획을 세워 놓아야 합니다. 특히 관리
처분인가 이후에 투자할 때는 반드시 이주비 대출, 중도금 대출 가능 금
액을 확인한 후 매수해야 합니다.

이주가 시작되면 세입자 전세보증금을 내줘야 하고, 실거주하고 있다
면 2~3년 살 곳을 마련해야 합니다. 착공에 들어가면 분담금의 계약금
10%를 내야 합니다. 보통 건설 기간 동안 여섯 번에 나누어 분담금의 중
도금 60%를 내고 입주 시 잔금 30%를 치릅니다. 입주 시까지 자꾸 돈

들어갈 일이 생기니 현금이 넉넉하다면 좋겠지만 그렇지 않다면 머리가 지끈지끈 아플 수밖에 없지요.

이때 유용하게 활용할 수 있는 대출이 바로 이주비 대출과 중도금 대출, 그리고 잔금 대출(담보 대출)입니다. 대출 한도와 이자는 다음과 같습니다.

구분	대출 금액	이자 부담
이주비 대출	감정평가액의 40~60%	대부분 조합에서 부담
중도금 대출	분담금의 40~60%	무이자 또는 후불
잔금 대출	담보가치의 40~70%	소유자(매수자) 본인 부담

대출을 두려워하기보다는 적극적으로 공부해서 나에게 맞는 적정수준의 활용 전략을 찾아야 합니다. 각 대출에 대해 하나씩 알아볼까요?

이주비 대출

관리처분인가 이후 조합에서는 이주기간을 공시합니다. 본인이 거주했다면 공사하는 2~3년 동안 살 집을 찾아야 하고, 세입자가 있다면 보증금을 주고 내보내야 합니다. 이때 '이주비 대출'이 아주 큰 도움이 됩니다. 이주비 대출은 공가 확인이 되어야 받을 수 있습니다. 이주하는 조건으로 받을 수 있는 대출이니까요. 단, 해당 주택에 주택담보대출을 받은 상태라면 갚아야 이주비 대출을 받을 수 있습니다.

이주비 대출은 LTV 40%가 적용되어 보통 감정평가액의 40%까지 대출을 받을 수 있습니다. 이자는 조합마다 무이자인 경우도 있고 이자후불제인 경우도 있습니다. 그런데 많은 시공사에서 20%를 추가로 대출해 줍니다. 시공사 이주비 대출 20%까지 더하면 총 60%가 됩니다. 이주비

알아두세요

LTV(주택담보비율)
주택을 담보로 빌릴 수 있는 대출 가능 한도입니다.

대출의 이자와 비율은 조합마다 약간씩 다르니 조합에 꼭 확인해야 합니다. 무이자 이주비는 조합원이 직접 이자를 납부하지는 않지만, 간접적으로 시공사의 금융비용이 포함되거나, 조합 경비로 처리하기 때문에 분양가에 반영됩니다.

이주비 대출을 이미 받은 매물이라면 매수 시 승계할 수 있는데 간혹 매도인이 받은 이주비가 승계조합원에게 그대로 승계되지 않거나 금액에 차이가 날 수 있으니 꼭 확인해야 합니다.

만약 이주비 대출을 활용해서 매수 잔금을 치르려면 관리처분인가가 난 이후 매수해야 합니다. 그리고 매매계약서를 작성할 때 잔금 치를 날짜를 이주비 대출이 실행되는 시기로 정합니다. 이미 매도자가 이주비 대출을 신청했다면 대출을 승계하는 조건으로 계약하면 됩니다. 또한 해당 은행에 이주비 대출을 신청하거나 승계하는 데 문제가 없는지 꼼꼼하게 확인하고 계약해야 합니다. 참고로, 법인은 규제지역이든 비규제지역이든 상관없이 보통 이주비 대출을 받을 수 없고, 대출 승계도 불가능합니다.

조합원 박○○ 씨가 다음의 물건을 보유하고 있고 이주 시기가 다가오고 있다고 가정해 보겠습니다. 박 씨가 대출을 잘 활용해 잔금까지 어떻게 잘 납부하는지 살펴볼까요?

박○○ 씨의 물건 A 정보
- 매물: 84㎡를 분양 신청한 빌라
- 매매가: 5억 원(감정평가액 3억 원, 프리미엄 2억 원), 전세보증금 1억 원
- 이주비 대출: 감정평가액의 40%
- 비례율: 100%
- 조합원분양가(84㎡): 6억 원
- 입주 시 예상 가격: 12억 원
- 입주 시 예상 전세가격: 6억 원

박 씨는 84㎡를 신청한 빌라 A를 보유하고 있습니다. 세입자가 살고 있고, 전세보증금은 1억 원입니다. 비례율은 100%이고 조합원분양가는 6억 원입니다. 입주 시 예상 가격은 12억 원이며 입주 시 예상 전세가격은 6억 원입니다.

이주 시기가 다가와 박 씨는 조합에 이주비 대출을 알아보았고, 감정평가액의 40%인 1억 2,000만 원을 무이자로 대출받을 수 있다는 것을 알게 되었습니다. 임대차계약서 사본을 조합에 제출하였고, 세입자가 퇴거한 날 이주비 대출을 받아 전세보증금 1억 원을 내주고도 2,000만 원이 남았습니다.

잠깐만요

조합에 따라 다른 대출 금액

이주비 대출은 감정평가액의 40~60%를 해주는데, 조합마다 조건이 달라 꼼꼼히 확인해야 합니다. 감정평가액의 40%로 제한하고 조합이 이자를 전액 부담하는 곳이 있는가 하면, 똑같이 40%를 대출해주지만 조합원이 이자를 부담하는 곳도 있습니다. 60%를 대출해주되 40%는 무이자로, 나머지 20%는 2~4%대의 이자를 받는 곳도 있습니다. 조합에서 이자를 부담할 때는 조합의 사업비로 조달합니다. 조합원 중에 이주비를 대출받을 조건이 안 되거나, 조건은 되지만 필요가 없어서 대출을 받지 않는 조합원에게 조합원이 이주비를 대출받았다고 가정하고 입주할 때 그만큼의 이자비용을 돌려주는 구역도 있습니다. 이런 구역에서는 입주할 때 조합원이 내야 하는 분담금에서 이자비용에 해당하는 금액을 빼고 분담금을 청구합니다.

중도금 대출

분담금의 계약금 10%는 자비로 납부해야 하고, 잔금 30%는 입주할 때 내는 것이니 당장 내야 하는 돈은 아닙니다. 가장 큰 금액인 중도금은 중도금 대출을 받아서 낼 수 있습니다. 만약 분담금을 잔금 시 전액 납부하는 방식이라면, 중도금 대출은 당연히 필요 없겠지요.

중도금 대출과 이주비 대출은 입주 시점에 상환하는 것이 원칙입니다. 입주 시점에 주택담보대출로 전환하여 상환하는 것이 일반적인 프로세스입니다.

이주비 대출과 중도금 대출을 받을 때는 LTV만큼 한도가 적용되지만 대출을 심사할 때 DTI(총부채상환비율)와 DSR(총부채원리금상환비율)은 적용받지 않습니다. 즉 집단대출로 이루어지기 때문에 개인의 연소득을 고려하지 않는다는 이야기입니다.

중도금 대출 역시 이자를 후불로 내는 곳도 있고 사업성이 좋은 조합에서는 무이자로 대출해주기도 하니 확실하게 확인해 봐야 합니다.

중도금 대출을 활용하려면 먼저 분담금을 알아야 합니다. 분담금을 알아본 후 그 10%에 해당하는 금액을 착공할 때 납부할 수 있는지 확인하고 자금계획을 세워 매수합니다. 중도금 대출 조건도 알고 있어야 합니다. 앞서 말했듯이 분담금을 모두 잔금 시 납부하는 구역이라면 그만큼 부담을 덜 수 있습니다. 따라서 다른 조건이 같다면 분담금을 100% 잔금으로 내는 구역을 공략하는 것이 유리합니다.

박 씨는 이주비 대출금에서 전세보증금을 내주고 남은 2,000만 원에 자비 1,000만 원을 보태 분담금 3억 원에 대한 계약금 10%인 3,000만 원을 납입하였습니다. 그리고 중도금 대출을 받아 중도금 1억 8,000만 원을 납입하였습니다.

[물건 정보]
- 84㎡ 신청한 빌라
- 매매가 5억 원(감정평가액 3억 원, 프리미엄 2억 원),
  전세보증금 1억 원

[기타 정보]
- 이주비 대출: 감정평가액의 40%
- 비례율: 100%
- 84㎡ 조합원분양가: 6억 원
- 입주 시 예상 가격: 12억 원
- 입주 시 예상 전세가격: 6억 원

투자 수익 분석
- 투자 수익=미래 신축 시세-총투자금
  =12억 원-8억 원=4억 원
- 입주 시까지 남은 기간 감안하여 투자 기간 대비 투자 수익에 만족하
  면 투자 결정

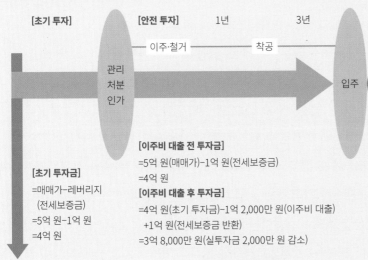

[초기 투자]　　　**[안전 투자]**　1년　　　3년

이주·철거 ———————— 착공

관리처분인가　　　　　입주

[초기 투자금]
=매매가-레버리지
　(전세보증금)
=5억 원-1억 원
=4억 원

[이주비 대출 전 투자금]
=5억 원(매매가)-1억 원(전세보증금)
=4억 원

[이주비 대출 후 투자금]
=4억 원(초기 투자금)-1억 2,000만 원(이주비 대출)
　+1억 원(전세보증금 반환)
=3억 8,000만 원(실투자금 2,000만 원 감소)

[착공 시 추가 투자금]
- 분담금=조합원분양가-권리가액
　　　　=6억 원-3억 원
　　　　=3억 원
- 착공 시 분담금의 계약금 10%
  (3,000만 원) 필요
- 나머지 금액은 중도금 60% 나눠서 납부
- 잔금 30%는 입주 시 납부

[실거주하는 경우]

주택담보대출금
(입주 시 시세의 40%)과
상환할 대출 확인
- 12억 원의 40%인 4억 8,000만 원
  대출 가능
- 이주비 대출: 1억 2,000만 원
- 중도금 대출(분담금): 3억 원

입주 시 자금 계획
주택담보대출-대출금 상환
4억 8,000만 원-4억 2,000만 원
=6,000만 원

[전세 주는 경우]

전세금 확인
- 입주 시 예상 전세가격: 6억 원
- 이주비 대출: 1억 2,000만 원
- 중도금 대출(분담금): 3억 원

입주 시 자금 계획
전세보증금-대출금 상환
6억 원-4억 2,000만 원
=1억 8,000만 원

투자 시작할 때 확인해야 할 점
- 자금 계획(초기 투자금, 총투자금)
- 투자 기간(매도 시기, 입주 여부)
- 투자 수익=미래 신축 시세-총투자금
- 총투자금=매매가+분담금
　　　　=조합원분양가+프리미엄

잔금 대출

현금이 많다면 가장 좋겠지만, 그렇지 않다면 입주 시 새 아파트의 주택담보대출을 받아 이주비 대출과 중도금 대출을 갚고 직접 실거주하거나 전세나 월세를 주는 방법 중에 선택을 해야 합니다.

입주 시기가 다가오자 박 씨도 전세를 줄지, 실거주를 할지에 대한 고민에 빠졌습니다. 입주 시 이주비 대출금 1억 2,000만 원과 중도금 대출 1억 8,000만 원을 갚아야 하고 잔금(30%) 9,000만 원도 납입해야 합니다. 총 3억 9,000만 원을 마련해야 하는 것이지요.

주택담보대출금을 확인해 보니 입주 시 시세의 40% 정도를 받을 수 있었습니다. 입주 시 예상 가격이 12억 원이었으므로 주택담보대출로 받을 수 있는 액수는 4억 8,000만 원입니다. 이주비 대출금과 중도금 대출금을 상환하고 잔금을 납입하고도 6,000만 원이 남는 금액입니다.

전세를 주는 경우도 계산해 보았습니다. 입주 시 예상 전세가가 6억 원이니 대출을 갚고 잔금을 납입하고도 1억 8,000만 원이 남습니다.

박 씨는 대출 이자를 내더라도 실거주를 하다가 2년 후 전세를 주기로 합니다. 입주 시에는 전세가가 낮게 형성되어 2년 후 전세가를 높게 받고 대출금을 갚은 다음 신축효과로 시세가 많이 올랐을 때 매도하기로 결심하였습니다.

규제지역이어도 대출받을 수 있나요?

지금이야 남아 있는 규제지역이 강남3구와 용산구뿐이지만, 얼마 전까지만 해도 서울 전역이 규제지역이었습니다. 서울에서 다주택자들이 이주비 대출이나 중도금 대출을 받기란 매우 어려운 일이었지요.

이주비 대출은 조합의 사정이나 규제지역 여부에 따라 크게 달라집니다. 일단 규제지역에서는 다주택자가 이주비 대출을 받기 어렵습니다. 하지만 무주택자라면 규제지역에서도 조건 없이 이주비 대출을 받을 수 있고, 1주택자는 소유권이전등기를 한 날로부터 2년 안에 기존 주택을 처분하는 조건으로 받을 수 있습니다.

중도금 대출 역시 규제지역에서는 무주택자 혹은 1주택자가 기존 주택을 처분하는 조건으로 대출받을 수 있습니다. 드물게 보유한 주택수에 상관하지 않고 시공사 보증으로 대출해주는 조합도 있긴 하지만 일반적인 경우는 아닙니다. 또한 규제지역은 대출 비율도 다릅니다.

잠깐만요

상가주택, 단독주택 등은 사업 초기에 담보대출 활용

이주비 대출이나 중도금 대출은 재개발·재건축 사업의 후반부인 관리처분인가가 난 이후에 활용할 수 있는 레버리지입니다. 사업의 초기(조합설립 전후~사업시행인가 전후)에 투자할 때는 담보대출을 활용할 수 있습니다. 빌라는 임대보증금 외에 담보대출을 추가로 받기 어렵지만 단독주택, 다가구주택, 상가는 임대보증금이 적으면 담보대출을 활용해 투자금을 줄일 수 있습니다. 저 역시 영등포 재개발 구역의 상가에 투자할 때는 매매가의 40%까지 담보대출을 받아 투자금을 많이 줄였습니다. 송파구 재건축 구역의 상가주택을 매수할 때도 담보대출을 활용했습니다. 재개발·재건축 구역의 단독주택이나 다가구주택을 담보로 대출받을 수 있는 금액의 기준은 다음과 같습니다.

담보대출 가능 금액=토지 면적×공시지가×공시가격 비율(100~150%)×70%
=또는 은행에서 의뢰한 감정평가액의 70% 전후

기준은 이렇지만 은행마다 대출받을 수 있는 금액이 다르므로 여러 은행에 문의해서 파악해야 합니다.

사업 초기에는 단독주택이나 다가구주택보다는 빌라가 인기가 많고 프리미엄도 높게 형성됩니다. 초기 투자금이 적기 때문입니다. 하지만 담보대출을 활용해 단독주택이나 다가구주택을 사면 프리미엄은 적게 주면서 투자금을 줄일 수 있습니다. 그러므로 단독주택이나 다가구주택을 살 때 해당 부동산과 연계된 은행에 담보대출이 가능한지 반드시 확인해야 합니다. 상가를 살 때도 대출 조건을 꼼꼼히 비교해야 합니다. 재개발 구역의 상가는 대출 규제를 적용받지 않으므로 대출을 넉넉히 활용할 수 있습니다.

이주비 대출 활용 시
달라지는 수익률

관리처분인가 이후에는 이주비 대출이라는 레버리지를 활용할 수 있어
투자금이 줄어들기도 합니다. 이주비 대출을 받는 경우와 그렇지 않은
경우의 수익률을 비교해 볼까요?

이주비 대출을 받은 후의 수익률

김○○ 씨는 임장하며 여러 물건을 둘러보다가 관리처분인가를 신청하
고 기다리고 있는 C재개발 구역의 물건을 발견하게 되었습니다. 5년 후
면 입주할 수 있고 6개월이나 1년 후에는 이주비 대출도 받아 투자금을
확 줄일 수 있다는 점이 마음에 들었습니다. 예상 수익률이 궁금한 김
○○ 씨는 이주비 대출을 받은 경우와 그렇지 않은 경우의 수익률을 따
져보았습니다.

매물 정보	재개발 구역	수도권 C재개발 구역
	진행 단계	관리처분인가를 신청하고 승인을 기다리는 단계
	매물 종류	빌라(59㎡ 신청)
	매매가	2억 7,250만 원
	감정평가액	1억 1,250만 원
	프리미엄	1억 6,000만 원
	임대 현황	월세(보증금 500만 원, 월세 35만 원)
기타 정보	이주비 대출 가능 시기	해당 시점으로부터 6개월~1년 (관리처분인가를 받은 후 이주기간까지 고려해서 계산)
	59㎡ 조합원분양가	3억 5,700만 원
	예상 비례율	100%
	입주까지 남은 시간	5년
	입주 시 예상 가격	59㎡, 8억 원

이주비 대출 여부에 따른 투자 수익 비교

- 이주비 대출 가능 금액=감정평가액×60%

    =1억 1,250만 원×0.6

    =6,750만 원

- 분담금=조합원분양가-권리가액

    =3억 5,700만 원-1억 1,250만 원

    =2억 4,450만 원

- 초기 투자금=매매가-레버리지

    =2억 7,250만 원-500만 원

    =2억 6,750만 원

- 총투자금=매매가+분담금

    =2억 7,250만 원+2억 4,450만 원

    =5억 1,700만 원

- 예상 투자 수익=입주 시 예상 가격-총투자금

    =8억 원-5억 1,700만 원

    =2억 8,300만 원

- 이주비 대출 전 투자금=매매가-레버리지

  =2억 7,250만 원-500만 원

  =2억 6,750만 원
- 이주비 대출 후 투자금=초기 투자금-이주비 대출+기존 레버리지

  =2억 6,750만 원-6,750만 원+500만 원

  =2억 500만 원
- 이주비 대출 전후 투자금 변화: 6,250만 원 감소
- 이주비 대출 전 예상 투자 수익률=예상 투자 수익÷초기 투자금

  =2억 8,300만 원÷2억 6,750만 원

  =106%
- 연수익률=수익률÷투자 기간

  =106%÷5년=21.2%
- 이주비 대출 후 예상 투자 수익률=예상 투자 수익÷이주비 대출 반영한 실투자금

  =2억 8,300만 원÷2억 500만 원

  =138%
- 연수익률=수익률÷투자 기간

  =138%÷5년=27.6%

이주비 대출을 활용하면 투자금은 6,250만 원이 줄었고, 예상 투자 수익률은 106%에서 138%로 32%가 늘었습니다. 입지까지 꼼꼼히 따져본 김 씨는 관리처분인가 이후의 안전 투자 물건인 데다 이주비 대출로 수익률까지 높일 수 있어 투자를 결정했습니다.

이주비 대출을 활용한 투자 방법은 관리처분인가를 신청하기 전후로 매수하되, 6개월에서 1년 후 이주비 대출을 실행해서 투자금을 회수하는 전략입니다. 이 방법은 관리처분인가가 난 후 오르는 프리미엄만큼 싸게 사는 효과도 기대할 수 있습니다.

물론 관리처분인가가 난 후 이주 시기에 매물을 사면서 이주비 대출을 실행해도 됩니다. 그러면 잔금을 내는 시기에 이주비 대출을 바로 활용

할 수 있습니다. 그러나 관리처분인가를 신청할 때부터 이주 시기 사이에 오르는 프리미엄만큼 비싸게 사는 단점도 있습니다.

기존 임대보증금보다 이주비 대출금이 적을 경우는 이주 시기가 되면 임차인에게 보증금을 돌려줘야 하기 때문에 추가 자금이 필요합니다. 그러면 예상했던 것보다 수익률이 낮아지게 됩니다. 따라서 초기 투자금 대비 수익률만 따져볼 것이 아니라 이주비 대출을 받을 예정이라면 이것까지 감안하여 수익률을 따져보고 비교해서 물건을 선택해야 합니다. 이주비 대출에 따라 실투자금이 달라지고, 따라서 수익률도 달라지니까요.

빌라와 단독주택, 이주비 대출을 받고 팔까? 그 전에 팔까?

빌라와 단독주택은 장단점이 확연히 달라 비교할 때가 많습니다. 이번에는 이주비 대출을 활용했을 때 빌라와 단독주택은 어떤 차이가 있고, 투자금은 얼마나 달라지는지 확인해볼까요?

만약 사업시행인가 후에 매수해 이주비 대출을 받기 전에 매도할 계획이라면 초기 투자금을 비교하면 됩니다. 단독주택의 초기 투자금은 3억 5,000만 원이고 빌라의 초기 투자금은 2억 원입니다. 이 시기에는 빌라의 프리미엄이 단독주택의 프리미엄보다 5,000만 원 비싸도 빌라가 더 빨리 거래될 수 있습니다. 1억 5,000만 원이라는 투자금의 차이 때문입니다. 3억 5,000만 원의 투자금을 갖고 있는 투자자보다 2억 원의 투자금이 있는 투자자가 상대적으로 많아서 이런 현상이 나타나는 것입니다. 따라서 사업시행인가가 난 직후에 매수해서 이주비 대출이 나오기 전에 매도하려는 투자자는 빌라를 선택하는 것이 유리합니다. 사기도 쉽고 팔기도 쉬우니까요. 이렇게 투자를 할 때는 출구전략을 미리 고려

| 단독주택과 빌라 비교 |

구분		단독주택 (84㎡ 신청)	빌라 (84㎡ 신청)	계산식
매물 정보	매매가	5억 원	3억 원	
	전세보증금	1억 5,000만 원	1억 원	
	초기 투자금	3억 5,000만 원	2억 원	매매가-전세보증금
	감정평가액	4억 원	1억 5,000만 원	매매가-프리미엄
	프리미엄	1억 원	1억 5,000만 원	매매가-감정평가액
실제 투자금 변화	이주비(60%)	2억 4,000만 원	9,000만 원	감정평가액×60%
	이주비 대출 후 투자금	2억 6,000만 원	2억 1,000만 원	매매가-이주비
	분담금	2억 원	4억 5,000만 원	조합원분양가- 권리가액(감정평가액)
수익률 분석	총투자금	7억 원	7억 5,000만 원	매매가+분담금
	예상 수익	3억 원	2억 5,000만 원	입주 시 예상 가격- 총투자금
	수익률	42.9%	33.3%	예상수익÷총투자금 ×100

하는 것이 매우 중요합니다.

그러나 이주비 대출을 받은 후에 매도할 계획이라면 상황이 달라집니다. 이주비 대출을 받으면 단독주택은 초기 투자금보다 9,000만 원이 감소해 투자금은 2억 6,000만 원이 됩니다. 반면 빌라는 오히려 투자금이 1,000만 원 증가해서 2억 1,000만 원이 됩니다. 이주비 대출을 실행하기 전에는 단독주택과 빌라의 투자금 차이가 1억 5,000만 원이었지만, 이주비 대출을 실행한 후에는 투자금 차이가 5,000만 원밖에 나지 않습니다. 또한 단독주택은 84㎡짜리 새 아파트를 받기 위해 분담금을 2억 원만 내면 되지만, 빌라는 4억 5,000만 원을 내야 합니다. 입주할 때까지 보유한다면 단독주택은 예상 수익 3억 원, 수익률은 42.9%이지만 빌라는 2억 5,000만 원, 33.3%입니다. 따라서 사업시행인가 직후에 매수해서 이주비 대출을 실행한 후에 매도하거나 입주할 때까지 기다릴 계획이라면 단독주택을 매입하는 것이 더 좋은 선택이 됩니다.

이처럼 사업 초기에 투자할 때는 빌라가 유리하고, 이주비 대출을 활용해 매입할 때는 단독주택을 선택하는 것이 유리할 수 있습니다. 또 큰 평형을 배정받고 싶다면 대지지분이 커서 권리가액이 높은 매물을 사는 것이 원하는 평형을 배정받을 확률을 높이는 방법입니다. 권리가액이 낮은 매물(무허가건축물, 대지지분이 적은 빌라)을 사면 순위에서 밀려 원하는 평형을 배정받지 못할 수 있습니다.

절세도 수익이다!

세후 수익이 진짜 수익

부동산은 살 때는 취득세를 내야 하고 보유할 때는 재산세, 종합부동산세를 내야 합니다. 임대하면 임대소득세를 내야 하고, 팔 때는 양도차익에 따른 양도소득세를 내야 하지요. 아무리 투자 수익이 크다 해도 그만큼 세금을 많이 내면 의미가 없어집니다. 세금을 제한 후 남은 수익이 진짜 수익이니까요. 그래서 부동산을 매수하기 전부터 절세 전략을 꼼꼼하게 짜야 합니다.

그렇다고 무조건 세금 때문에 겁부터 내면 투자에 오히려 부정적인 영향을 끼칩니다. 각각 언제 내는 세금인지, 부동산을 사고 보유하다 팔 때까지 단계별 절세 방법은 무엇인지 파악할 수 있으면 됩니다. 계속 바뀌는 세법 관련 부동산 규제에 항상 귀를 기울여야 하는 것은 물론이지요. 이러한 작은 노력으로 수천만 원에서 수억 원의 세금을 줄일 수 있습니다. 그럼 재개발·재건축 투자와 관련된 절세 전략에 대해 알아볼까요?

재개발·재건축 투자의 시작은 명의 결정부터!

절세를 위한 첫걸음은 명의를 결정하는 것입니다. 무주택자인지 1주택자인지 다주택자인지에 따라 개인 단독명의로 할지, 부부 공동명의로 할지, 법인 명의로 할지 정해야 합니다. 명의에 따라 세금이 크게 달라지기 때문입니다. 소유권이전등기를 하기 전에 명의를 잘 선택하지 않으면 되돌리기 어렵습니다. 취득세를 다시 내고 소유권이전등기를 또 하는 것은 매우 번거롭고 비용이 들어가는 일이니까요.

사실 무주택자나 1세대 1주택자의 경우는 양도세를 지나치게 걱정할 필요가 없습니다. 양도세 비과세 전략을 활용할 수 있기 때문이죠. 매우 큰 금액을 절세할 수 있기 때문에 무주택자나 1주택자는 항상 비과세 요건 갖추는 것을 잊지 말아야 합니다.

무주택자는 향후 시세차익이 클 것으로 예상되는 물건 중 가장 상급지 물건에 투자하는 것이 유리합니다. 양도소득세 비과세 전략을 활용할 수 있기 때문입니다.

1주택자는 기존에 보유한 주택의 양도차익이 크면 추가로 재개발·재건축 물건을 매수할 때 일시적 1가구 2주택 비과세 요건을 갖춰서 매수·매도해야 합니다. 그래야 기존 주택과 새로 매수하는 재개발·재건축 물건에 대해 양도소득세 비과세 혜택을 받을 수 있습니다.

다주택자의 절세 전략

주택수에 포함되지 않는 물건 투자 전략

재개발 구역 내 상가나 도로(대지)는 주택수에 포함되지 않아 다주택자에게 유리한 매물입니다.

단, 관리처분인가가 나면 상가, 도로 등도 입주권이 되면서 주택수에 포함됩니다. 그래서 만약 1주택자가 상가, 도로 등 주택수에 포함되지 않은 물건을 관리처분인가 전에 매수했다면 관리처분인가일 전까지 기존에 보유했던 주택을 매도하여 비과세 혜택을 받을 수 있습니다.

멸실된 이후 매수 전략

철거 이후 멸실주택을 취득하면 기존 보유 주택에 상관 없이 취득세를 토지분(4.6%)만 내면 됩니다. 다주택자는 최대 12.4%의 취득세를 납부해야 하는데 4.6%만 내면 되니 멸실된 입주권을 매수하게 되면 다주택자에게는 취득세 면에서 유리합니다. 또한 멸실되어 입주권 상태가 되면 새 아파트가 지어지기 전까지 종부세에 대한 부담에서 벗어날 수 있습니다.

규제지역 투자 전략

다주택자가 규제지역의 재개발·재건축 물건에 투자하면 이주비 대출이나 중도금 대출을 받기 어렵습니다. 따라서 규제지역의 재개발·재건축 물건에 투자할 때는 조합설립 전후부터 사업시행인가 전후인 사업 초기에 사서 관리처분인가 전에 파는 전략이 유효합니다.

다주택자가 규제지역의 입주권을 팔 때는 어떨까요? 입주권은 관리처분인가 이후의 물건을 말합니다. 즉 관리처분인가 전에 사면 부동산을 취득한 것이지만, 이후에 사면 권리를 취득한 것입니다. 물론 2024년 5월 9일까지 중과 한시 배제가 적용되지만 입주권은 양도세 중과에 해당하지 않습니다. 입주권을 매도하는 경우라면 조정대상지역이라도 다주택자가 입주권을 매도할 때 양도소득세가 중과되지 않는다는 것이지요. 물론 2년 이상 보유해야 하는 요건은 주택과 동일합니다.

공동명의를 활용하라

재개발·재건축 물건을 살 때 처음부터 개인 단독명의로 하는 것보다 부부 공동명의로 하는 것이 양도소득세를 줄이는 데 유리합니다. 특히 1주택자라면 공동명의로 양도세를 줄이는 효과를 톡톡히 누릴 수 있습니다. 양도차익이 1억 원이라고 가정했을 때 개인 단독명의의 물건은 단순하게 계산했을 때 양도소득세가 2,200만 원 정도입니다. 부부 공동명의로 사면 약 1,600만 원으로 600만 원 정도의 절세 효과가 있습니다.

보유하고 있는 주택수에 따라 멸실되기 전후의 세율을 확인하라

멸실된 이후에 입주권을 매수하면 토지로 간주하여 토지에 대한 취득세만 납부합니다. 보유 주택수에 따라 멸실된 이후에 사는 것이 취득세 면에서 유리할 수도, 불리할 수도 있습니다.

- **무주택자**: 주택이 멸실되기 전에는 주택의 취득세율 1%(6억 원 이하) 적용, 멸실 후에는 토지만 취득하는 것이므로 취득세율 4.6%
- **1주택자**: 주택이 멸실되기 전에는 주택의 취득세율 1~3%, 멸실 후에는 4.6%
- **3주택자 이상**: 주택이 멸실되기 전에는 주택의 취득세율 8~12%, 멸실 후에는 4.6%

재산세와 종합부동산세는 주택에만 해당되는 세금입니다. 멸실 전에는 주택으로 간주하여 7~9월에 재산세를 부과하지만 멸실 후에는 토지로 간주하여 9월에 토지에 대한 재산세만 부과합니다.

무주택자는 멸실 전 재개발 물건을 구입하는 것이 취득세 면에서는 유리합니다. 조합설립인가 전후부터 멸실 전에 취득하면 취득세를 1.1%만 내면 되니까요.

반면 3주택 이상의 다주택자는 멸실 이후 입주권을 매수하는 것이 취득세 면에서는 유리합니다.

> **잠깐만요**
>
> ### 보유세 과세기준일(6월 1일)을 활용해 보유세 줄이는 법
>
> 매년 6월 1일을 기준으로 해당 주택을 보유하고 있다면 그 명의자가 보유세를 부담해야 합니다. 따라서 매도자라면 6월 1일이 되기 전에 주택을 매도하는 것이 유리하고 매수자라면 6월 1일을 지나서 매수하는 것이 유리합니다.
>
> 예를 들어 계약을 3~4월에 하는 경우 매수자라면 잔금일을 6월 2일 이후로 잡으세요. 매수 해당 년도의 보유세(재산세, 종부세)를 매도자가 납부하게 되니 세금 부담이 줄어듭니다.

준공 후 취득세를 또 내야 해요?

재개발 구역의 A빌라를 매수하고 몇 년이 지나 새 아파트 B가 되어 입주한다면, A빌라를 살 때 이미 취득세를 냈는데, 새 아파트 B가 준공되었을 때도 취득세를 내야 하는 걸까요? 많이들 궁금해하는 부분입니다. 결론부터 말씀드리면, 준공 후 등기 시 취득세를 한 번 더 납부하게 됩니다. 놀라실 필요는 없습니다. 준공 후 납부하는 취득세는 비교적 부담이 적으니까요.

이렇게 준공 후 등기 시 내는 취득세를 원시취득세라고 합니다. 원시취득세는 재개발과 재건축을 나누어서 살펴봐야 합니다.

재건축의 경우 총 공사도급금액을 면적별로 안분한 가액을 과세표준으로 취득세율을 적용합니다. 85㎡ 미만의 과세율은 2.96%이고 85㎡ 이

상은 3.16%입니다.

재개발은 분담금에 해당하는 금액을 과세표준으로 취득세를 과세하였는데, 최근 과세표준이 개정되었습니다. 2023년 1월 1일 이후로 관리처분인가를 받았다면 이제 재개발도 재건축과 같은 방식으로 원시취득세를 과세합니다. 그러나 2023년 1월 1일 전에 관리처분인가를 받았다면 종전의 방식에 해당되어 분담금이 있을 때만 원시취득세를 내면 됩니다. 즉 분담금이 과세표준이 되고 해당 금액에 위에서 설명한 세율을 곱해 취득세를 내게 됩니다.

새 아파트를 취득하는 시점에 1가구 1주택자에 해당할 경우 적은 평수라면 원시취득세 세율 감면을 받을 수 있습니다. 60㎡ 이하라면 95% 감면, 60㎡ 초과 85㎡ 이하라면 50% 감면됩니다. 원시취득세는 보유 주택 수와는 상관없습니다. 즉, 다주택자 중과가 되지 않습니다.

양도세율 구간을 활용하라

모든 부동산 관련 세금 중 양도소득세(양도세)가 가장 중요합니다. 보통 부동산 투자를 하는 과정에서 발생하는 세금의 80% 정도가 양도세라고 보면 됩니다. 초보 투자자들은 1억 원에 사서 2억 원에 팔았다면 '1억 원 벌었네?'라고 생각할지 모르지만 만약 양도세 2,200만 원을 내면 결국 차익은 7,800만 원입니다. 양도소득세 기본세율을 살펴볼까요?

양도소득세는 이렇게 과세표준에 따라 최저 세율 6%부터 최고 세율 45%까지 8단계로 구분되어 있습니다. 보다시피 양도차익 금액에 따라 세율이 차이가 납니다. 따라서 세율 구간에 맞춰 수익실현을 하는 것도 절세 전략이 될 수 있습니다.

| 양도소득세 기본세율 |

과세표준	기본세율	누진공제액
1,400만 원 이하	6%	-
5,000만 원 이하	15%	126만 원
A	24%	576만 원
1억 5,000만 원 이하	35%	1,544만 원
3억 원 이하	38%	1,994만 원
5억 원 이하	40%	2,594만 원
10억 원 이하	42%	3,594만 원
10억 원 초과	45%	6,594만 원

• 과세표준=양도소득금액-양도소득 기본공제(250만 원)
• 양도소득금액=양도가액-취득가액 등 필요경비-장기보유특별공제액

예를 들어 단순하게 계산해서 양도차익이 1억 원이고 양도소득세가 2,200만 원이라면 세금을 납부하고 난 후의 수익은 7,800만 원입니다. 하지만 양도차익이 2억 원이고 양도소득세가 8,000만 원이라면 세후 수익은 1억 2,000만 원입니다. 즉 양도차익이 1억 원에서 2억 원이 되면 수익이 7,800만 원 늘어나는 것이 아니라 4,200만 원 늘어나는 것입니다. 어떻게 하면 보다 효율적으로 투자할 수 있을까요? 양도차익이 1억 원이라면 양도차익이 2억 원이 될 때까지 계속 보유하기보다는 양도차익이 1억 원일 때 한 번 매도해서 이익을 실현하고 그 돈으로 다시 투자하는 것이 절세 차원에서 유리할 수 있습니다. 물론 취득세를 두 번 내긴 합니다.

재개발·재건축 양도세 비과세 전략

부동산 관련 세금 중 가장 큰 비중을 차지하는 세금은 단연 양도소득세입니다. 양도소득세를 어떻게 줄이느냐에 따라 절세 전략의 성패가 좌우됩니다. 따라서 무주택자나 1주택자라면 양도세 비과세 요건을 맞추는 것을 최대 과제로 삼아야 합니다. 비과세란 세금을 아예 안 내는 것으로 세금 신고 의무도 없습니다. 이보다 큰 세금혜택은 없지요.

무주택자는 양도소득세 비과세 전략을 그대로 쓰면 됩니다. 하지만 1주택자는 일시적 1세대 2주택 비과세 요건을 충족해서 2채 모두 비과세 혜택을 받도록 전략을 짜야 합니다.

입주권 팔 때는 비과세 요건을 꼭 확인하자

입주권(관리처분인가 후 매수)도 양도세 비과세를 받을 수 있을까요? 원조합원(관리처분인가일 전부터 주택을 소유한 사람)이 다음 요건을 갖추었을 때는 비과세가 가능합니다.

- 양도일 현재 다른 주택이 없어야 합니다.
- 종전주택이 관리처분계획인가일 현재 비과세 요건(2년 이상 보유, 취득 당시 조정대상지역이었다면 2년 거주 등)을 갖추고 있어야 합니다.

1세대가 다른 주택 없이 이 물건을 2년간 보유(조정대상지역은 2년 거주)했다면 비과세를 받을 수 있지만 종전주택을 취득한 날부터 관리처분인가일까지 이 요건을 충족해야 한다는 점이 관건입니다. 비규제지역이라면 관리처분인가일까지 2년을 보유해야 하는 것이지요. 하지만 관리처분인가일까지 2년을 못 채우는 경우도, 너무 걱정할 필요는 없습니다. 관리처분계획인가가 났다고 해서 곧바로 주택을 철거하는 것이 아니므로 보유는 취득일로부터 퇴거일까지, 거주는 종전주택 전입일로부터 실제 퇴거일까지로 좀 더 연장해서 인정해 줍니다.

단, 양도가액 12억 원까지 세금이 하나도 없는 것이지, 그 이상에 대해서는 양도세가 부과됩니다.

잠깐만요

승계조합원의 거주 요건

관리처분인가 후 매수한 승계조합원은 종전주택이 없었기 때문에 신축이 되면 준공일을 기준으로 거주 요건을 판단합니다. 따라서 비과세를 받고 싶다면 준공일로부터 2년 보유 (조정대상지역 2년 거주) 요건을 갖추어야 합니다.

일시적 1세대 2주택 비과세를 활용하자

입주권을 포함한 비과세 전략에 대해 알아보려면, 우선 일반적인 1세대 2주택 비과세 요건에 대한 이해가 필요합니다. 간단하게 설명하면, 주택

A를 사고 1년이 지나서 B를 사고, A를 2년 보유했다면(조정대상지역은 2년 거주) B를 취득한 지 3년 안에 A를 팔면 비과세 받는 것이 일시적 2주택 비과세입니다.

정부에서는 이런 파격적인 혜택을 왜 주는 것일까요?

A주택에 살던 내가 A주택을 팔고 동시에 B주택을 사서 이사하는 것은 순간이동이라도 할 수 있으면 모를까 쉬운 일이 아닙니다. 그래서 정부에서는 A를 사고 1년이 지나서 B를 샀다는 것은 투기를 위한 것이 아니라 어쩔 수 없이 이사를 가기 위해 B를 취득한 것이라고 간주합니다. 같은 원리로 A를 2년 보유하거나 거주하면 투기 생각이 없다고 간주해 일시적으로 2주택자가 되더라도 A를 3년 안에 팔기만 하면 잠정적인 1주택자 포지션을 유지하고 있다고 보아 비과세 혜택을 주는 것입니다.

이 일시적 1세대 2주택 비과세 요건은 비규제지역과 규제지역의 요건이 약간 다릅니다.

1) 비규제지역

비규제지역에서 일시적 1세대 2주택으로 양도소득세가 비과세되려면 다음과 같은 요건을 충족해야 합니다.

- 기존의 집을 취득하고 1년 뒤 새 집을 사야 합니다.
- 기존의 집은 2년 이상 보유해야 합니다.
- 새 집을 취득하고 3년 이내에 기존 집을 팝니다.

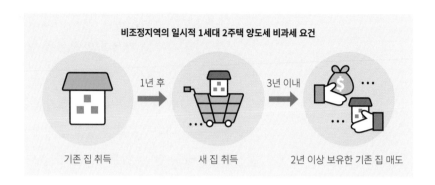

기존의 집과 새 집 중 1채가 비규제지역에 있거나, 2채 모두 비규제지역에 있다면 이 '1, 2, 3 요건'만 잘 기억하면 됩니다.

2) 조정대상지역(규제지역)

종전주택 취득 당시 '조정대상지역'이었다면 앞의 3가지 요건에 더해 2년 거주 요건까지 갖추어야 비과세를 받을 수 있습니다.

'종전주택+입주권' 일시적 1세대 2주택 비과세

기존에 주택 1채를 보유한 상태에서 관리처분인가 전 단계의 재개발·재건축 구역 주택을 샀다면 일시적 1세대 2주택 특례가 적용됩니다.

그런데 만약 관리처분인가가 난 이후, 즉 입주권을 매수했다면 비과세 혜택을 받을 수 있을까요? 받을 수 있습니다. 단 조건이 있습니다. 즉 A주택 1채를 보유한 상태에서 B입주권을 샀다면, B입주권이 B아파트로 준공되고 3년 안에 A주택을 팔아야 합니다. 또한 B아파트가 준공되고 3년 안에 입주해서 1년 이상 거주해야 합니다.

이 경우 A주택과 B아파트 모두 양도소득세 비과세 혜택을 받을 수 있습니다.

① 관리처분인가 이후의 입주권 구입
② B 준공으로부터 3년 내 A 매도
③ B 준공으로부터 3년 내 B 입주
④ B 입주로부터 전 세대원 1년 이상 거주

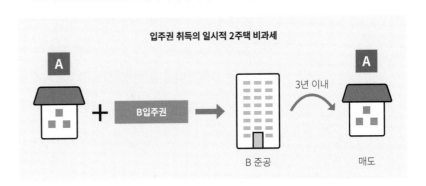

이해하기 쉽도록 예를 들어 설명해 보겠습니다. 서울 입지 좋은 곳의 똘똘한 한 채 A를 가지고 있는 1세대 1주택자 이○○ 씨는 큰 평수로 옮기고 싶어 근처 재개발 구역의 42평을 신청한 입주권 B를 완공되면 바로 입주할 생각으로 매수하였습니다. 얼마 후 B는 착공에 들어갔고, 이 씨는 5년 만에 드디어 기다리던 새 아파트 42평(B)에 입주하였습니다. 이 씨는 언제 A를 팔아야 비과세 혜택을 받을 수 있을까요?

새 아파트 B에 입주 후 3년이 못 되어 이 씨는 A를 비과세 혜택을 받고 매도하였습니다. 지난 7년 동안 A의 시세가 꾸준히 상승해 큰 양도차익이 났지만 비과세 혜택을 받게 되어 그대로 수익이 된 것입니다. 이 씨는 내년 즈음 신축 아파트 B도 1세대 1주택 비과세를 혜택을 받고 팔고 A를 매도한 자금을 합쳐 꼬마빌딩을 살 계획을 세우고 있습니다.

보통 일시적 1세대 2주택 비과세는 종전주택을 3년 안에 팔아야 하지만 이 경우는 입주권 B가 착공에 들어가 공사를 마치고 준공이 나는 기간과 준공 후 3년이라는 기간까지 합쳐 7년의 시세상승분을 누릴 수 있는 비과세 혜택입니다.

이 파격적인 비과세 혜택을 받으려면 'B로 이사를 갈 것이지만 준공될 때까지 기다려야 하므로 어쩔 수 없이 일시적으로 2주택이 될 수밖에 없습니다. 입주하면 A를 팔 것이므로 나는 잠정적인 1세대 1주택자입니다.'라는 것을 몇 가지 요건을 맞추어 증명해야 합니다.

예를 들어 준공일로부터 3년 안에 입주해야 한다는 조건은 전세나 월세를 주면 그건 투자이므로 비과세 혜택 주지 않겠다는 것입니다. 전 세대원이 입주하여 1년 이상 살아야 된다는 조건을 둔 것은 3~4개월 살다 팔면 그건 투기이니 비과세 혜택을 주지 않겠다는 뜻이죠.

대체주택 특례조항(소득세법 시행령 156조의2 ⑤항)

대체주택 특례조항은 아주 특별한 비과세 조항입니다. 보통 일시적 2주택 비과세는 종전주택 A를 사고 B를 사면 A를 비과세해주는 제도입니다. 지금부터 살펴볼 대체주택 특례조항은 A를 사고 B를 샀는데, B를 비과세해주는 조항입니다. 정비구역에만 있는 특별한 제도이지요.

재개발·재건축 구역의 주택이 철거되면 그곳에 살던 사람들은 새 아파트에 입주할 때까지 다른 곳에 가서 살아야 합니다. 전세나 월세를 구해서 살 수도 있고 주택을 사서 이사를 할 수도 있습니다. 재개발 구역에 A주택을 보유한 1주택자가 이주를 위해 B주택을 샀다고 가정해 볼까요? 일반적인 경우 A주택을 먼저 팔고 일시적 1세대 2주택 요건을 충족하면 A주택은 비과세를 적용받습니다. 그러나 B주택을 먼저 팔면 A주택에 대해서는 비과세를 적용받을 수 없습니다. 그런데 재개발로 A주택이 철거된 상황에서는 B주택을 먼저 팔아도 일정 요건을 갖췄다면 비과세를 적용받습니다. 이것이 바로 대체주택 특례입니다. 이때 B주택을 대체주택이라고 합니다. 재개발·재건축 구역에 주택을 보유한 1주택자가 대체주택으로 다른 1채를 사고 2채 모두 비과세를 적용받으려면 다음 요건을 충족하면 됩니다.

① 재개발·재건축 구역의 A주택은 관리처분인가 이전에 취득해야 합니다.
② 이주를 위한 B주택은 사업시행인가 이후에 취득해야 합니다.
③ B주택에서 1년 이상 거주해야 합니다.
④ A주택이 새 아파트로 준공되면 3년 안에 전 세대원이 전입해서 1년 이상 거주해야 합니다.

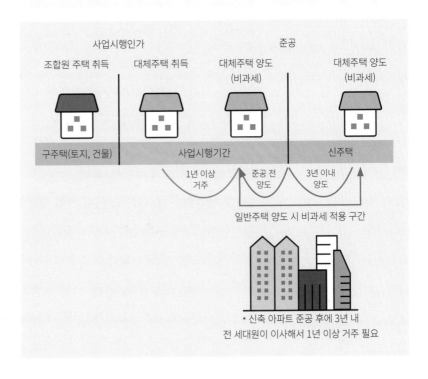

대체주택 비과세 전략은 재개발·재건축 구역에 1채의 주택을 보유하고 또 하나의 주택을 매입했을 때 2채 모두 양도소득세 비과세 혜택을 받는 절세 방법입니다. 대체주택은 신축 아파트가 준공되고 나서도 3년 이내에만 팔면 되니 길게는 7~8년 보유한 기간의 상승분을 모두 다 비과세받을 수 있습니다.

대체주택 특례조항을 활용한 비과세 전략

대체주택 특례조항을 활용한 전략 하나를 소개해 보겠습니다. 이 전략은 무주택자가 2개 주택을 매수해 비과세를 받는 방법입니다. 절세 전략 중에서는 아주 유용한 전략이지요. 재개발·재건축 구역 내 낡은 주택(A)을 사고 사업시행인가 이후에 대체주택(B)을 취득하여 B에 1년 이상 거주하고 완공 전이나 완공 후 3년 이내에 B를 매도 시 비과세를 받는 전략입니다. 단, 재개발(재건축)된 완공주택으로 준공 후 3년 이내에 전 세대원이 이사하여 1년 이상 거주해야 비과세를 받을 수 있지요. 유의할 점은 대체주택(B)은 A의 구역이 사업시행인가를 받은 이후에 사야 한다는 것입니다. 사업시행인가 나기 전에 사면 비과세가 적용되지 않습니다. 또한 1년 이상 거주를 해야 하지만 규제지역인 강남3구나 용산이라면 2년 거주 요건을 갖추어야 합니다.

예를 들어 보겠습니다. 무주택자였던 김○○ 씨는 상계2구역에 빌라 1채를 매수하였습니다. 상계2구역의 이주 시기가 되어 김 씨는 경희궁 자이아파트 1채를 매수해서 실거주합니다. 1년 이상을 거주하여 경희궁 자이아파트는 비과세 요건을 갖추었습니다. 경희궁자이아파트는 당장 팔아도, 상계2구역 준공 후 3년 이내에 팔아도 비과세를 받는 데 아무런 문제가 없게 되었습니다. 상계2구역의 공사가 끝나고 준공되어 김 씨는 상계2구역에 입주하여 1년을 실거주하였습니다. 김 씨는 상계2구역 아파트도 바과세 요건을 갖추면 비과세를 받고 팔 수 있게 됩니다. 상계2구역 신축 아파트도, 경희궁자이아파트도 비과세 혜택을 받아 세금 한 푼 안 내고 시세차익을 누릴 수 있게 된 것이지요.

재건축초과이익환수제

재건축 사업의 대못, 재건축초과이익환수제

재건축초과이익환수제는 간단히 말하면 준공 당시의 집값과 추진위원회 설립 당시 집값을 비교해 재건축에 따른 집값 상승분을 지방자치단체에서 회수하는 제도입니다. 현행법에 따르면 조합원 1인당 초과이익이 3,000만 원을 넘으면 그 금액의 최대 50%까지 재건축 부담금이 부과되도록 되어 있습니다.

원래 주택가격 급등과 특히 강남 부동산 투기를 막기 위해 2006년 처음 시행되었다가 2013~2017년에 잠시 유예된 적이 있습니다. 그러다 2018년에 다시 부활한 것이지요. 이 초과이익환수제는 2018년 1월 1일 이후 관리처분인가를 신청한 전국의 모든 재건축 사업에 적용됩니다.

재건축초과이익환수제의 부활로 한동안 재건축 단지의 상당수가 사실상 사업을 멈추기도 했습니다. 이 금액을 정확히 산정하는 것이 어려워 예측하기도 어렵고 조합원들이 반발도 상당하니까요. 그래서 재건축 사업을 방해하는 '대못'으로 불리고 있습니다.

재건축초과이익환수제 완화 방안

아직 팔기도 전에 미실현이득에 대해 과세한다는 점, 최종소유자가 전체 상승분에 대한 환수 부담금을 모두 내야 한다는 점 등으로 그동안 조합들의 불만의 목소리가 많았습니다. 공사비 인상으로 추가분담금도 부담스러운데 양도세도 내고 초과이익에 대해 환수 부담금까지 내는 것은 이중과세가 아니냐는 것이지요.

이에 국토교통부가 2022년 재건축초과이익환수제 합리화방안을 내놓았고 국회 통과가 어렵자 2023년 7월 조율하여 다시 수정안을 발표하였습니다. 간략하게 살펴보면 다음 세 가지입니다.

첫째, 부과기준을 낮추겠다

3,000만 원 미만의 초과이익에 대해서 면제하였던 것을 1억 원 미만으로 낮추고 2,000만 원 단위로 부과율을 올리던 것을 초과이익 5,000만 원~7,000만 원 단위로 올려 부담을 줄이겠다는 방안입니다.

부과율		면제	10%	20%	30%	40%	50%
초과이익	현행	3,000만 원 이하	3,000~ 5,000만 원	5,000~ 7,000만 원	7,000~ 9,000만 원	9,000~ 1.1억 원	1.1억 원 초과
	수정안	1억 원 이하	1.0억~ 1.7억 원	1.7억~ 2.3억	2.3억~ 2.8억 원	2.8억~ 3.2억 원	3.2억 원 초과

둘째, 장기보유자, 실수요자, 고령자를 배려해 감면하겠다

예를 들어 1세대 1주택자의 경우 10년 이상 보유자에게는 50%를, 20년 이상 보유자는 60%까지 감면하는 등 장기보유자, 실수요자, 고령자 감면안을 포함하고 있습니다.

셋째, 재건축초과이익환수제 부과 개시 시점을 바꾸겠다

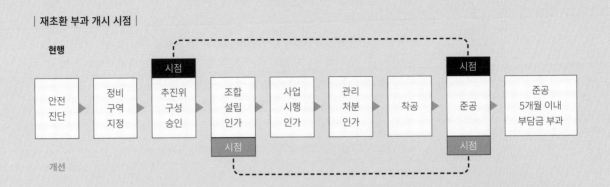

| 재초환 부과 개시 시점 |

원래 추진위원회 설립 당시 집값과 준공 시점의 집값을 비교했는데, 이를 조합설립인가 시점의 집값부터 준공 시점의 집값을 비교하는 것으로 바꾸겠다는 내용입니다.

그러나 원래부터 추진위원회 설립 시점이 준공 시점으로부터 10년을 초과하면 준공 시점으로부터 10년 전 집값을 기점으로 했기 때문에 보통 10년이 넘는 사업 기간을 고려했을 때는 별로 의미가 없다고 할 수 있습니다.

이러한 완화 방안은 윤석열 대통령이 대선 후보 시절 내건 공약이고, 정부도 2023년 개정을 예상했지만 좀처럼 국회 문턱을 넘지 못하고 있습니다.

재건축초과이익환수 부담금은 어떻게 계산할까?

그렇다면 환수 부담금은 어떻게 산정되는 것일까요? 재건축 부담금을 산정하는 공식은 다음과 같습니다.

재건축으로 지어진 새 아파트 가격에서 재건축을 하지 않은 아파트 가격과 공사비 등 개발비를 제외한 금액을 초과이익으로 보고 여기에 해당 부과율을 곱해 계산합니다.

재건축초과이익환수 부담금={종료 시점 주택가격-(개시 시점 주택가격+정상주택가격 상승분 총액+개발비용)}×부과율

- 종료 시점: 준공인가일 또는 건축물의 사용을 개시한 날
- 개시 시점: 재건축 추진위원회 승인일(단, 재건축 추진위원회 승인일이 종료 시점으로부터 10년 초과 시에는 종료 시점으로부터 역산해 10년이 되는 날)
- 정상 주택가격 상승분: 정기예금 이자율과 시·군·구 평균 주택가격 상승률 중 높은 비율을 곱해 산정
- 개발 비용: 공사비, 설계·감리비, 부대 비용, 제세공과금 등

아직까지 재건축 부담금이 부과된 경우는 많지 않습니다. 따라서 정확히 예측하기는 어렵습니다.

반포 주공1단지 1, 2, 4주구의 경우에는 2017년 12월 31일 이전에 관리처분인가를 신청해 재건축초과이익환수제를 아슬아슬하게 피해갔습니다. 그러나 반포 3주구의 경우에는 그 이후에 관리처분인가를 신청해 초과이익환수제를 적용받게 되어 확정 금액은 아니지만 서초구청으로부터 조합원 1명당 4억 원의 환수금을 통보받기도 했습니다. 그래서 재건축초과이익환수제 적용 여부에 따라 매매가격이 차이가 나기도 합니다. 내가 매수할 재건축 물건의 구역이 초과이익환수제가 적용되는지는 조합 사무실에 문의하면 알 수 있습니다.

재건축초과이익환수제를 너무 두려워할 필요는 없습니다. 강남의 높은 초과이익이 예상되는 구역은 초과이익환수제가 매우 중요한 요인으로 작용하긴 합니다. 최고 부과율인 50%에 해당되는 경우가 많으니까요. 그러나 이런 구역이 많지는 않습니다. 수익을 얻은 부분에 대해서 내는 것이니 이를 감안해서 꼼꼼히 수익률을 계산하여 투자하면 됩니다.

재개발·재건축이라는 강력한 무기를 평생 활용하기를 바랍니다

한 사람이 태어나서 죽을 때까지 집 없이는 살 수 없습니다. 또한 한 집에서 계속 사는 사람도 없지요. 번듯한 집을 사서 가족과 안락하게 살고 싶은 마음은 누구나 똑같습니다. 그런데 집을 사는 것은 결코 쉽지도 않고 방법도 다양합니다. 일반 매매로 살 수도 있고 경매로 살 수도 있습니다. 새 집을 살 수도 있고 헌 집을 살 수도 있지요. 저는 경매와 일반매매로 그동안 많은 집을 구입했고, 새집과 헌집은 물론이고 미래에 새집이 될 헌집도 소유해 왔습니다. 그리고 이 중에서 가장 저에게 큰 부를 가져다준 집은 바로 미래에 새집이 될 헌집이었습니다. 이것이 바로 재개발·재건축 투자입니다.

부동산 상승기에는 어떤 집을 사도 다 오릅니다. 하지만 하락기나 정체기에는 오를 집을 사야 수익을 낼 수 있습니다. 재개발·재건축 투자도 당연히 부동산 상승기에는 더 큰 시세상승을 맛볼 수 있고, 하락기에는 프리미엄이 많이 하락하기도 합니다. 하지만 기본적으로 신축 시세와 총투자금의 차이만큼 안전마진을 안고 가기 때문에 실패 확률이 낮은 투자 방법입니다.

시간이 지날수록 도시는 노후화되고 그로 인해 재개발·재건축 단지는 계속해서 생겨나 다시 지어질 것입니다. 이 반복되는 과정에서 누군가는 내 집 마련을 하고, 누군가는 상가를 구입해 현금흐름을 창출하고, 누군가는 갈아타기를 통해 주거 만족도를 높일 것입니다. 당연히 자산의 증식은 따라올 수밖에 없고요. 하지만 더 많은 사람들이 재개발·재건축 사업이 반복되는 현상을 바라보기만 하며 기회를 놓치고 있습니다.

이 책을 읽고 가치를 받아들인 독자들은 재개발·재건축이라는 강력한 무기를 평생 활용할 수 있습니다. 평생에 단 한 번만이라도 재개발·재건축 사업을 통해 이전과 차이 나는 삶을 누리면 좋겠습니다.

경제적 자유를 이루면 더 한가해지고 여유 시간이 많을 줄 알았습니다. 하지만 지금 저는 대학 교수로서, 4개 건물의 건물주로서, 외식업을 운영하는 대표로서, 예술품을 투자하고 거래하는 아트딜러로서 평범한 직장인의 삶보다 몇 배나 바쁜 생활을 하고 있습니다. 하지만 인생의 만족도나 행복감은 더할 나위 없이 높습니다. 내가 하고 싶은 일을 하고, 내가 만나고 싶은 사람들을 만나고, 내가 가고 싶은 곳에 가기 때문입니다. 무엇보다 하기 싫은 일을 안 해도 되는 것은 경제적 자유의 가장 큰 소득일 것입니다.

제 인생에서 가장 행복하고 바쁜 시간 속에서도 이 책을 마무리할 때까지 함께해주신 하나님께 감사와 영광을 드립니다. 제게 항상 영감을 주고 응원을 아끼지 않는 연세대 원우들, 인생의 즐거움과 여유를 알게 해준 한강 클럽 식구들, 가족보다 나를 더 잘 아는 친구들 그리고 끝으로 나의 사랑하는 가족들에게도 무한한 사랑과 감사를 전하고 싶습니다.

최진성(아이언키)